토목설계
기출문제집

토목설계
기출문제집

초판	발행	2025년 01월 10일
개정1판	발행	2026년 01월 09일

편 저 자 | 공무원연구소
발 행 처 | 소정미디어㈜
등록번호 | 제313-2004-000114호
주　　소 | 경기도 고양시 일산서구 덕산로 88-45(가좌동)
교재주문 | 031-922-8965
팩　　스 | 031-922-8966

▷ 이 책은 저작권법에 따라 보호받는 저작물로 무단 전재, 복제, 전송 행위를 금지합니다.
▷ 내용의 전부 또는 일부를 사용하려면 저작권자와 소정미디어(주)의 서면 동의를 반드시 받아야 합니다.
▷ ISBN과 가격은 표지 뒷면에 있습니다.
▷ 파본은 구입하신 곳에서 교환해드립니다.

Preface

모든 시험에 앞서 가장 중요한 것은 출제되었던 문제를 풀어봄으로써 그 시험의 유형 및 출제경향, 난이도 등을 파악하는 데에 있다. 즉, 최소시간 내 최대의 학습효과를 거두기 위해서는 기출문제의 분석이 무엇보다도 중요하다는 것이다.

토목설계 기출문제집은 그동안 시행된 국가직, 지방직, 서울시 기출문제를 과목별로, 시행처와 시행연도별로 깔끔하게 정리하여 담고 문제마다 상세한 해설과 함께 관련 이론을 수록한 군더더기 없는 구성으로 기출문제집 본연의 의미를 살리고자 하였다.

수험생은 본서를 통해 변화하는 출제경향을 파악하고 학습의 방향을 잡아 단기간에 최대의 학습효과를 거둘 수 있을 것이다.

1%의 행운을 잡기 위한 99%의 노력! 본서가 수험생 여러분의 행운이 되어 합격을 향한 노력에 힘을 보탤 수 있기를 바란다.

Structure

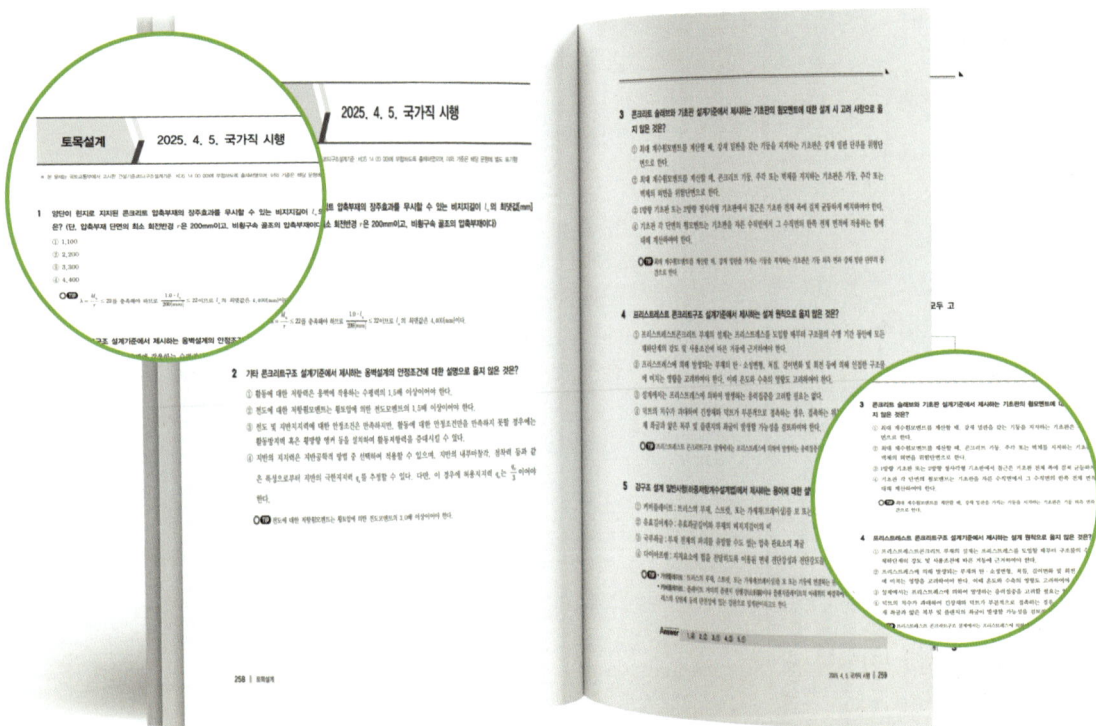

최신 기출문제분석

2025년 최신 기출문제를 비롯한 최다 기출문제를 수록하여 모든 시험에서 가장 중요한 기출 동향을 파악하고, 학습한 이론을 정리할 수 있습니다. 기출문제들을 반복하여 풀어봄으로써 이전 학습에서 확실하게 깨닫지 못했던 세세한 부분까지 철저하게 파악, 대비하여 실전대비 최종 마무리를 완성하고, 스스로의 학습상태를 점검할 수 있습니다.

상세한 해설

상세한 해설을 통해 한 문제 한 문제에 대한 학습을 가능하도록 하였습니다. 정답을 맞힌 문제라도 꼼꼼한 해설을 통해 다시 한 번 내용을 확인할 수 있습니다. 틀린 문제를 체크하여 내가 취약한 부분을 파악할 수 있습니다.

Contents

토목설계

2017. 4. 8. 인사혁신처 시행 ... 8
2017. 6. 24. 서울특별시 시행 ... 22
2017. 6. 17. 제1회 지방직 시행 ... 35
2017. 12. 16. 지방직 추가선발 시행 ... 46
2018. 3. 24. 제1회 서울특별시 시행 ... 58
2018. 4. 7. 인사혁신처 시행 ... 71
2018. 5. 19. 제1회 지방직 시행 ... 84
2018. 6. 23. 제2회 서울특별시 시행 ... 100
2019. 4. 6. 인사혁신처 시행 ... 113
2019. 6. 15. 제1회 지방직 시행 ... 125
2019. 6. 15. 제2회 서울특별시 시행 ... 136
2020. 7. 11. 인사혁신처 시행 ... 150
2020. 6. 13. 제1회 지방직 시행 ... 162
2021. 4. 17. 인사혁신처 시행 ... 176
2021. 6. 5. 제1회 지방직 시행 ... 188
2022. 4. 2. 인사혁신처 시행 ... 200
2022. 6. 18. 제1회 지방직 시행 ... 210
2023. 4. 8. 인사혁신처 시행 ... 219
2023. 6. 10. 제1회 지방직 시행 ... 229
2024. 3. 23. 인사혁신처 시행 ... 239
2024. 6. 22. 제1회 지방직 시행 ... 249
2025. 4. 5. 국가직 시행 ... 258
2025. 6. 21. 제1회 지방직 시행 ... 267

토목설계

토목설계

2017. 4. 8. 인사혁신처 시행

1 $b=300$mm, $d=600$mm인 단철근 직사각형보의 등가직사각형 응력블록의 깊이 $a=100$mm일 때, 철근량 A_s[mm²]는? (단, $f_{ck}=20$MPa, $f_y=300$MPa이며, 2012년도 콘크리트구조기준을 적용한다)

① 850
② 1,550
③ 1,700
④ 3,400

TIP 평형조건 $C=T$이므로, $A_s f_y = 0.85 f_{ck} ab$

$$A_s = \frac{0.85 f_{ck} ab}{f_y} = \frac{0.85(20)(100)(300)}{300} = 1,700 [\text{mm}^2]$$

2 단순 지지된 보에 등분포 고정하중이 작용하고 있다. 순간 탄성처짐이 20mm일 경우 5년 뒤의 총 처짐량[mm]은? (단, 중앙단면의 압축 철근비는 0.02이며, 2012년도 콘크리트구조기준을 적용한다)

① 20
② 25
③ 30
④ 40

TIP 총 처짐은 탄성처짐과 장기처짐의 합이므로

$$20 + 20 \times \frac{\xi}{1+50\rho'} = 20 + 20 \times \left(\frac{2}{1+50 \times 0.02}\right) = 40 [\text{mm}]$$

※ 장기처짐 산정식 … 장기처짐=지속하중에 의한 탄성처짐×λ

$\lambda = \dfrac{\xi}{1+50\rho'}$ (ξ : 시간경과계수, $\rho' = \dfrac{A_s'}{bd}$: 압축철근)

시간경과	3개월	6개월	12개월	5년 이상
시간경과계수(ξ)	1.0	1.2	1.4	2.0

3 그림과 같은 철근콘크리트 단면에서 균열 모멘트 M_{cr}[kN·m]은? (단, 콘크리트는 보통 골재를 사용하고, f_{ck} =25MPa이며, 2012년도 콘크리트구조기준을 적용한다)

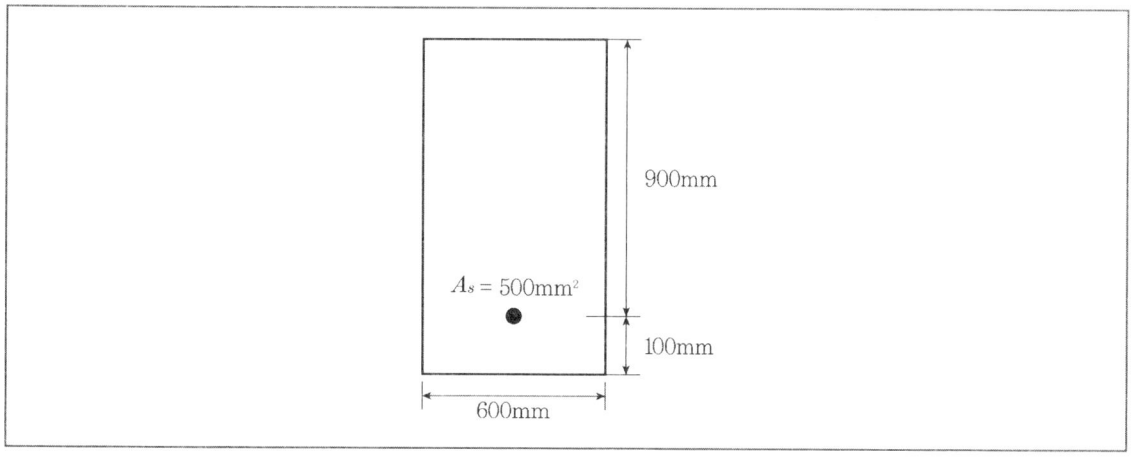

① 315
② 420
③ 3,150
④ 4,200

TIP $M_{cr} = f_r Z = 0.63\lambda \sqrt{f_{ck}} \left(\dfrac{bh^2}{6}\right) = 0.63(1.0)\sqrt{25}\left(\dfrac{600 \times 1,000^2}{6}\right) = 315 \times 10^6 [\text{N}\cdot\text{mm}] = 315[\text{kN}\cdot\text{m}]$

4 물-시멘트비(W/C) 50%, 단위수량 140kgf/m³, 단위잔골재량 760kgf/m³인 배합을 실시하여 콘크리트의 단위중량을 측정한 결과 2,300kgf/m³일 때, 콘크리트의 단위굵은골재량[kgf/m³]은? (단, 시멘트의 비중은 3.15, 잔골재의 비중은 2.60, 굵은 골재의 비중은 2.65이고, 혼화재료는 사용하지 않았다)

① 1,120
② 1,220
③ 1,260
④ 1,400

TIP 단위굵은골재량은 콘크리트에서 잔골재량, 물의 양, 시멘트의 양을 뺀 값이 된다. 따라서,
단위굵은골재량 G=콘크리트$-S-W-C$이므로, 2,300-760-140-280=1,120kgf/m³
∴ $C = \dfrac{W}{0.5} = \dfrac{140}{0.5} = 280\text{kgf/m}^3$

Answer 1.③ 2.④ 3.① 4.①

5 직사각형 철근콘크리트 단면이 전단철근 없이 계수전단력 V_u =75kN을 저항할 수 있는 단면의 최소 유효깊이 d[mm]는? (단, f_{ck} =16MPa, 단면의 폭 b =400mm이며, 2012년도 콘크리트 구조기준을 적용한다)

① 600
② 750
③ 850
④ 1,000

O TIP 전단철근 없이 콘크리트만으로 저항할 조건은 $V_u \leq \frac{1}{2}\phi V_c = \frac{1}{2} \times (0.75) \times \left(\frac{\lambda\sqrt{f_{ck}}}{6}\right)b_w d$

$d \geq \frac{16 V_u}{\lambda\sqrt{f_{ck}}\,b_w} = \frac{16(75 \times 10^3)}{1.0\sqrt{16} \times 400} = 750[\text{mm}]$

6 그림과 같은 확대기초에 계수 하중 P_u =1,200kN이 작용할 때, 전단에 대한 위험단면의 둘레 길이 b_0 [mm]는? (단, 2012년도 콘크리트구조기준을 적용한다)

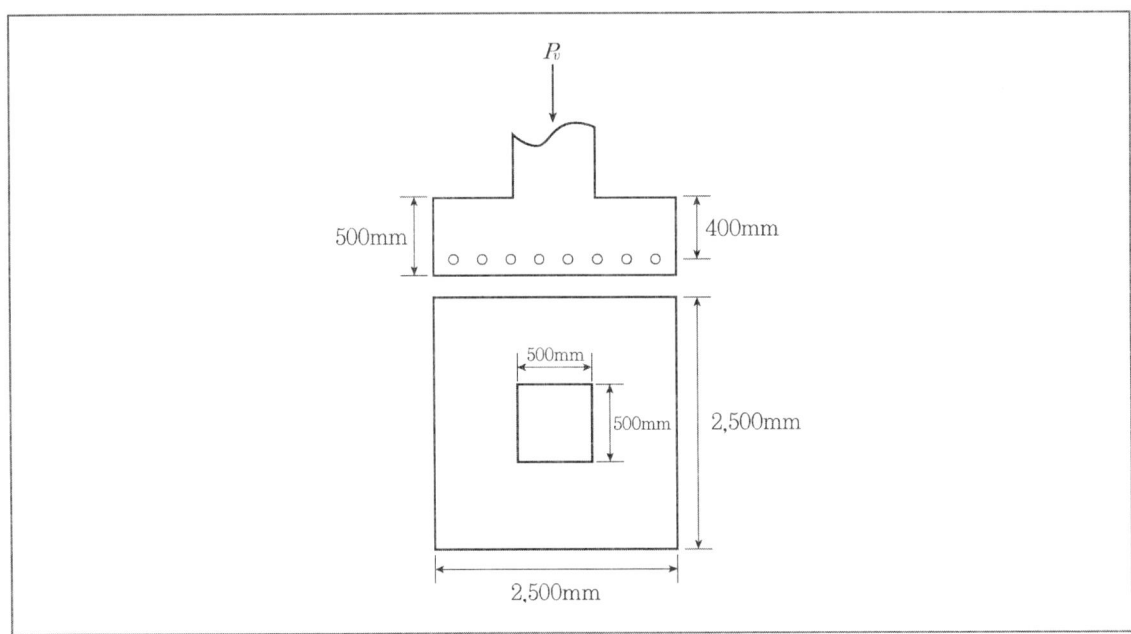

① 3,600
② 4,000
③ 4,400
④ 4,500

O TIP 2방향 전단에 대한 둘레길이는 $b_0 = 4(t+d) = 4(500+400) = 3,600[\text{mm}]$

7 그림과 같이 옹벽의 무게 $W=90$kN이고 옹벽에 작용하는 수평력 $H=20$kN일 때, 전도에 대한 안전율과 활동에 대한 안전율은? (단, 옹벽의 무게 및 수평력은 단위폭당 값이며 옹벽의 저판 콘크리트와 흙 사이의 마찰계수는 0.4이고, 2012년도 콘크리트구조기준을 적용한다)

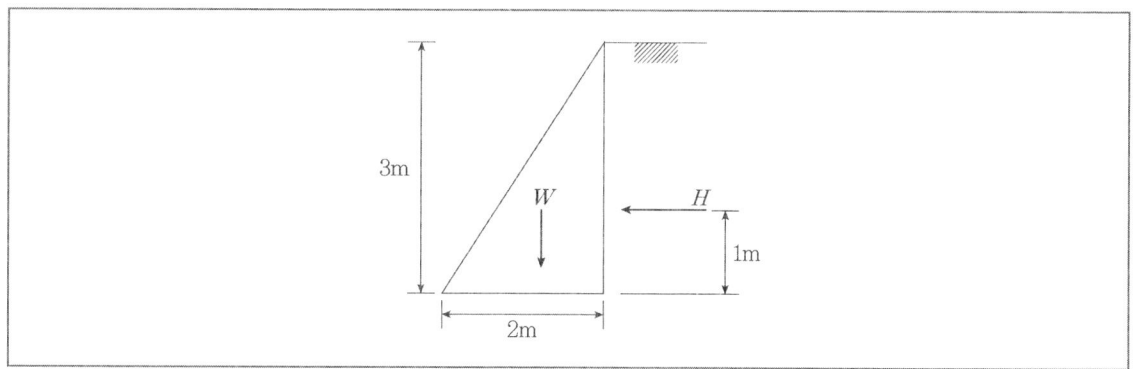

	전도에 대한 안전율	활동에 대한 안전율
①	3.0	1.5
②	3.0	1.8
③	6.0	1.5
④	6.0	1.8

TIP

전도에 대한 안전율은 $M_S = \dfrac{W \times x}{H \times y} = \dfrac{90\left(2 \times \dfrac{2}{3}\right)}{20 \times 1} = 6.0$

활동에 대한 안전율은 $F_S = \dfrac{W\mu}{H} = \dfrac{90(0.4)}{20} = 1.8$

Answer 5.② 6.① 7.④

8 그림과 같이 지간 L=10m인 프리스트레스트 콘크리트 단순보에 자중을 포함한 등분포하중 w=40kN/m가 작용하고 있다. 긴장재는 지간 중앙에 편심 e=0.4m로 절곡 배치하였다. 긴장력 P=1,000kN일 때, 보의 끝단에서 전단력이 작용하지 않는 지점까지의 거리 x[m]는? (단, $\sin\theta=2e/L$로 가정하고, 프리스트레스의 손실은 무시한다)

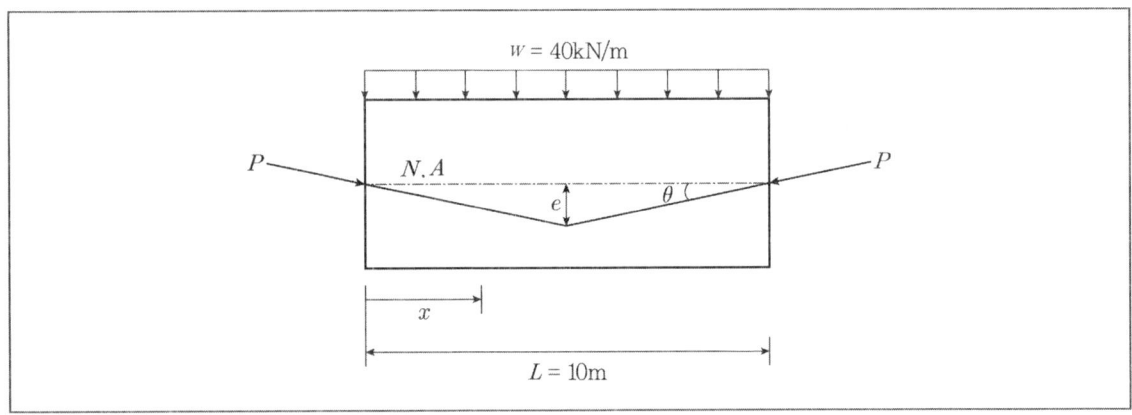

① 1
② 2
③ 3
④ 4

○TIP 집중상향력 $U=\Sigma P\sin\theta=2P\sin\theta=2P\left(\dfrac{2e}{L}\right)=2\times1,000\times\left(\dfrac{2\times0.4}{10}\right)=160[\text{kN}]$

전단력이 0인 곳은 등분포하중에 의한 전단력과 수직력에 의한 전단력의 크기가 서로 같고 방향이 반대가 된다는 점을 이용하면 $\dfrac{w}{2}(b-a)=\dfrac{40}{2}\{(10-x)-x\}=\dfrac{u}{2}=\dfrac{160}{2}$ 이 성립해야 하므로 $x=3m$가 된다.

[별해]
좌측으로부터 x만큼 떨어진 위치에서의 전단력 : $V_x=R_A-wx-P\sin\theta$이며

이 값이 0이 되려면 $0=\dfrac{40\times10}{2}-40x-1,000\times\dfrac{2\times0.4}{10}$ 이므로 $x=3[\text{m}]$이 된다.

9 그림과 같이 리벳의 직경이 20mm일 때, 이 리벳의 강도[kN]는? (단, 리벳의 허용 전단응력 v_a = 130MPa, 허용 지압응력 f_{ba} =300MPa이다)

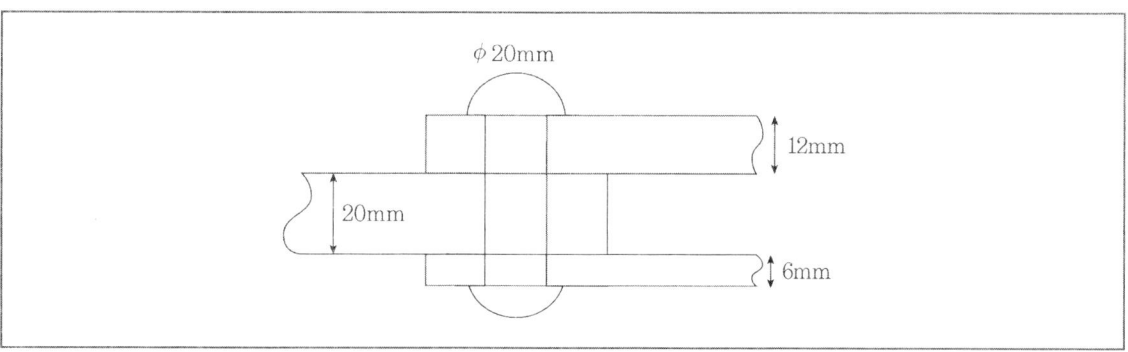

① 26π
② 52π
③ 108
④ 216

○**TIP** 허용전단강도와 허용지압강도를 구하여 이 중 작은 값을 리벳의 강도로 본다.

허용전단강도 $\rho_s = v_a\left(\dfrac{\pi d^2}{2}\right) = 130\left(\dfrac{\pi \times 20^2}{2}\right) = 26\pi \times 10^3 [N] = 26\pi[kN]$

허용지압강도 $\rho_b = f_{ba}(dt_{\min}) = 300 \times (20 \times 18) = 108[kN]$

이 중 작은 값인 26π가 리벳의 강도가 된다.

10 길이가 2m이고 사각형 단면(200mm×200mm)인 기둥에 연직하중 80kN이 고정하중으로 작용한다. 기둥이 옥외에 있을 때, 크리프 변형률(ε_c)은? (단, 콘크리트의 탄성계수 E_c = 20,000MPa이며, 2012년도 콘크리트구조기준을 적용한다)

① 0.0001
② 0.0002
③ 0.0003
④ 0.003

○**TIP** 크리프 변형률 $\varepsilon_c = C_u \varepsilon_e = C_u\left(\dfrac{P}{AE}\right) = 2\left(\dfrac{80 \times 10^3}{20,000 \times 200^2}\right) = 0.0002$

크리프계수(C_u)는 탄성변형률에 대한 크리프 변형률의 비이다. 따라서 크리프 변형률 ε_{cr}과 탄성변형률 ε_e의 관계는 $\varepsilon_{cr} = C_u \varepsilon_e = C_u \times \dfrac{f_c}{E_c}$ 이 성립한다. (크리프계수는 옥외는 2.0, 옥내는 3.0으로 한다.)

Answer 8.③ 9.① 10.②

11 옹벽의 안정조건에 대한 설명으로 옳지 않은 것은? (단, 2012년도 콘크리트구조기준을 적용한다)

① 활동에 대한 저항력은 옹벽에 작용하는 수평력의 1.5배 이상이어야 한다.
② 지반에 유발되는 최대 지반반력은 지반의 허용지지력을 초과할 수 없다.
③ 전도에 대한 저항휨모멘트는 횡토압에 의한 전도모멘트의 2배 이상이어야 한다.
④ 지반의 허용지지력은 지반의 극한지지력의 3배 이상이어야 한다.

◯TIP 지반의 허용지지력은 지반의 극한지지력의 1/3로 한다.

12 지름이 150mm, 높이 300mm인 원주형 표준공시체에 대하여 쪼갬인장시험을 실시한 결과, 파괴 시 하중이 270,000N이었다면 콘크리트의 쪼갬인장강도[MPa]는? (단, $\pi = 3$으로 계산한다)

① 1.5 ② 2.0
③ 3.5 ④ 4.0

◯TIP 쪼갬인장강도 $f_{sp} = \dfrac{2P}{\pi dL} = \dfrac{2 \times 270,000}{3 \times 150 \times 300} = 4.0 \text{MPa}$

13 그림과 같은 철근 콘크리트 독립확대기초의 지반에 발생하는 최대 및 최소 지반 응력(q_{max}, q_{min} [kN/m²])은? (단, 기초의 자중은 무시하고, 응력은 단위폭당 계산한다)

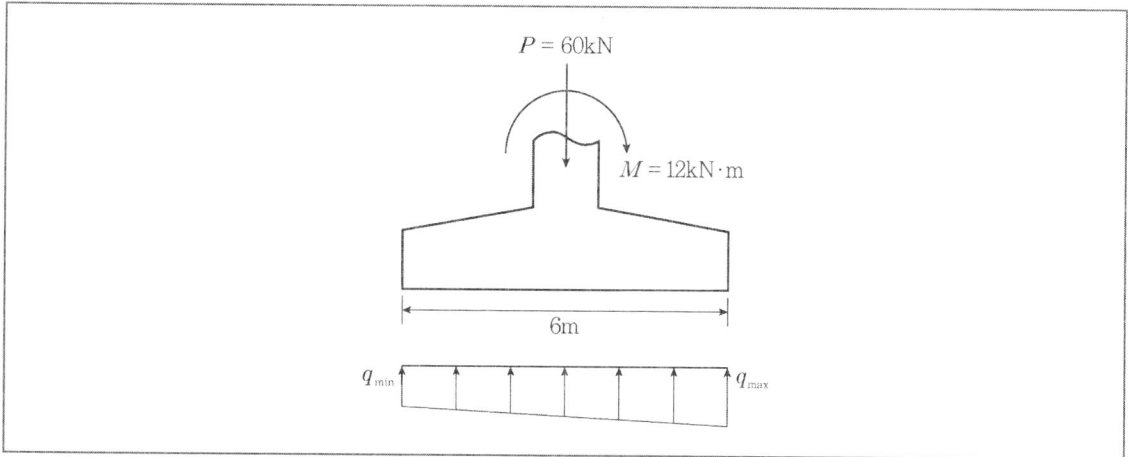

	q_{max}	q_{min}
①	10	6
②	10	8
③	12	6
④	12	8

> **TIP** $q_{max,\ min} = \dfrac{P}{A}\left(1 \pm \dfrac{6e}{b}\right) = \dfrac{P}{A}\left(1 \pm \dfrac{6M}{Pb}\right) = \dfrac{60}{6 \times 1}\left(1 \pm \dfrac{6 \times 12}{60 \times 6}\right)$
> $q_{max} = 12[\text{kN/m}^2]$, $q_{min} = 8[\text{kN/m}^2]$

Answer 11.④ 12.④ 13.④

14 그림과 같이 단순 지지된 슬래브의 중앙점에 집중하중 $P=76\text{kN}$이 작용할 때, ab방향에 분배되는 하중 [kN]은?

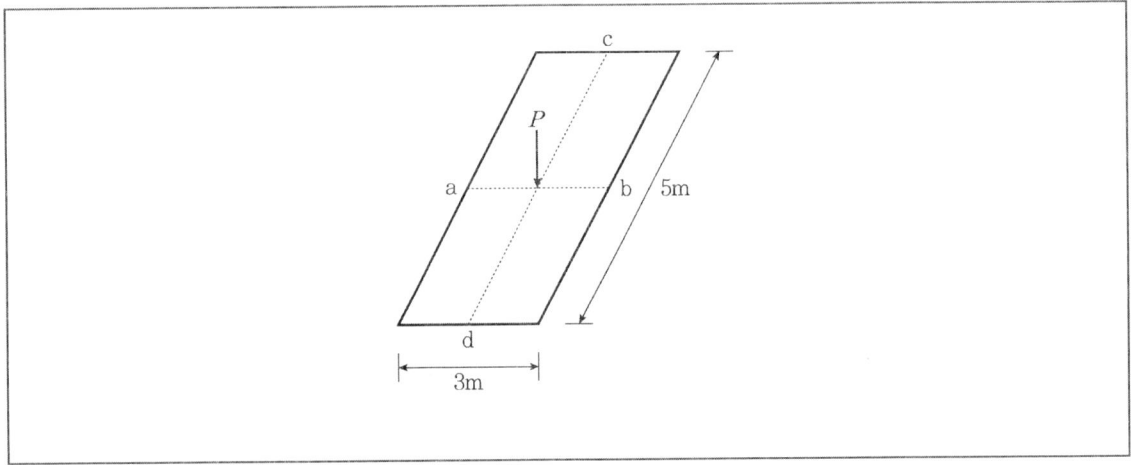

① 50
② 60.5
③ 62.5
④ 125

◯TIP 집중하중이 서로 교차하는 두 부재의 중심점에 작용하는 경우 분담하중은 부재길이의 세제곱에 반비례한다. 따라서
$P_{ab} : P_{cd} = \dfrac{1}{3^3} : \dfrac{1}{5^3} = 125 : 27$이 되므로, $P_{ab} = \dfrac{L^3}{L^3+S^3}P = \dfrac{5^3}{5^3+3^3} \times 76 = 62.5[\text{kN}]$

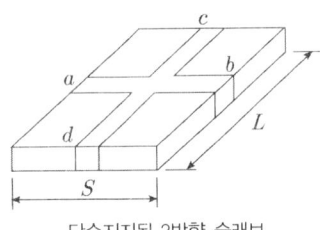

단순지지된 2방향 슬래브

등분포하중 w가 전체에 균등하게 작용 시
$$P_L = \dfrac{S^3}{L^3+S^3} \cdot P \quad P_S = \dfrac{L^3}{L^3+S^3} \cdot P$$
중심점에 집중하중 P가 작용 시
$$w_L = \dfrac{S^4}{L^4+S^4} \cdot w \quad w_S = \dfrac{L^4}{L^4+S^4} \cdot w$$

P_L, w_L : 긴 변이 부담하는 하중
P_S, w_S : 짧은 변이 부담하는 하중

15 그림과 같은 단철근 T형보에서 플랜지 부분에 대응하는 철근량 $A_{sf}[\text{mm}^2]$는? (단, f_{ck} =30MPa, f_y = 300MPa이며, 2012년도 콘크리트구조기준을 적용한다)

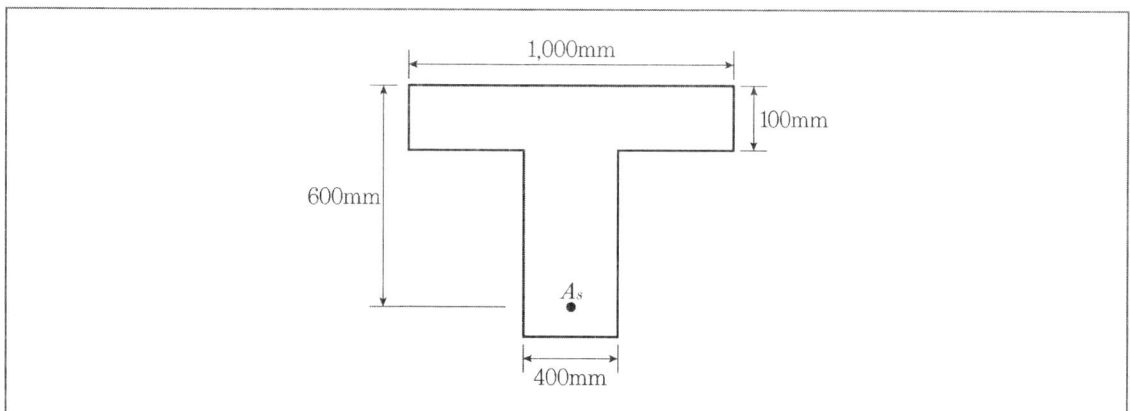

① 3,400
② 4,000
③ 5,100
④ 5,200

> **TIP** $T_f = C_f$이어야 하므로, $A_{sf} \times f_y = 0.85 f_{ck}(b-b_w)t_f$
> $A_{sf} = \dfrac{0.85 f_{ck}(b-b_w)t_f}{f_y} = \dfrac{0.85(30)(1,000-400)(100)}{300} = 5,100[\text{mm}^2]$

Answer 14.③ 15.③

16 그림과 같이 $b=300mm$, $d=500mm$인 철근콘크리트 캔틸레버보에 자중을 포함한 계수등분포하중 w_u =50kN/m가 작용하고 있다. 전단에 대한 위험단면에서 전단철근이 부담해야 할 공칭전단강도 V_s의 최솟값[kN]은? (단, 콘크리트는 보통골재를 사용하고, f_{ck}=25MPa, f_y=300MPa이며, 2012년도 콘크리트구조기준을 적용한다)

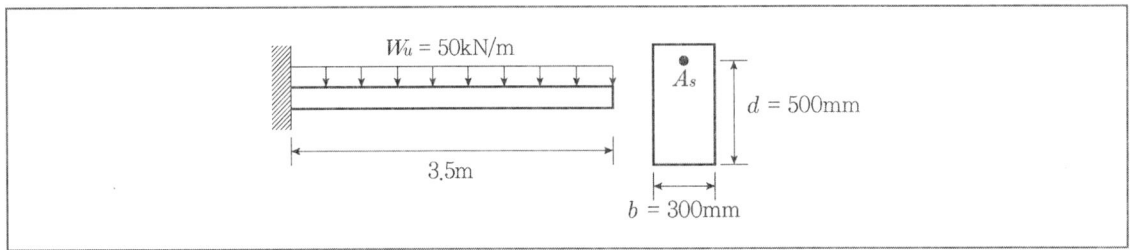

① 52
② 66.7
③ 75
④ 120.5

> **TIP** 전단철근이 부담해야 하는 공칭전단강도는
> $$V_s = \frac{V_u}{\phi} - V_c = \frac{150}{0.75} - 125 = 75[kN]$$
> $$V_u = w_u L - w_u d = 50(3.5 - 0.5) = 150[kN]$$
> $$V_c = \left(\frac{\lambda\sqrt{f_{ck}}}{6}\right)b_w d = \left(\frac{1.0\sqrt{25}}{6}\right)300 \times 500 = 125[kN]$$

17 단면의 폭 $b=300$mm, 유효깊이 $d=500$mm인 단철근 직사각형보가 등가 직사각형의 응력깊이 $a=170$mm, $f_{ck}=28$MPa, $f_y=400$MPa인 경우 강도감소계수는? (단, 압축지배단면에서 강도감소계수는 0.65로 계산하며, 소수 넷째자리에서 반올림하고, 2012년도 콘크리트구조기준을 적용한다)

① 0.817
② 0.833
③ 0.842
④ 0.850

TIP 중립축의 위치 $c = \dfrac{a}{\beta_1} = \dfrac{170}{0.85} = 200[\text{mm}]$

최외단인장철근의 순인장변형률 $\varepsilon_t = 0.003\left(\dfrac{d-c}{c}\right) = 0.003\left(\dfrac{500-200}{200}\right) = 0.0045$

강도감소계수 $\phi = 0.65 + 0.2 \times \dfrac{0.0045 - 0.002}{0.005 - 0.002} = 0.81666 ≒ 0.817$

※ 균형보에 있어 등가직사각형 응력블록의 깊이 : $a = \beta_1 c$ (β_1 : 등가압축영역계수, c : 중립축거리)

f_{ck}	등가압축영역계수 β_1
$f_{ck} \leq 28Mpa$	$\beta_1 = 0.85$
$f_{ck} > 28Mpa$	$\beta_1 = 0.85 - 0.007(f_{ck} - 28) \geq 0.65$

18 그림과 같이 프리스트레스트 콘크리트 단순보 단면의 중심에 PS강선이 배치된 부재에 자중을 포함한 등분포하중 $w=4\text{kN/m}$가 작용한다. 이 부재에 인장응력이 발생하지 않으려면 PS강선에 도입되어야 할 최소 긴장력 $P[\text{kN}]$는?

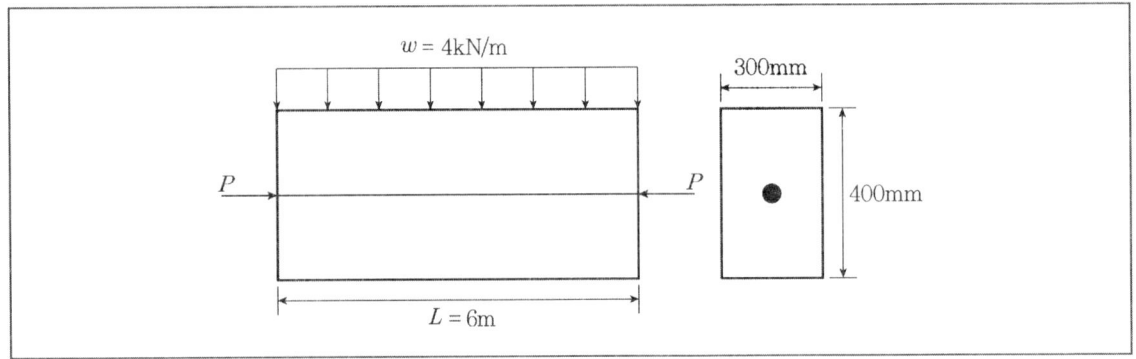

① 150
② 270
③ 390
④ 430

> **TIP** 주어진 부재의 단면에 인장응력이 발생하지 않으려면 중앙단면의 하연응력이 0 이상이어야 하므로,
> $$P \geq \frac{6M}{h} = \frac{6}{0.4}\left(\frac{4\times 6^2}{8}\right) = 270[\text{kN}]$$

19 압축연단에서 중립축까지의 거리 $c=120\text{mm}$인 단철근 직사각형보의 단면이 인장지배 단면이 되기 위한 인장철근의 최소 유효깊이 $d[\text{mm}]$는? (단, 인장철근은 1단 배근되어 있고, 철근의 탄성계수 $E_s=200{,}000\text{MPa}$, $f_y=500\text{MPa}$이며, 2012년도 콘크리트구조기준을 적용한다)

① 200
② 280
③ 320
④ 370

> **TIP** $\varepsilon_t = 0.003\left(\dfrac{d-c}{c}\right) \geq \varepsilon_{t,tcl} = \max(0.005,\ 2.5\varepsilon_y)$
> $0.003\left(\dfrac{d-120}{120}\right) \geq 2.5\left(\dfrac{500}{200{,}000}\right)$이므로 $\dfrac{d-120}{120} \geq 2.5 \times \dfrac{500}{200{,}000} \times \dfrac{1}{0.003}$
> 따라서 $d \geq 370[\text{mm}]$가 된다.

20 그림과 같이 두께가 10mm인 강판을 리벳으로 연결한 경우 강판이 최대로 허용할 수 있는 인장력 P [kN]는? (단, 강판의 허용 인장응력 f_{ta}=150MPa, 리벳구멍의 지름 25mm이다)

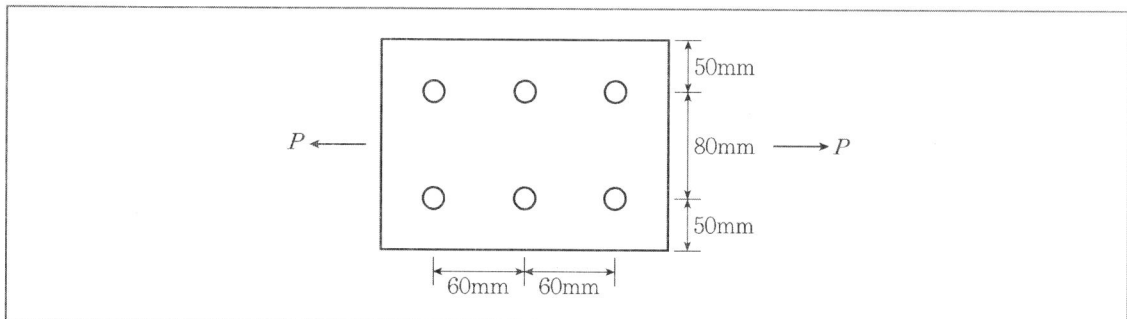

① 135
② 155
③ 175
④ 195

TIP $P = f_{ta} \cdot A_n = f_{ta} b_n t = f_{ta}(b_g - 2d)t = 150 \times (180 - 2 \times 25) \times 10 = 195,000[\text{N}] = 195[\text{kN}]$

Answer 18.② 19.④ 20.④

토목설계 / 2017. 6. 24. 서울특별시 시행

1 무근콘크리트 옹벽이 활동에 대해 안전하기 위한 최대높이 h는? (단, 콘크리트의 단위중량은 24[kN/m³], 흙의 단위중량은 20[kN/m³], 토압계수는 0.4, 마찰계수는 0.5이며, 「콘크리트구조기준(2012)」을 적용한다)

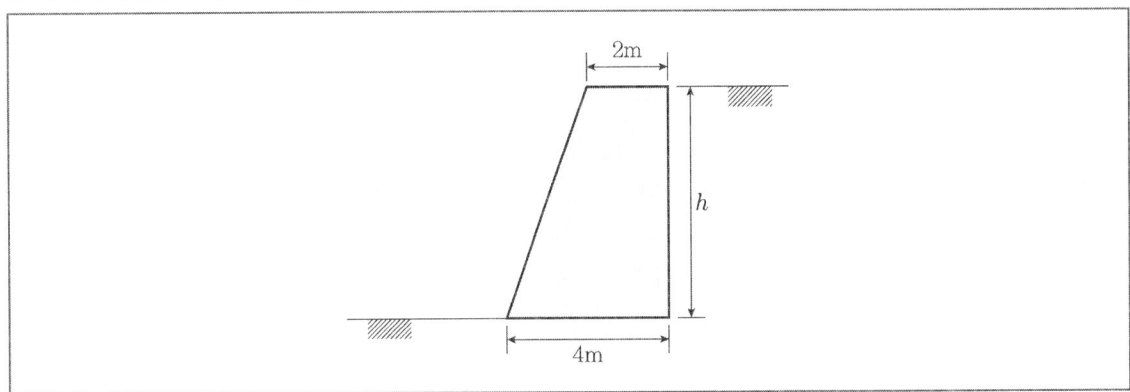

① 5.8m ② 6.0m
③ 6.2m ④ 6.4m

TIP 활동에 대한 안전율은 1.5이다.
$W \cdot \mu \geq P \cdot$ 안전율이어야 하므로,

$\gamma_c \times A \times \mu \geq \dfrac{1}{2} \times \gamma_t \times h^2 \times K_a (1.5)$ 를 적용하면

$24 \times \dfrac{(2+4) \times h}{2} \times (0.5) \geq \dfrac{1}{2} \times (20) \times h^2 \times (0.4) \times (1.5)$

$\therefore h \leq 6[\text{m}]$

2 그림과 같이 하중을 받는 무근콘크리트 보의 인장응력이 콘크리트파괴계수(f_r)에 도달할 때의 하중 P는? (단, 콘크리트는 보통중량콘크리트, 설계기준압축강도 f_{ck}=100[MPa], 보의 길이 L=315[mm]이고 「콘크리트구조기준(2012)」을 적용한다)

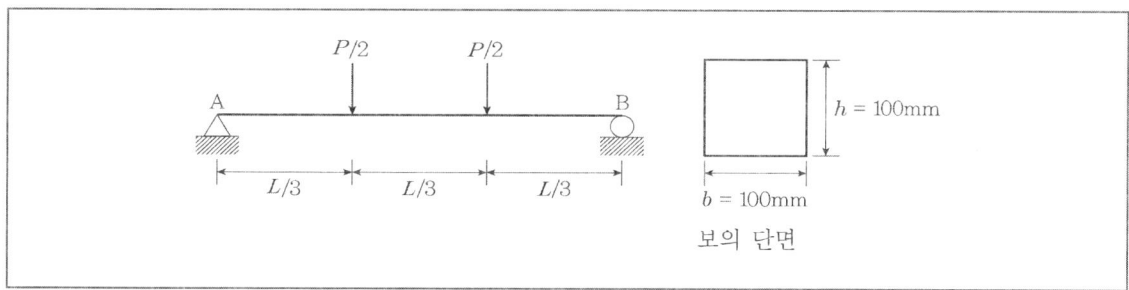

① 10kN
② 15kN
③ 20kN
④ 25kN

> **TIP** 무근콘크리트 보의 하연응력이 콘크리트파괴계수와 같다는 조건을 식으로 표현하면
>
> $f_t = \dfrac{M_{\max}}{Z} = \dfrac{\frac{PL}{6}}{\frac{bh^2}{6}} = \dfrac{PL}{bh^2} = f_r$ 이 되며 이를 P에 관하여 풀어보면,
>
> $P = f_r \left(\dfrac{bh^2}{L}\right) = 0.63 \times 1 \times \sqrt{100} \times \left(\dfrac{100^3}{315}\right) = 20 \,[\text{kN}]$ 이 된다.
>
> ※ 휨인장강도 … 150mm×150mm×530mm 장방형 무근콘크리트 보의 경간 중앙 또는 3등분점에 보가 파괴될 때까지 하중을 작용시켜서 균열모멘트 M_{cr}을 구한다. 이것을 휨공식 $f = \dfrac{M}{I}y$에 대입하여 콘크리트의 휨인장강도를 구하며 이를 파괴계수(f_r)이라고 한다.
>
> $f_r = 0.63\sqrt{f_{ck}}\,[\text{MPa}]$

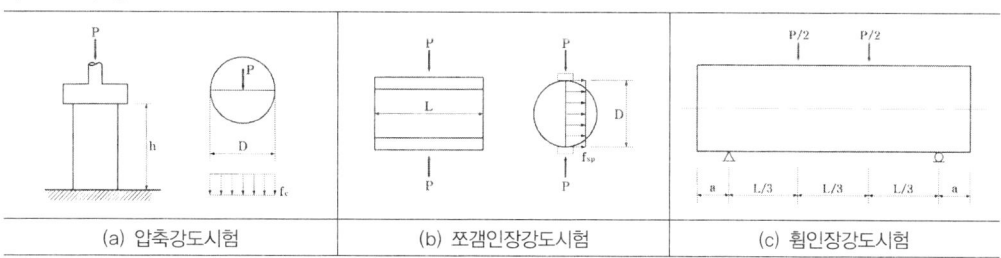

| (a) 압축강도시험 | (b) 쪼갬인장강도시험 | (c) 휨인장강도시험 |

3 프리스트레스트콘크리트 포스트텐션부재에서 긴장재의 마찰손실을 계산할 때 사용되는 요소가 아닌 것은? (단, 「콘크리트구조기준(2012)」을 적용한다)

① 긴장재의 파상마찰계수
② 긴장재의 회전각 변화량
③ 곡선부의 곡률마찰계수
④ 긴장재의 설계항복강도

TIP 포스트텐션방식의 PSC구조에서는 마찰에 의한 손실을 계산할 때 긴장재의 설계항복강도는 사용하지 않는다.
※ 마찰에 의한 손실 … 강재의 인장력은 쉬스와의 마찰로 인하여 긴장재의 끝에서 중심으로 갈수록 작아지며 포스트텐션방식에만 해당된다.
㉠ 곡률마찰과 파상마찰을 동시에 고려할 때 인장단으로부터 x 거리에서의 긴장재의 인장력은 다음의 식으로 표현한다.
$$P_x = P_0 e^{-(kl_x + \mu a)}$$
- P_x : 인장단으로부터 x 거리에서의 긴장재의 인장력
- P_0 : 인장단에서의 긴장재의 인장력
- l_x : 인장단으로부터 고려하는 단면까지의 긴장재의 길이
- k : 긴장재의 길이 1m에 대한 파상 마찰계수
- a : l_x 구간에서의 각 변화(radian)의 합계
- μ : 곡률 마찰계수

㉡ 근사식 : l이 40m 이내이고, 긴장재의 각변화(a)가 30° 이하인 경우이거나 $\mu a + kl \leq 0.3$인 경우의 근사식은 $P_x = P_0/(1 + kl_x + \mu a)$이며 긴장재의 손실량은 $\Delta P = P_0 - P_x$

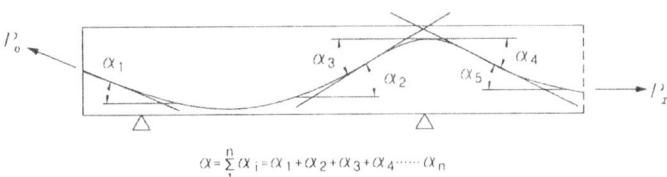

4 브래킷과 내민받침의 전단설계에 대한 〈보기〉의 설명 중 옳은 내용을 모두 고른 것은? (단, 「콘크리트구조기준(2012)」을 적용한다)

〈보기〉

㉠ 받침부 면의 단면은 계수전단력 V_u와 계수휨모멘트 $[V_u a_v + N_{uc}(h-d)]$ 및 계수수평 인장력 N_{uc}를 동시에 견디도록 설계하여야 한다.
㉡ 브래킷 또는 내민받침 위에 놓이는 부재가 인장력을 피하도록 특별한 장치가 마련되어 있지 않는 한 인장력 N_{uc}를 $0.1 V_u$ 이상으로 하여야 한다.
㉢ 인장력 N_{uc}는 인장력이 비록 크리프, 건조수축 또는 온도변화에 기인한 경우라도 고정하중으로 간주하여야 한다.
㉣ 주인장철근의 단면적 A_s는 $(A_f + A_n)$와 $(2A_{vf}/3 + A_n)$ 중에서 큰 값 이상이어야 한다. (여기서 A_f = 계수휨모멘트에 저항하는 철근 단면적, A_n = 인장력 N_{uc}에 저항하는 철근 단면적, A_{vf} = 전단마찰철근의 단면적을 의미한다.)

① ㉠, ㉢
② ㉠, ㉣
③ ㉡, ㉢
④ ㉡, ㉣

◯TIP ㉡ 브래킷 또는 내민받침 위에 놓이는 부재가 인장력을 피하도록 특별한 장치가 마련되어 있지 않는 한 인장력 N_{uc}를 $0.2 V_u$ 이상으로 하여야 한다.
㉢ 인장력 N_{uc}는 인장력이 비록 크리프, 건조수축 또는 온도변화에 기인한 경우라도 활하중으로 간주하여야 한다.

Answer 3.④ 4.②

5 부재 설계 시 콘크리트 압축분포를 등가직사각형 응력블록으로 볼 때 단면의 가장자리에서 최대압축변형률이 일어나는 응력블록의 높이 $a = \beta_1 \cdot c$로 보고 계산할 경우, 이때 등가사각형 응력블록과 관계된 계수 β_1의 하한값인 0.65에 해당하는 콘크리트의 최소 압축강도 f_{ck}는 얼마인가? (단, 소수점 둘째 자리에서 반올림하며,「콘크리트구조기준(2012)」을 적용한다)

① 50.8MPa
② 53.3MPa
③ 56.6MPa
④ 60.1MPa

◯TIP $\beta_1 = 0.85 - 0.007(f_{ck} - 28) = 0.65$

$$f_{ck} = \frac{0.85 - 0.65}{0.007} + 28 = 56.6 \text{MPa}$$

※ 균형보에 있어 등가직사각형 응력블록의 깊이 : $a = \beta_1 c$ (β_1 : 등가압축영역계수, c : 중립축거리)

f_{ck}	등가압축영역계수 β_1
$f_{ck} \leq 28 Mpa$	$\beta_1 = 0.85$
$f_{ck} > 28 Mpa$	$\beta_1 = 0.85 - 0.007(f_{ck} - 28) \geq 0.65$

6 콘크리트 강도 평가를 위한 코어 시험에 대한 설명 중 가장 옳지 않은 것은? (단,「콘크리트구조기준(2012)」을 적용한다)

① 콘크리트 강도시험 값이 f_{ck}가 35MPa 이하인 경우 f_{ck}보다 3.5MPa 이상 부족하거나, 또는 f_{ck}가 35MPa 초과인 경우 $0.1f_{ck}$ 이상 부족한지 여부를 알아보기 위하여 3개의 코어를 채취하여야 한다.
② 구조물의 콘크리트가 습윤된 상태에 있다면 코어는 적어도 24시간 동안 물속에 담가 두어야 하며 습윤상태에서 시험하여야 한다.
③ 구조물에서 콘크리트 상태가 건조된 경우 코어는 시험 전 7일 동안 공기(온도 15~30℃, 상대습도 60% 이하)로 건조시킨 후 기건상태에서 시험하여야 한다.
④ 코어 공시체 3개의 평균값이 f_{ck}의 85%에 달하고, 각각의 코어 강도가 f_{ck}의 75%보다 작지 않으면 구조적으로 적합하다고 판정할 수 있다.

◯TIP 구조물의 콘크리트가 습윤된 상태에 있다면 코어는 적어도 40시간 동안 물속에 담가 두어야 하며 습윤상태에서 시험하여야 한다.

7 「콘크리트구조기준(2012)」에서는 콘크리트의 건조수축 변형률을 산정하기 위해서 개념 건조수축계수 (ϵ_{sho})에 건조기간에 따른 건조수축 변형률 함수($\beta_s(t-t_s)$)를 곱하도록 규정하고 있다. 개념 건조수축 계수 산정 시에 고려되는 요소로 가장 옳지 않은 것은?

① 외기 습도
② 시멘트 종류
③ 재령 28일에서 콘크리트의 평균 압축강도
④ 순인장변형률

> **TIP** 건조수축 변형률은 최외단 인장철근의 순인장변형률과는 관련이 없다.
> ※ 콘크리트 건조수축 변형률
> $\varepsilon_{sh}(t,t_s) = \varepsilon_{sho}\beta_s(t-t_s)$
> $\beta_s(t-t_s)$: 건조기간에 따른 건조수축 변형률 함수
> t : 콘크리트의 재령, 일(day)
> t_s : 콘크리트가 외기 중에 노출되었을 때의 재령, 일(day)
> $\varepsilon_{sho} = \varepsilon_s(f_{cu})\beta_{RH}$
> $\varepsilon_s(f_{cu}) = [160 + 10\beta_{sc}(9 - f_{cu}/10)] \times 10^{-6}$
> $\beta_{RH} = \begin{cases} -1.55[1-(RH/100)^3] \ (40\% \leq RH < 99\%) \\ 0.25 \ (RH \geq 99\%) \end{cases}$
> $\beta_s(t-t_s) = \sqrt{\dfrac{(t-t_s)}{0.035h^2 + (t-t_s)}}$

Answer 5.③ 6.② 7.④

8 그림과 같이 독립확대기초에서 2방향 펀칭전단에 대한 위험단면의 둘레길이가 4,000mm일 때 기둥의 면적은?

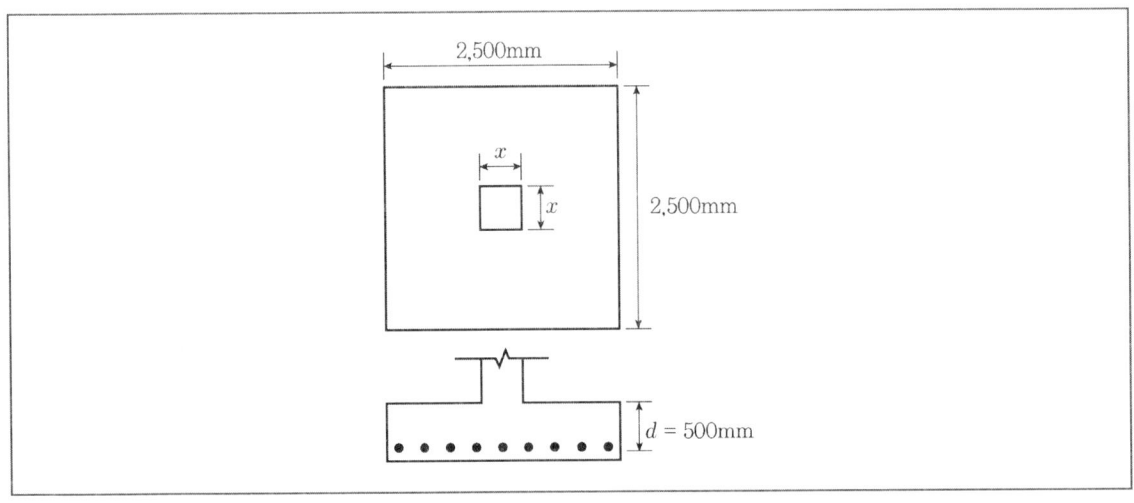

① 200,000mm²
② 230,000mm²
③ 250,000mm²
④ 300,000mm²

> **TIP** 위험단면의 둘레의 길이가 4,000mm이므로
> $4(x+d) = 4(x+500) = 4,000$에 따라 $x = 500[\text{mm}]$
> 따라서 기둥의 면적은 $x \times x = 250,000\text{mm}^2$

9 포스트텐션 보의 정착구역에 대한 설명으로 옳지 않은 것은? (단, 「콘크리트구조기준(2012)」을 적용한다)

① 일반구역은 국소구역을 제외한 정착구역으로 정의한다.
② 국소구역은 정착장치의 적절한 기능수행을 위하여 필요한 위치에 국소구역 보강을 하여야 한다.
③ 국소구역은 정착장치 및 이와 일체가 되는 구속철근과 이들을 둘러싸고 있는 콘크리트 사각기둥으로 정의한다.
④ 일반구역은 정착장치에 의해 유발되는 파열력, 할렬력 및 종방향 단부인장력에 저항할 수 있도록 보강하여야 한다.

> **TIP** 일반구역은 국소구역을 포함한 정착구역으로 정의한다.
> ㉠ **국소구역**(local zone) : 정착장치 주위 및 바로 앞 콘크리트 부분으로 높은 국부지압응력을 받는 부분으로서 정착장치 및 이와 일체가 되는 구속철근과 이들을 둘러싸고 있는 콘크리트 사각기둥으로 정의한다. 정착장치의 적절한 기능수행을 위하여 필요한 위치에 국소구역 보강을 하여야 한다.
> ㉡ **일반구역** : 집중된 프리캐스트레스 힘이 부재 단면상에 선형에 가까운 응력분포로 확산되는 구역, 또는 거더의 단부로부터 거더 높이(h)만큼 떨어진 일반단면 사이의 정착부 앞 구역을 의미하고, 부재의 단부가 아닌 보의 중간위치에 정착부가 있는 경우에는 정착장치 전방으로 거더 높이만큼 떨어진 구역이다. (즉, 일반구역은 국소구역을 포함한 정착구역으로 정의한다.)

10 콘크리트의 설계기준압축강도(f_{ck})가 50MPa인 경우 콘크리트의 할선탄성계수를 구하는 식은? (단, 보통중량골재를 사용한 콘크리트의 경우임)

① $E_c = 8,500 \sqrt[3]{50}$

② $E_c = 8,500 \sqrt[3]{54}$

③ $E_c = 8,500 \sqrt[3]{55}$

④ $E_c = 8,500 \sqrt[3]{56}$

TIP 보통중량 골재를 사용한 콘크리트의 경우 할선탄성계수 산정식에 따르면 다음과 같은 값이 산출된다.
$E_c = 8,500\sqrt[3]{f_{cu}} = 8,500\sqrt[3]{f_{ck} + \Delta f} = 8,500\sqrt[3]{50 + 5}\,\text{MPa}$
(40MPa < f_{ck} < 60MPa인 경우 $f_{cu} = f_{ck} + \Delta f = 1.1 f_{ck}$)

※ 탄성계수의 종류
　㉠ 초기접선탄성계수 : 0점에서 맨 처음 응력-변형률 곡선에 그은 접선이 이루는 각의 기울기
　㉡ 접선탄성계수 : 임의의 점 A에서 응력-변형률곡선에 그은 접선이 이루는 각의 기울기
　㉢ 할선탄성계수 : 압축응력이 압축강도의 30 ~ 50% 정도이며 이 점을 A라고 할 경우 OA의 기울기 (콘크리트의 실제적인 탄성계수를 의미한다.)

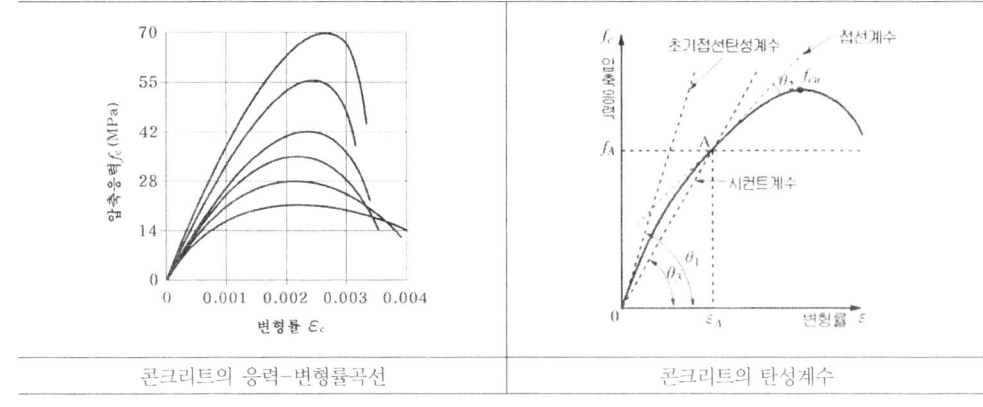

| 콘크리트의 응력-변형률곡선 | 콘크리트의 탄성계수 |

11 제주도 지역에 위치하는 교량 설계 시 적용하여야 할 지진구역계수(재현주기 500년)는? (단, 「도로교설계기준(2016)」을 적용한다)

① 0.07 ② 0.10
③ 0.11 ④ 0.15

> **TIP** 제주도는 지진구역Ⅱ에 속하므로 지진구역계수는 0.07이 된다.
>
> ※ 지진구역계수
>
> | 지진구역 | Ⅰ | Ⅱ |
> |---|---|---|
> | 구역계수 | 0.11 | 0.07 |
>
> cf. 지진구역 구분
> ㉠ 지진구역 Ⅰ : 지진구역 Ⅱ를 제외한 지역
> ㉡ 지진구역 Ⅱ : 강원도 북부, 전라남도 남서부, 제주도

12 그림과 같이 콘크리트 부재에 프리스트레스를 도입할 때, 프리스트레스만에 의해 발생 가능한 단면 내 응력분포 형태를 모두 고르면? (단, +는 압축응력을, -는 인장응력을 나타낸다)

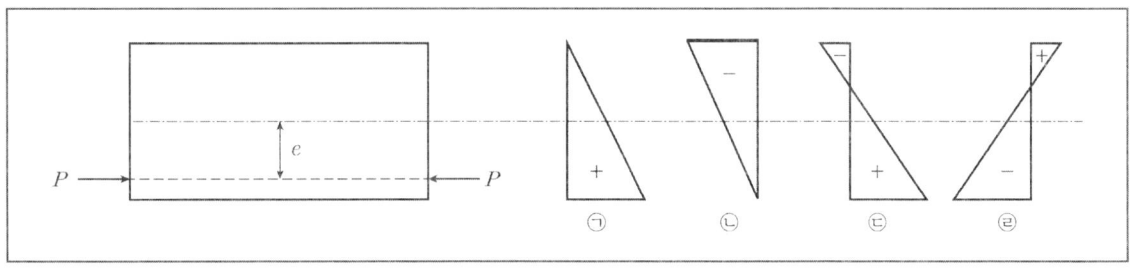

① ㉠, ㉢ ② ㉠, ㉣
③ ㉡, ㉢ ④ ㉡, ㉣

> **TIP** 프리스트레스에 의한 힘만 고려한다면, 긴장재에 의해 부재 하부는 압축응력이 발생하게 되므로 ㉠과 ㉢이 발생가능한 단면 내 응력분포도이다. (압축을 받는 기둥부재를 연상하면 쉽게 답을 찾을 수 있다.)

13 구조물의 부재, 부재 간의 연결부나 부재단면의 힘모멘트, 전단력 등에 대한 설계 강도를 구할 때 1보다 작은 강도감소계수 ϕ를 사용하는 목적으로 적합하지 않은 것은?

① 초과하중이나 하중조합의 영향을 고려
② 재료의 강도와 치수 등 변동에 대비
③ 구조물에서 차지하는 부재의 중요성을 반영
④ 부정확한 설계방정식에 대비해 여유를 확보

> **TIP** 초과하중이나 하중조합의 영향을 고려하는 것은 하중계수의 적용이다.

14 프리스트레스의 손실에 대한 설명 중 가장 옳지 않은 것은? (단, P_j : 재킹 힘, P_i : 도입직후의 프리스트레스 힘, P_e : 유효 프리스트레스 힘이다)

① 즉시손실과 시간적 손실을 합한 긴장재의 손실은 일반적으로 재킹 힘 P_j의 20~35% 범위이다.
② 도입직후의 프리스트레스 힘(P_i)은 즉시손실이 발생한 이후에 긴장재에 작용하는 힘이다.
③ 유효 프리스트레스 힘(P_e)은 시간적손실이 발생한 이후에 긴장재에 작용하는 힘이다.
④ 프리스트레스 힘의 유효율(R)은 $P_e = RP_j$ 또는 $R = \dfrac{P_e}{P_j}$로 나타낸다.

> **TIP** 프리스트레스 힘의 유효율(R)은 $P_e = RP_i$ 또는 $R = \dfrac{P_e}{P_i}$로 나타낸다.

Answer 11.① 12.① 13.① 14.④

15 계수전단력 V_u=7.5kN이 폭 b=100mm인 직사각형 단면에 작용한다. 이때, 전단철근 없이 콘크리트만으로 견딜 수 있는 단면의 최소 유효깊이 d는? (단, 콘크리트 설계기준압축강도 f_{ck}=36MPa, 보통중량 콘크리트이고, 「콘크리트구조기준(2012)」을 적용한다)

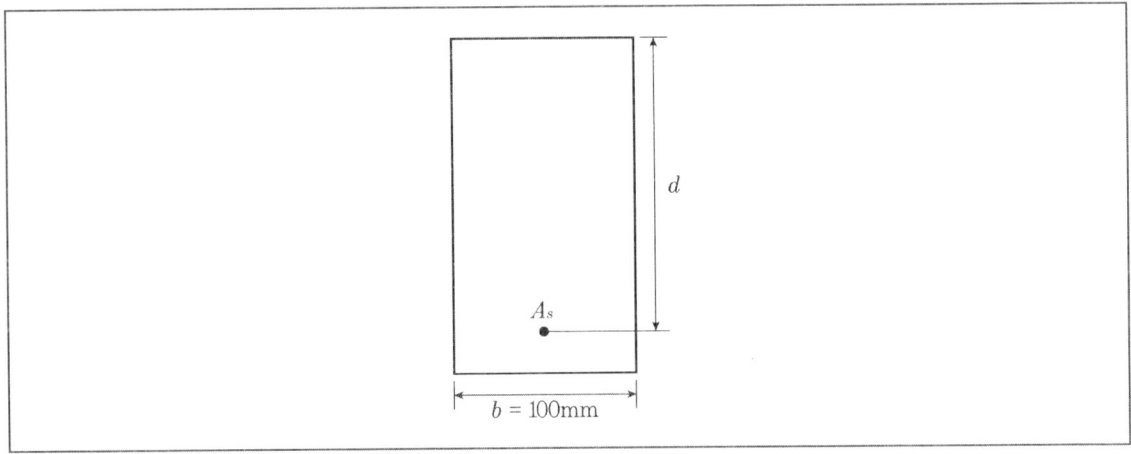

① 150mm ② 200mm
③ 250mm ④ 300mm

TIP 전단철근없이 콘크리트만으로 지지하기 위해서는 다음의 조건을 만족해야 한다.

$V_u \leq \dfrac{1}{2}\phi V_c$ 이므로 $V_u \leq \dfrac{1}{2}\left(\phi \dfrac{1}{6}\lambda \sqrt{f_{ck}} b_w d\right)$에서 $7.5 \times 10^3 \leq \dfrac{1}{2}(0.75)\left(\dfrac{1.0\sqrt{36}}{6}\right)(100d)$

∴ $d \geq 200[\text{mm}]$

16 항복강도가 400MPa인 용접용 철근을 이용하여 용접이음을 할 때 용접이음부에서 발휘해야 하는 응력의 최솟값은? (단, 「콘크리트구조기준(2012)」을 적용한다)

① 400MPa ② 450MPa
③ 500MPa ④ 550MPa

TIP 용접이음부는 철근의 설계기준항복강도의 125% 이상을 발휘해야 하므로 500MPa 이상의 항복강도를 가져야 한다. (엄밀히 말하면, "용접이음부에 요구되는 항복강도의 최솟값"을 묻는 문제여야 한다.)
$400 \times 1.25 = 500\text{MPa}$ 이상이어야 한다.

17 「콘크리트구조기준(2012)」에서는 휨모멘트와 축력을 받는 철근콘크리트 부재의 강도설계를 위하여 기본적인 가정을 따르도록 규정하고 있다. 강도설계법의 기본 가정에 대한 설명으로 가장 옳지 않은 것은?

① 철근과 콘크리트의 응력은 중립축으로부터의 거리에 비례하는 것으로 가정한다.
② 압축연단에서의 극한변형률은 0.003으로 가정한다.
③ 휨응력 계산에서 콘크리트의 인장강도는 무시할 수 있다.
④ 극한상태에서의 압축응력의 분포와 콘크리트 변형률 사이의 관계는 실험의 결과와 실질적으로 일치하는 직사각형, 사다리꼴 등의 형상으로 가정할 수 있다.

> **TIP** 철근과 콘크리트의 변형률은 중립축부터 거리에 비례하는 것으로 가정하는 것이지, 응력이 중립축으로부터의 거리에 비례하는 것으로 가정하는 것은 아니다.

18 콘크리트 압축강도 실험 결과 설계기준강도 f_{ck}가 50MPa이고, 충분한 실험에 의해 얻어진 표준편차 s가 5MPa이라면, 「콘크리트구조기준(2012)」에 따라 배합강도 f_{cr}은 얼마로 결정해야 하는가?

① 43.3MPa
② 46.0MPa
③ 54.0MPa
④ 56.7MPa

> **TIP** 배합강도는 설계기준압축강도가 35MPa를 초과하는 경우 다음 식에서 계산된 두 값 중 큰 값으로 한다.
> ㉠ $f_{cr} = f_{ck} + 1.34s = 50 + (1.34 \times 5) = 56.7$MPa
> ㉡ $f_{cr} = 0.9f_{ck} + 2.33s = 0.9 \times 50 + (2.33 \times 5) = 56.65$MPa

Answer 15.② 16.③ 17.① 18.④

19 1방향 슬래브에 대한 다음 설명 중 가장 옳지 않은 것은? (단, 「콘크리트구조기준(2012)」을 적용한다)

① 4변에 의해 지지되는 2방향 슬래브 중 장변의 길이가 단변의 길이의 2배를 넘으면 1방향 슬래브로 해석한다.
② 철근콘크리트 보와 일체로 만든 연속 슬래브에서 경간 중앙의 정모멘트는 양단 고정보로 보고 계산한 값 이하이어야 한다.
③ 철근콘크리트 보와 일체로 만든 연속 슬래브에서 활하중에 의한 경간 중앙의 부모멘트는 산정된 값의 1/2만 취할 수 있다.
④ 철근콘크리트 보와 일체로 만든 연속 슬래브에서 순경간이 3.0m를 초과할 때는 순경간 내면의 휨모멘트를 사용할 수 있다.

> **TIP** 1방향 슬래브의 근사해법의 경우, 철근콘크리트 보와 일체로 만든 연속 슬래브에서 경간 중앙의 정모멘트는 양단 고정보로 보고 계산한 값 이상의 값을 취해야 한다.

20 내민보에 자중을 포함한 계수등분포하중(w_u) 10kN/m가 작용할 때, 위험단면에서 콘크리트가 부담하는 전단력(V_c)이 16.67kN이라면 전단보강철근이 부담해야 할 전단력(V_s)의 최솟값은? (단, 보통중량의 콘크리트를 사용하였으며 f_{ck}=25MPa, f_y=280MPa, 강도설계법을 적용한다)

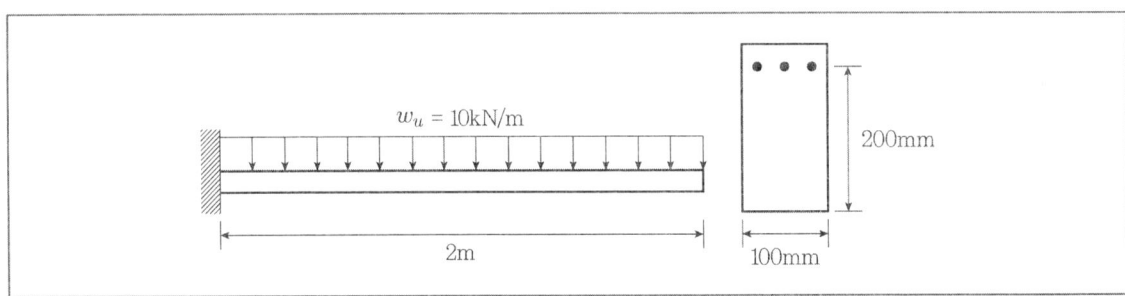

① 5.83kN   ② 6.36kN
③ 7.33kN   ④ 8.12kN

> **TIP** $V_u \leq \phi V_n = \phi(V_c + V_s)$
>
> $V_s \geq \dfrac{V_u}{\phi} - V_c = \dfrac{18}{0.75} - 16.67 = 7.33[\text{kN}]$
>
> $V_u = w_u L - w_u d = 10 \times 2 - 10 \times (0.2) = 18[\text{kN}]$

토목설계 / 2017. 6. 17. 제1회 지방직 시행

1 다음 설명은 2015년 도로교설계기준(한계상태설계법)에서 규정하는 어떤 한계상태에 대한 것인가?

> 교량의 설계수명 이내에 발생할 것으로 기대되는, 통계적으로 중요하다고 규정한 하중조합에 대하여 국부적/전체적 강도와 안정성을 확보하는 것으로 규정한다.

① 사용한계상태
② 피로와 파단한계상태
③ 극한한계상태
④ 극단상황한계상태

TIP ③ 극한한계상태: 교량의 설계수명 이내에 발생할 것으로 기대되는, 통계적으로 중요하다고 규정한 하중조합에 대하여 국부적/전체적 강도와 안정성을 확보하는 것으로 규정한다.
① 사용한계상태: 균열, 처짐, 피로 등의 사용성에 관한 한계상태로서, 일반적으로 구조물 또는 부재의 특정한 사용 성능에 해당하는 상태로 정상적 사용 중에 구조적 기능과 사용자의 안녕 그리고 구조물의 외관에 관련된 특정한 사용성 요구 성능을 더 이상 만족시키지 않는 한계상태이다.
② 피로와 파단한계상태: 반복적인 차량하중에 의한 피로파괴 및 파단에 관한 한계상태로 피로한계상태는 기대응력범위의 반복 횟수에서 발생하는 단일 피로설계트럭에 의한 응력 범위를 제한하는 것으로 규정하며, 파단한계상태는 「KS D 3515-용접구조물 압연강재」에 제시하고 있는 재료인성요구사항으로 규정한다.
④ 극단상황한계상태: 지진 또는 홍수 발생 시, 또는 세굴된 상황에서 선박, 차량 또는 유빙에 의한 충돌 시 등의 상황에서 교량의 붕괴를 방지하는 것으로 규정한다.

2 사용하중이 작용하여 인장측 콘크리트에 휨인장균열이 발생한 단철근 직사각형 보에서 압축연단의 콘크리트 응력이 10[MPa]일 때 인장철근의 응력[MPa]은? (단, 재료는 Hooke의 법칙이 성립하고, 단면의 유효깊이 d=450[mm], 압축연단에서 중립축까지의 거리 c=150[mm], 철근의 탄성계수 E_s=210[GPa], 콘크리트의 탄성계수 E_c=30,000[MPa]이다)

① 100
② 120
③ 140
④ 160

TIP $f_s = nf_c\left(\dfrac{d-c}{c}\right) = \dfrac{210 \times 10^3}{30,000} \times 10 \times \left(\dfrac{450-150}{150}\right) = 140 \text{[MPa]}$

Answer 19.② 20.③ / 1.③ 2.③

3 그림과 같은 T형보를 직사각형보로 해석할 수 있는 최대 철근량 A_s[mm²]는? (단, f_{ck} =20[MPa], f_y =400 [MPa]이며 2012년도 콘크리트구조기준을 적용한다)

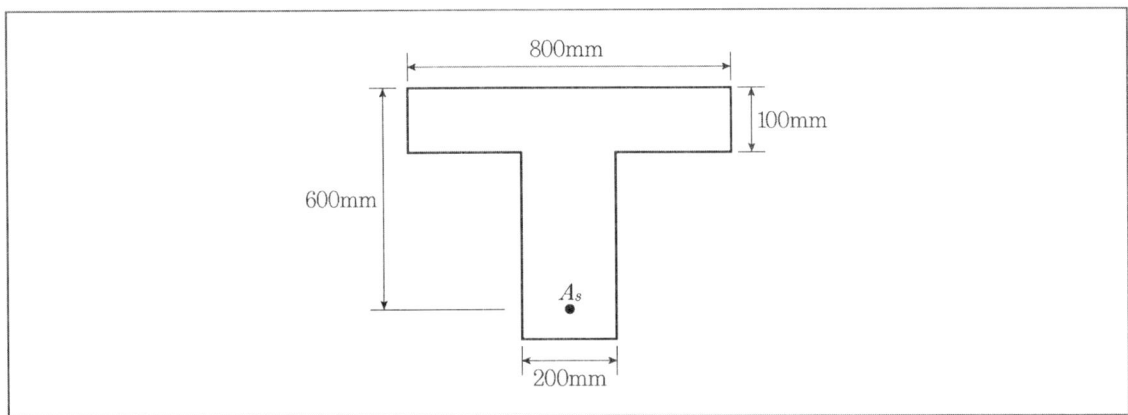

① 3,400
② 1,700
③ 340
④ 170

○TIP $a = \dfrac{A_s f_y}{0.85 f_{ck} b} \leq t_f$ 이어야 하므로 $A_s \leq \dfrac{0.85 f_{ck} \times b \times t_f}{f_y} = \dfrac{0.85 \times 20 \times 800 \times 100}{400} = 3,400 [\text{m}^2]$

4 정모멘트를 받는 보의 최소 인장 철근량에 대한 설명으로 옳지 않은 것은? (단, f_{ck}는 콘크리트의 설계기준압축강도, f_y는 철근의 설계기준항복강도, b_w는 복부의 폭, d는 단면의 유효깊이이며, 2012년도 콘크리트구조기준을 적용한다)

① 부재의 모든 단면에서 해석에 의해 필요한 철근량보다 1/3 이상 인장철근이 더 배치되는 경우는 최소철근량 규정을 적용하지 않을 수 있다.

② 부재의 최소철근량은 $\dfrac{0.25\sqrt{f_{ck}} b_w d}{f_y}$ 와 $\dfrac{1.4 b_w d}{f_y}$ 중 큰 값 이상으로 한다.

③ 인장측 균열의 발생과 동시에 갑작스럽게 파괴되는 것을 방지하기 위해서 최소철근량을 규정한다.

④ 철근의 항복과 콘크리트의 극한변형률 도달이 동시에 발생하도록 하기 위해 최소철근량을 규정한다.

○TIP 최소철근량은 인장측 콘크리트의 취성파괴를 방지하기 위함이며 철근의 항복과 동시에 콘크리트가 극한변형률에 도달하도록 하려면 균형철근량만큼 배치해야 한다.

5 그림과 같은 필릿용접부의 전단응력[MPa]은?

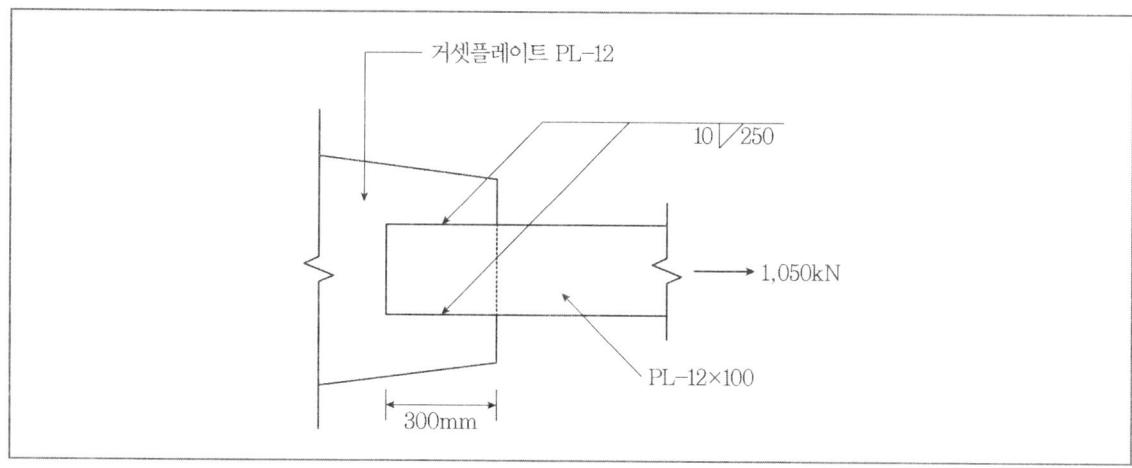

① 250
② 300
③ 325
④ 350

TIP 용접치수 $s=10\text{mm}$, 용접길이 $l=250\text{mm}$이므로
유효용접길이 $l_e=2l$, 필릿용접 목두께 $a=0.7s$

필릿용접부의 전단응력 $v = \dfrac{P}{\Sigma a \cdot l_e} = \dfrac{1,050 \times 10^3}{0.7 \times 10 \times 250 \times 2} = 300\text{MPa}$

6 한 변의 길이가 300[mm]인 정사각형 단면을 가진 철근콘크리트 기둥에 편심이 없는 단기하중이 축방향으로 작용하고 있다. 축방향 철근의 단면적 $A_{st}=2,500[\text{mm}^2]$, 철근의 탄성계수 $E_s=200[\text{GPa}]$, 콘크리트의 탄성계수 $E_c=25[\text{GPa}]$일 때 철근이 받는 응력이 120[MPa]이라면 콘크리트가 받는 응력[MPa]은? (단, 콘크리트의 설계기준압축강도 $f_{ck}=40[\text{MPa}]$이며, 철근과 콘크리트 모두 탄성범위 이내에서 거동한다)

① 10
② 12
③ 15
④ 18

TIP $f_s = nf_c = \dfrac{E_s}{E_c}f_c$이므로, $f_c = \dfrac{E_c}{E_s}f_s = \dfrac{25}{200} \times 120 = 15[\text{MPa}]$

Answer 3.① 4.④ 5.② 6.③

7 단철근 직사각형보에서 콘크리트의 설계기준압축강도 $f_{ck}=25[\text{MPa}]$, 철근의 설계기준항복강도 $f_y=300[\text{MPa}]$, 철근의 탄성계수 $E_s=200[\text{GPa}]$, 단면의 유효깊이 $d=450[\text{mm}]$일 때 균형단면이 되기 위한 압축연단으로부터 중립축까지의 거리[mm]는? (단, 2012년도 콘크리트 구조기준을 적용한다)

① 200 ② 250
③ 300 ④ 350

> **TIP** $c_b = \dfrac{600}{600+f_y} \times d = \dfrac{600}{600+300} \times 450 = 300[\text{mm}]$

8 휨 및 압축을 받는 콘크리트 부재의 설계가정에 대한 설명으로 옳지 않은 것은? (단, 2012년도 콘크리트구조기준을 적용한다)

① 휨모멘트 또는 휨모멘트와 축력을 동시에 받는 부재의 콘크리트 압축 연단의 극한변형률은 0.003으로 가정한다.
② 철근의 응력이 설계기준항복강도 f_y 이하일 때 철근의 응력은 변형률에 탄성계수를 곱한 값으로 하고, 철근의 변형률이 f_y에 대응하는 변형률보다 큰 경우 철근의 응력은 철근의 극한강도까지 증가시킨다.
③ 깊은보는 비선형 변형률 분포를 고려하여 설계하여야 한다. 그러나 비선형 분포를 고려하는 대신 스트럿-타이 모델을 적용할 수도 있다.
④ 콘크리트 압축응력의 분포와 콘크리트 변형률 사이의 관계는 직사각형, 사다리꼴, 포물선형 또는 실험의 결과와 실질적으로 일치하는 형상으로도 가정할 수 있다.

> **TIP** 철근의 응력이 설계기준항복강도 f_y 이하일 때 철근의 응력은 그 변형률에 E_s를 곱한 값으로 하고, 철근의 변형률이 f_y에 대응하는 변형률보다 큰 경우 철근의 응력은 변형률에 관계없이 f_y로 하여야 한다.

9 지름 $d=600[mm]$인 철근콘크리트 원형단면 기둥을 단주로 볼 수 있는 최대 높이[m]는? (단, 압축부재의 유효좌굴길이계수 $k=1.5$, 비횡구속 골조이며, 2012년도 콘크리트구조기준을 적용한다)

① 2.2 ② 2.5
③ 3.6 ④ 4.5

> **TIP** 비횡구속 골조의 압축부재의 경우
> $$\frac{kl_u}{r} \leq 22$$
> $$\frac{1.5 \times l_u}{0.25 \times 600} \leq 22$$
> $l_u \leq 2,200mm = 2.2m$
>
> ※ 회전반지름 r은 직사각형 압축부재의 경우 좌굴안정성이 고려되는 방향의 단면치수의 0.3배, 원형 압축부재의 경우 지름의 0.25배로 사용할 수 있다. 그 외의 형상에 대한 회전반지름 r은 콘크리트 전체 단면적에 대하여 계산할 수 있다.

10 그림과 같은 지간 $L=10[m]$의 단순보에 자중을 포함한 등분포 계수하중 $w_u=60[kN/m]$가 작용하는 경우, 전단위험단면에서 전단철근이 부담해야 할 설계전단력 ϕV_s[kN]는? (단, 보통중량 콘크리트로서 $f_{ck}=25[MPa]$이며, 2012년도 콘크리트구조기준을 적용한다)

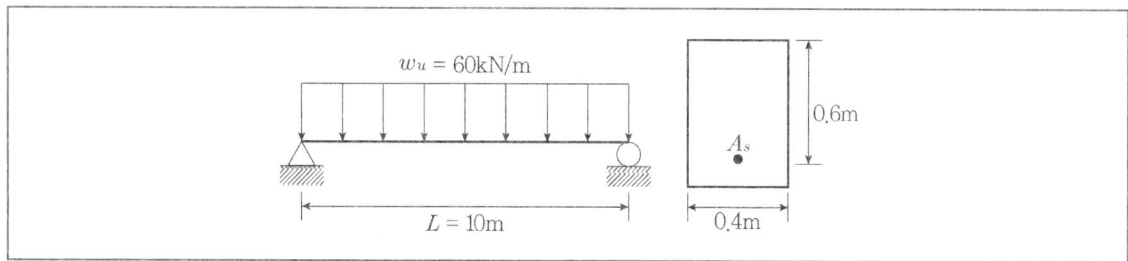

① 114 ② 135
③ 152 ④ 186

> **TIP** 전단위험단면에서 전단철근이 부담해야 할 설계전단력
> $\phi V_s = V_u - \phi V_c = 264 - 0.75(200) = 114[kN]$
> $V_u = R_A - w_u d = 300 - 60(0.6) = 264[kN]$
> $V_c = \left(\frac{\lambda\sqrt{f_{ck}}}{6}\right)b_w d = \left(\frac{1.0\sqrt{25}}{6}\right) \times 400 \times 600 = 200 \times 10^3[N] = 200[kN]$

Answer 7.③ 8.② 9.① 10.①

11 유효프리스트레스 f_{pe}를 결정하기 위하여 고려해야 하는 프리스트레스 손실 원인을 모두 고른 것은?

> ㉠ 정착장치의 활동
> ㉡ 콘크리트의 건조수축
> ㉢ 포스트텐션 긴장재와 덕트 사이의 마찰
> ㉣ 콘크리트의 공칭압축강도
> ㉤ 긴장재 응력의 릴랙세이션

① ㉠, ㉡, ㉣
② ㉠, ㉢, ㉣, ㉤
③ ㉠, ㉡, ㉢, ㉤
④ ㉡, ㉢, ㉣, ㉤

◉**TIP** 프리스트레스 손실은 콘크리트의 공칭압축강도와는 무관하다.

12 하중저항계수설계법을 적용한 강구조설계기준(2014)에서 기술하고 있는 강도저항계수에 대한 설명으로 옳지 않은 것은?

① 인장재의 총단면의 항복에 대한 강도저항계수 $\phi_t = 0.90$을 적용한다.
② 인장재의 유효순단면의 파괴에 대한 강도저항계수 $\phi_t = 0.85$를 적용한다.
③ 중심축 압축력을 받는 압축부재의 강도저항계수 $\phi_c = 0.90$을 적용한다.
④ 비틀림이 발생하지 않은 휨부재의 강도저항계수 $\phi_b = 0.90$을 적용한다.

◉**TIP** 인장재의 유효순단면의 파괴에 대한 강도저항계수 $\phi_t = 0.75$를 적용한다.

13 그림과 같이 편심이 없는 하중 T를 받는 볼트로 연결된 판이 ABFGHIJ로 파괴되기 위한 p[mm]의 범위는? (단, 연결재 구멍의 직경은 20[mm]이다)

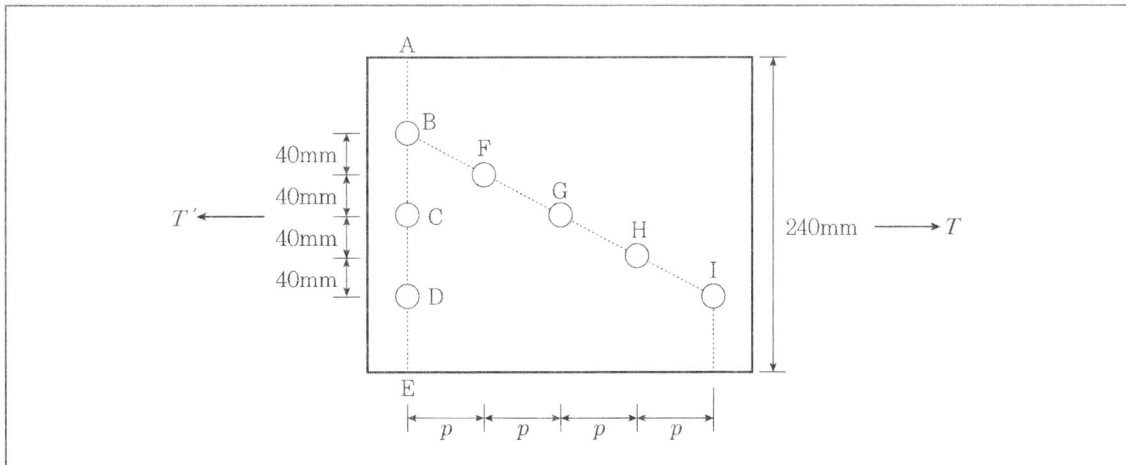

① $30 \leq p < 40$
② $40 \leq p < 50$
③ $70 \leq p < 80$
④ $80 \leq p < 100$

> **TIP** 순폭 $b_n = b_g - d - \sum\left(d - \dfrac{p^2}{4g}\right)$ 이므로,
> $b_g - d - 4\left(d - \dfrac{p^2}{4g}\right) < b_g - 3d$
> $p < \sqrt{2gd} = \sqrt{2 \times 40 \times 20} = 40$[mm]

14 복철근 콘크리트보의 탄성처짐이 10[mm]일 경우, 5년 이상의 지속하중에 의해 유발되는 추가 장기처짐량 [mm]은? (단, 보의 압축철근비는 0.02이며, 2012년도 콘크리트구조기준을 적용한다)

① 2.5
② 5.0
③ 7.5
④ 10.0

TIP 장기처짐량은 $\dfrac{\xi}{1+50\rho'} \times 탄성처짐 = \dfrac{2}{1+50 \times 0.02} \times 10 = 10[\text{mm}]$

※ 장기처짐

장기처짐 산정식 : 장기처짐 = 지속하중에 의한 탄성처짐 × λ

$\lambda = \dfrac{\xi}{1+50\rho'}$ (ξ : 시간경과계수, $\rho' = \dfrac{A_s'}{bd}$: 압축철근비)

시간 경과	3개월	6개월	12개월	5년 이상
시간경과계수 ξ	1.0	1.2	1.4	2.0

15 프리스트레스트콘크리트 휨부재는 미리 압축을 가한 인장구역에서 사용하중에 의한 인장연단응력 f_t에 따라 균열등급을 구분한다. 비균열등급에 속하는 인장연단응력 f_t[MPa]는? (단, f_{ck}는 콘크리트 설계기준압축강도이며, 2012년도 콘크리트구조기준을 적용한다)

① $f_t \le 0.63\sqrt{f_{ck}}$
② $0.63\sqrt{f_{ck}} < f_t \le 1.0\sqrt{f_{ck}}$
③ $f_t > 1.0\sqrt{f_{ck}}$
④ $f_t > 1.15\sqrt{f_{ck}}$

TIP 프리스트레스트콘크리트 휨부재는 미리 압축을 가한 인장구역에서 사용하중에 의한 인장연단응력 f_t에 따라 다음과 같이 구분된다.

㉠ 비균열등급 : $f_t \le 0.63\sqrt{f_{ck}}$
㉡ 부분균열등급 : $0.63\sqrt{f_{ck}} < f_t < 1.0\sqrt{f_{ck}}$
㉢ 완전균열등급 : $f_t > 1.0\sqrt{f_{ck}}$

16 철근콘크리트 부재의 전단철근에 대한 설명으로 옳지 않은 것은? (단, λ는 경량콘크리트계수, f_{ck}는 콘크리트 설계기준압축강도, b_w는 복부의 폭, d는 단면의 유효깊이, V_s는 전단철근에 의한 단면의 공칭전단강도이며, 2012년도 콘크리트구조기준을 적용한다)

① 최소 전단철근은 경사균열폭이 확대되는 것을 억제함으로써 덜 취성적인 파괴를 유도한다.
② 부재축에 직각으로 배치된 전단철근의 간격은 V_s가 $\lambda(\sqrt{f_{ck}}/3)b_w d$ 이하인 경우 $d/2$ 이하이어야 하고, 또한 600mm 이하로 하여야 한다.
③ V_s가 $\lambda(\sqrt{f_{ck}}/3)b_w d$을 초과하는 경우 V_s가 $\lambda(\sqrt{f_{ck}}/3)b_w d$ 이하일 때 적용된 최대 간격을 절반으로 감소시켜야 한다.
④ 경사스터럽과 굽힘철근은 부재의 중간 높이인 $0.5d$에서 보의 지간 중간 방향으로 주인장 철근까지 연장된 $45°$선과 한 번 이상 수직으로 교차되도록 배치하여야 한다.

> **TIP** 경사스터럽과 굽힘철근은 부재의 중간 높이인 $0.5d$에서 반력점 방향으로 주인장철근까지 연장된 $45°$선과 한 번 이상 교차되도록 배치해야 한다.

17 연속보 또는 1방향 슬래브는 구조해석을 정확하게 하는 대신 콘크리트구조기준(2012)에 따라 근사해법을 적용하여 약산할 수 있다. 근사해법을 적용하기 위한 조건으로 옳지 않은 것은?

① 활하중이 고정하중의 3배를 초과하지 않는 경우
② 부재의 단면이 일정하고, 2경간 이상인 경우
③ 인접 2경간의 차이가 짧은 경간의 30% 이하인 경우
④ 등분포 하중이 작용하는 경우

> **TIP** 인접 2경간의 차이가 짧은 경간의 20% 이하인 경우 근사해법을 적용할 수 있다.

Answer 14.④ 15.① 16.④ 17.③

18 그림과 같이 정사각형 확대 기초에 기둥의 자중을 포함한 고정하중 $D=3,000$[kN]과 활하중 $L=2,700$[kN]이 편심이 없이 기초판에 작용할 때 확대 기초 한 변의 최소 길이 l[m]은? (단, 기초 지반의 허용지지력 $q_a=240$[kN/m²], 철근콘크리트 단위중량 $\gamma_c=24$[kN/m³], 토사 무게는 무시하며, 2012년도 콘크리트구조기준을 적용한다)

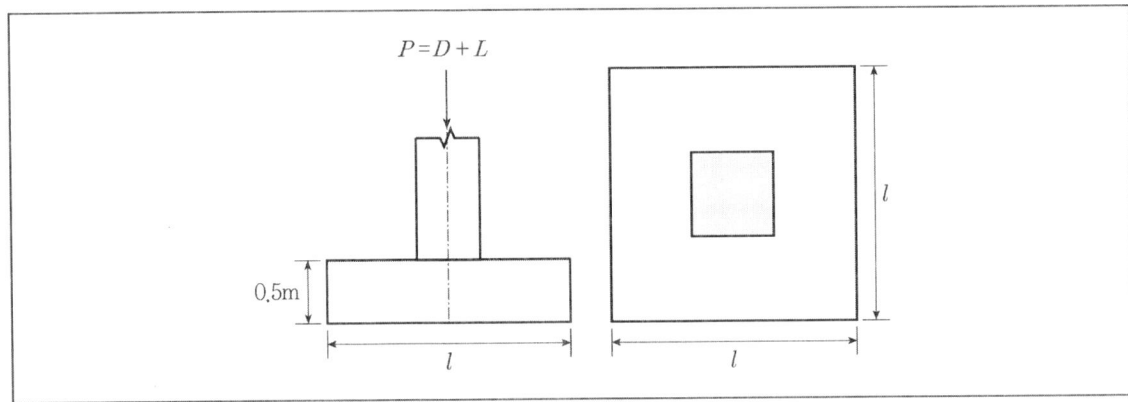

① 4
② 5
③ 6
④ 7

TIP $q_{\max} = \dfrac{P}{A} + \gamma_c h \leq q_a$

$A = l^2 \geq \dfrac{P}{q_a - \gamma_c h} = \dfrac{3,000 + 2,700}{240 - 24(0.5)} = 25 [\text{m}^2]$

$\therefore l \geq 5 [\text{m}]$

19 그림과 같은 프리스트레스트콘크리트 단순보에 프리스트레스힘 $P=4,800$[kN], 자중을 포함한 등분포하중 $w=80$[kN/m]가 작용할 경우 지간 중앙단면의 하연응력[MPa]은? (단, 지간 중앙의 긴장재의 편심 $e=0.4$m이며 프리스트레스손실은 없다고 가정한다)

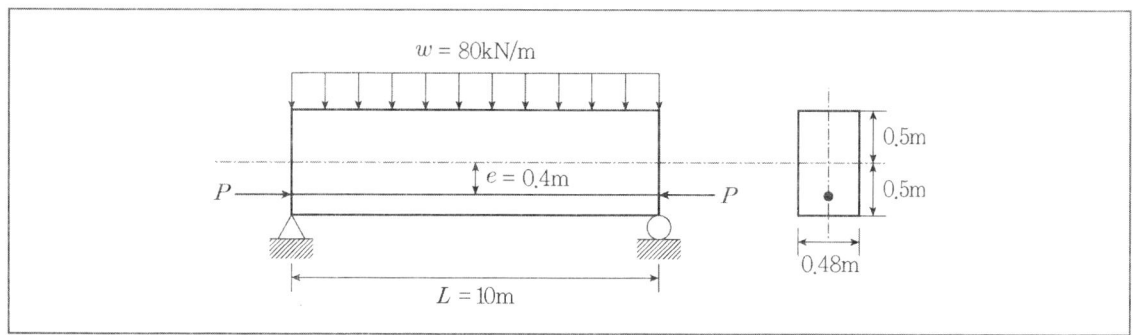

① 20.5(인장응력)
② 21.5(압축응력)
③ 22.5(인장응력)
④ 23.5(압축응력)

○**TIP** 주어진 그림을 살펴보면 편심하중이 작용하는 기둥부재로 생각해볼 수 있다. 따라서 다음의 식을 적용할 수 있다.

$$f_t = \frac{P}{A}\left(1-\frac{6e}{h}\right) = \frac{P}{A}\left(1-\frac{6M_{max}}{Ph}\right) = \frac{4,800}{0.48(1)}\left(1-\frac{6\times-920}{4,800\times1}\right) = 21.5[\text{MPa}]$$

$$M_{max} = \frac{wL^2}{8} - Pe = \frac{80\times10^2}{8} - 4,800\times0.4 = -920[\text{kN}\cdot\text{m}]$$

20 철근의 정착 및 이음에 대한 설명으로 옳은 것은? (단, l_{db}는 정착길이, d_b는 철근의 직경, f_{ck}는 콘크리트의 설계기준압축강도, f_y는 철근의 설계기준항복강도, 2012년도 콘크리트구조기준을 적용한다)

① 갈고리에 의한 정착은 압축철근의 정착에 유효하다.
② 3개의 철근으로 구성된 다발철근의 정착길이는 개개 철근의 정착길이보다 33% 증가시켜야 한다.
③ 보통중량콘크리트에서 인장 이형철근의 기본정착길이는 $l_{db} = \dfrac{0.25d_b f_y}{\sqrt{f_{ck}}} \geq 300[\text{mm}]$이다.
④ D35를 초과하는 철근끼리는 인장부에서 겹침이음을 할 수 없다.

○**TIP** ① 갈고리에 의한 정착은 압축철근의 정착에 유효하지 않다.
② 3개의 철근으로 구성된 다발철근의 정착길이는 개개 철근의 정착길이보다 20% 증가시켜야 한다.
③ 보통중량콘크리트에서 인장 이형철근의 기본정착길이는 $l_{db} = \dfrac{0.6d_b f_y}{\sqrt{f_{ck}}} \geq 300[\text{mm}]$이어야 한다.

Answer 18.② 19.② 20.④

토목설계

2017. 12. 16. 지방직 추가선발 시행

1 프리스트레스트 콘크리트보에서 긴장재 정착 공법에 해당하지 않는 것은?

① Freyssinet 공법
② VSL 공법
③ Dywidag 공법
④ ILM 공법

> **TIP** ILM(압출 공법)은 PSC 교량가설공법이다. (PS 긴장재 정착공법으로 볼 수 없다.)
>
> ※ PSC 긴장재 정착공법
> ㉠ VSL 공법 : 스위스에서 개발되어 우리나라에는 1984년 노량대교에 처음 도입되었다. 현재 국내 가장 많이 쓰여지는 공법으로 최고 55개의 강연선을 삽입할 수 있어 종래의 것보다 대형의 케이블을 사용할 수 있으며 커플러를 이용하여 케이블에 연결할 수 있다.
> ㉡ Fryessinet 공법 : 보통 12개, 18개의 강연선이 중심 스파이럴 주위로 배치되는 고유의 나팔모양의 콘과 재크를 가지고 있다.
> ㉢ GRUM & BILFINGER 공법 : 정착 블록의 원주위로 9개의 강선을 삽입하는 공법으로 구조상 중심부에 나선모양의 철근을 보강해야 한다.
> ㉣ HELD & FRANKE AG 공법 : 강봉과 강선을 동시에 장착하여 사용하는 공법으로 보통 26∅, 강선은 7∅를 주로 사용한다.
> ㉤ MAGNEL 공법 : 2개의 PC강재를 동시에 인장하여 Sandwich Plate에 정착하는 공법이다. 그밖에 각기 쐐기와 재크의 모양에 따라 MORAND 공법, Pilipp Holzmann 공법, Weyss & Feytag AG 공법 등이 있다.
> ㉥ BBRV 공법 : 1945년 스위스에서 개발된 공법으로 PC강재 끝에 상온가공으로 리벳머리를 만들고 정착재를 연결하고 너트로 장착한다.
> ㉦ DYWIDAG 공법 : PC강봉을 이용한 공법으로 강봉 끝단을 전조 가공하여 특수강너트로 장착한다. 그 외 강봉 사용은 LEE MECALL 공법이 있다.
> ㉧ PRESCON 공법 : 리벳형 머리에 지압강판과 와샤, 그 사이에 두꺼운 강판을 사용하여 긴장하는 공법이다.
>
> ※ 교량가설공법
> ㉠ 압출 공법(ILM 공법) : 교대 후방의 제작장에서 1세그먼트씩 제작된 교량의 상부 구조물에 교량 구간을 통과할 수 있도록 프리스트레스를 가한 후 특수 장비를 이용하여 밀어내는 공법이다.
> ㉡ 이동식 비계 공법(MSS 공법) : 교량의 상부구조를 시공할 때 동바리를 사용하지 않고, 거푸집이 부착되어 있는 특수한 이동식 비계를 이용하여 한 경간씩 콘크리트를 타설해 나가는 공법이다.
> ㉢ 프리캐스트 세그먼트 공법(PSM 공법) : 현장타설 공법과는 달리 공장 제작상에서 미리 세그먼트를 제작하여 현장에서 크레인을 이용하여 1세그먼트에 시공하는 방법이다.
> ㉣ 동바리 공법(FSM 공법) : 콘크리트를 치는 경간에 동바리를 설치하여 콘크리트가 강도를 낼 때까지 콘크리트의 자중, 거푸집의 자중, 작업대 등의 자중을 일시적으로 동바리가 지지하는 공법이다. 전체지지식, 지주지지식, 거더지지식 등이 있다.
> ㉤ 캔틸레버 공법(FCM 공법) : Form Traveller를 이용하여 이미 만들어진 교각으로부터 좌우로 균형을 이루면서 3~5m 길이의 세그먼트를 순차적으로 시공하여 나가는 공법이다.

2 그림과 같은 철근콘크리트 구조의 겹침이음부의 평면에서, 서로 엇갈리게 겹침이음한 경우의 철근 순간격은? (단, 2012년도 콘크리트구조기준을 적용한다)

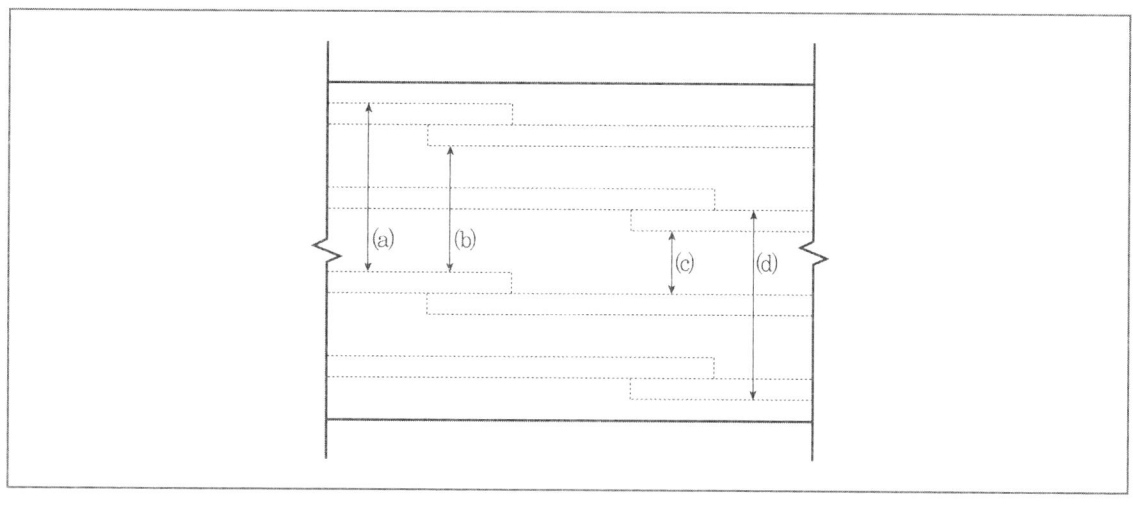

① (a)
② (b)
③ (c)
④ (d)

> **TIP** 겹침이음부의 순간격은 철근의 중복되는 내면간 거리로 그림에서는 (b)이다.

Answer 1.④ 2.②

3 동일한 재료와 단면적을 사용하여 비틀림에 저항하는 부재를 설계할 때, 가장 효과적인 단면으로 옳은 것은?

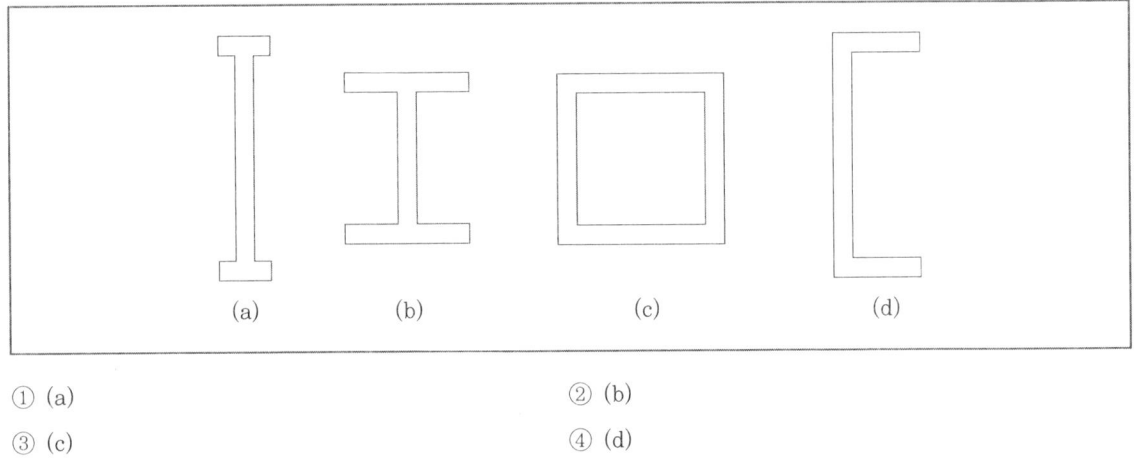

① (a)
② (b)
③ (c)
④ (d)

○**TIP** 비틀림에는 폐단면이 개단면보다 유리하다. (c)를 제외한 나머지 단면은 모두 개단면이므로 (c)가 가장 비틀림에 유리하다.

4 옹벽의 설계일반에 대한 설명으로 옳지 않은 것은? (단, 2012년도 콘크리트구조기준을 적용한다)

① 활동에 대한 저항력은 옹벽에 작용하는 수평력의 1.5배 이상이어야 한다.
② 전도에 대한 저항휨모멘트는 횡토압에 의한 전도모멘트의 2.0배 이상이어야 한다.
③ 부벽식 옹벽을 설계할 경우에 뒷부벽과 앞부벽은 T형보로 설계해야 한다.
④ 캔틸레버식 옹벽의 전면벽은 저판에 지지된 캔틸레버로 설계할 수 있다.

○**TIP** 부벽식 옹벽에서 앞부벽은 직사각형보, 뒷부벽은 T형보로 설계해야 한다.
  ※ 옹벽의 설계

옹벽의 종류	설계위치	설계방법
캔틸레버 옹벽	전면벽	캔틸레버
	저판	캔틸레버
뒷부벽식 옹벽	전면벽	2방향 슬래브
	저판	연속보
	뒷부벽	T형보
앞부벽식 옹벽	전면벽	2방향 슬래브
	저판	연속보
	앞부벽	직사각형 보

5 인장철근과 압축철근이 모두 항복하는 복철근 직사각형 보의 등가응력블럭의 깊이 a[mm]는? (단, 콘크리트의 설계기준압축강도 f_{ck} =20MPa, 철근의 설계기준항복강도 f_y =400MPa, d =500mm, b =300mm, d' = 50mm, A'_s =2×550mm², A_s =4×700mm²이고, 2012년도 콘크리트구조기준을 적용한다)

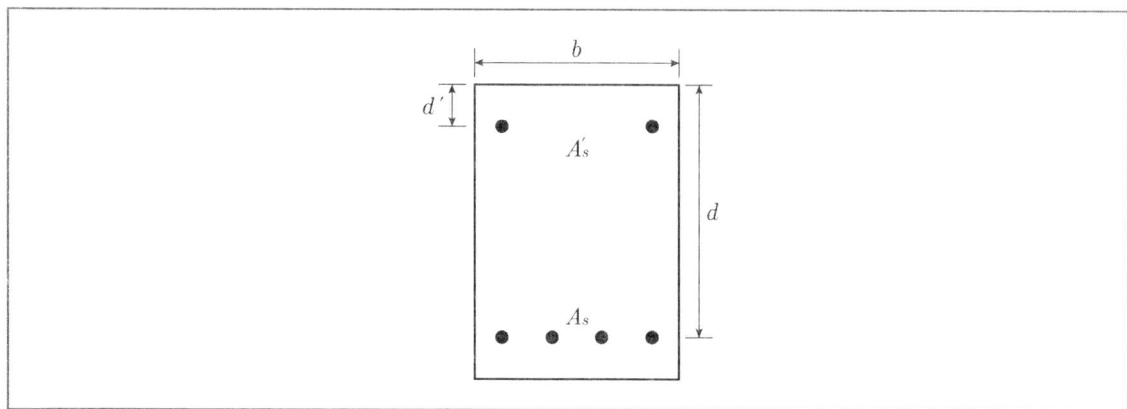

① $\dfrac{350}{3}$

② $\dfrac{400}{3}$

③ $\dfrac{450}{3}$

④ $\dfrac{500}{3}$

TIP 복철근의 직사각형보의 등가응력블록의 깊이

$$a = \dfrac{(A_s - A'_s)f_y}{0.85 f_{ck} b} = \dfrac{(2,800 - 1,100) \times 400}{0.85 \times 20 \times 300} = \dfrac{400}{3} \text{[mm]}$$

6 강구조물의 하중저항계수설계법에서 사용성한계상태에 대한 검토 항목으로 옳은 것은?

① 재료의 강도한계를 초과하여 부재의 내하력을 상실하게 하는 파손, 파괴
② 구조물의 일부 또는 전체적인 평형상실로써 전도, 인발, 슬라이딩
③ 최초 국부적인 파손이 전체구조의 붕괴로 확대되는 점진적인 붕괴와 구조건전도의 결핍
④ 구조물의 기능, 외관, 유지관리, 내구성 및 사용자의 편리함

> **TIP** 제시된 보기들 중 사용성한계상태 검토 항목에 해당되는 것은 ④이다.
> ※ **하중저항계수 설계법**…하중과 저항 관련 모든 불확실성을 확률, 통계적 기법으로 처리하는 구조신뢰성이론에 기초하여 강구조물이 일관성 있는 적정 수준의 안전율을 유지할 수 있도록 설계하는 확률적 한계상태설계법이다.
> ㉠ 사용성 한계상태
> • 구조물의 용도, 배수, 외관을 저해하거나, 비구조적 요소나 부착물의 손상을 유발하는 과도한 처짐
> • 구조물의 외관, 구조물의 용도나 내구성에 나쁜 영향을 미치는 과도한 국부적 손상, 균열
> • 거주자의 안락감, 장비의 작동에 영향을 미치는 과도한 진동
> ㉡ 강도한계상태
> • 재료의 강도한계를 초과하여 구조물의 안전성이 문제가 되는 파손, 파괴
> • 구조물의 일부 또는 전체적인 평형 상실로서 전도, 인발, 슬라이딩
> • 국부적인 파손이 전체 붕괴로 확대되는 점진적인 붕괴, 구조건전도의 결핍
> • 붕괴 메커니즘이나 전체적인 불안정으로 변환시키는 매우 과도한 변형

7 프리스트레싱 강재의 릴랙세이션에 대한 설명으로 옳지 않은 것은?

① 긴장한 강재를 일정한 길이로 유지했을 때 시간의 경과와 함께 인장응력이 감소하는 현상을 릴랙세이션이라 한다.
② 일정 변형률 하에서 발생하는 강재의 인장응력 감소량을 초기인장응력에 대한 백분율로 나타낸 것을 순 릴랙세이션이라 한다.
③ 겉보기 릴랙세이션은 프리스트레스트 콘크리트 부재의 건조수축, 크리프 등의 변형으로 인한 효과를 동시에 고려하기 때문에 순 릴랙세이션 값보다 크다.
④ 릴랙세이션 손실은 프리스트레싱 강재의 온도의 영향을 받는다.

> **TIP** 겉보기 릴랙세이션은 프리스트레스트 콘크리트 부재의 건조수축, 크리프 등의 변형으로 인한 효과를 동시에 고려하기 때문에 순 릴랙세이션 값보다 작다.

8 철근의 설계기준항복강도가 400MPa 이하일 때, 인장지배 단면의 순인장변형률은 얼마 이상이어야 하는가? (단, 2012년도 콘크리트 구조기준을 적용한다)

① 0.002
② 0.003
③ 0.004
④ 0.005

TIP 철근의 설계기준항복강도가 400MPa 이하일 때, 인장지배 단면의 순인장변형률은 0.005 이상이어야 한다.

9 다음 1방향 슬래브에 관한 설명으로 옳지 않은 것은? (단, 2012년도 콘크리트구조기준을 적용한다)

① 1방향 슬래브는 마주 보는 두 변에만 지지되는 슬래브를 말한다.
② 4변 지지되는 2방향 슬래브 중에서 단변에 대한 장변의 길이의 비가 1.5를 넘으면 1방향 슬래브로 해석한다.
③ 1방향 슬래브의 두께는 최소 100mm 이상으로 하여야 한다.
④ 정모멘트 철근 및 부모멘트 철근에 직각 방향으로 수축·온도철근을 배치하여야 한다.

TIP 4변에 의해 지지되는 2방향 슬래브 중에서 단변에 대한 장변의 길이의 비가 2배를 넘으면 1방향 슬래브로 해석한다.

Answer   6.④   7.③   8.④   9.②

10 철근 한 가닥의 단면적이 $\frac{1,700}{5}$ mm²인 인장철근이 5가닥 배치된 단철근 직사각형보에서 단면의 공칭 휨강도 M_n을 계산할 때 적용하는 팔길이 z[mm]는? (단, f_{ck} =20MPa, f_y =400MPa이며 2012년도 콘크리트구조기준을 적용한다)

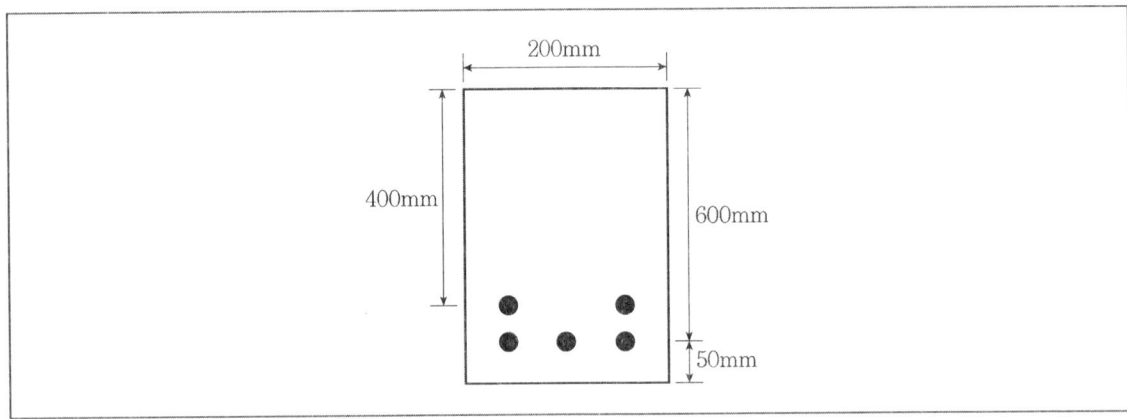

① 420
② 440
③ 460
④ 480

OTIP 유효높이 $d = \frac{2 \times 400 + 3 \times 600}{2+3} = 520 [\text{mm}]$

등가응력블록의 깊이 $a = \frac{A_s f_y}{0.85 f_{ck} b} = \frac{\frac{1,700}{5} \times 5 \times 400}{0.85 \times 20 \times 200} = 200 [\text{mm}]$

팔의 길이 $z = d - \frac{a}{2} = 520 - \frac{200}{2} = 420 [\text{mm}]$

11 지간중앙에서 편심 $e=0.3$m인 포물선 형태로 긴장재를 배치한 지간 $L=20$m의 프리스트레스트 콘크리트보가 있다. 활하중 $w_L=17.5$kN/m가 작용할 때, 자중을 포함한 전체 등분포 하중과 하중평형개념에 의한 등분포 상향력의 크기가 같아지도록 하는 프리스트레스 힘[kN]은? (단, 콘크리트 단위중량은 25kN/m³이고, 프리스트레스 손실은 없다)

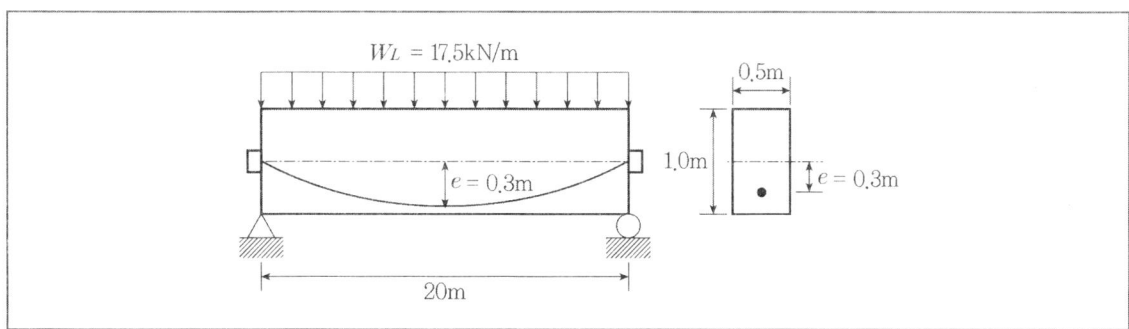

① 2,000
② 3,000
③ 4,000
④ 5,000

TIP 하중평형개념(등가하중개념)은 프리스트레싱에 의하여 부재에 작용하는 힘과 부재에 작용하는 외력이 평형되게 한다는 것으로 이를 식으로 표현하면 $w=u$이므로 $\gamma A + w_L = \dfrac{8Ps}{L^2}$이 성립한다.

$$P = \frac{(\gamma A + w_L)L^2}{8s} = \frac{(25 \times 0.5 + 17.5) \times 20^2}{8 \times 0.3} = 5,000 \, [\text{kN}]$$

※ PSC 구조물의 해석개념
  ③ 강도개념(내력모멘트 개념) : RC보와 같이 압축력은 콘크리트가 받고 인장력은 긴장재가 받도록 하여 두 힘에 의한 우력이 외력모멘트에 저항한다는 개념이다.
  ⑥ 응력개념(균등질보 개념) : 콘크리트에 프리스트레스가 도입되면 콘크리트가 탄성체로 전환되어 탄성이론에 의한 해석이 가능하다는 개념이다.
  © 하중평형개념(등가하중 개념) : 프리스트레싱에 의하여 부재에 작용하는 힘과 부재에 작용하는 외력이 평형되게 한다는 개념이다.

12 단변 $S=1m$, 장변 $L=2m$인 단순 4변 지지의 직사각형 2방향 슬래브가 등분포 하중 w를 받을 때, 슬래브 중앙점 e에서 서로 직교하는 슬래브대 ab와 슬래브대 cd가 각각 분담하여 지지하는 등분포 하중의 비 $W_{ab} : W_{cd}$에 가장 가까운 값은? (단, 2012년도 콘크리트구조기준을 적용한다)

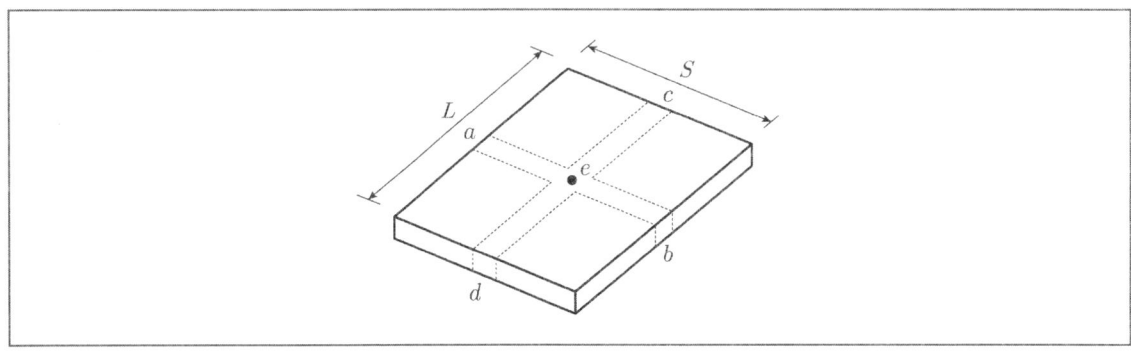

① 4 : 1
② 9 : 1
③ 16 : 1
④ 25 : 1

○ TIP $w_{ab} : w_{cd} = L^4 : S^4 = 16 : 1$이 된다.

13 구조해석결과에서 표와 같은 단면력을 얻었을 때, 계수전단력[kN]과 계수휨모멘트[kN · m] 값은? (단, 2012년도 콘크리트구조기준을 적용한다)

- 고정하중에 의한 단면력 : $V_D=200kN$, $M_D=180kN \cdot m$
- 활하중에 의한 단면력 : $V_L=150kN$, $M_L=120kN \cdot m$

	V_u	M_u
①	280	252
②	380	252
③	480	408
④	580	408

○ TIP $V_u = 1.2V_D + 1.6V_L = 1.2 \times 200 + 1.6 \times 150 = 480[kN]$
$M_u = 1.2M_D + 1.6M_L = 1.2 \times 180 + 1.6 \times 120 = 408[kN]$

14 철근과 콘크리트의 부착강도에 대한 설명으로 옳지 않은 것은?

① 콘크리트 피복두께는 부착강도에 영향을 미치지 않는다.
② 이형철근의 부착강도는 원형철근보다 크다.
③ 블리딩이 발생하면 수평철근의 부착강도는 연직철근보다 감소한다.
④ 일반적으로 콘크리트의 압축강도나 인장강도가 증가할수록 부착강도는 증가한다.

○**TIP** 콘크리트의 피복두께는 콘크리트의 부착강도에 영향을 준다.

15 철근콘크리트 구조의 강도설계법에 대한 설명으로 옳지 않은 것은? (단, 2012년도 콘크리트구조기준을 적용한다)

① 압축 측 연단에서 콘크리트의 극한변형률은 0.003으로 가정한다.
② 철근과 콘크리트의 변형률은 중립축으로부터의 거리에 비례한다.
③ 단면의 공칭강도 R_n은 있을지 모를 강도의 결함을 고려하여, 강도감소계수 ϕ에 의하여 감소시켜야 한다.
④ 콘크리트의 인장강도는 휨강도 계산에서 고려하여야 한다.

○**TIP** 콘크리트의 인장강도는 휨강도 계산에서 고려하지 않는다.

16 도로교설계기준(한계상태설계법, 2015년)의 설계원칙에 대한 설명으로 옳지 않은 것은?

① 교량구조계는 극한한계상태에서의 파괴 이전에 육안으로 관찰될 정도의 비탄성 변형이 발생할 수 있도록 형상화 및 상세화되어야 한다.
② 특별한 이유가 없는 한, 다재하경로구조와 연속구조로 하는 것이 바람직하다.
③ 사용한계상태는 정상적인 사용조건 하에서 응력, 변형 및 균열폭을 제한하는 것이다.
④ 구조물의 중요도는 피로한계상태에만 적용한다.

○**TIP** 구조물의 중요도는 모든 구조물의 설계에서 필수적으로 고려되어야 할 사항이다.

Answer 12.③ 13.③ 14.① 15.④ 16.④

17 보통중량골재를 사용한 설계기준압축강도 $f_{ck}=27$MPa인 콘크리트의 할선탄성계수[MPa] 계산식으로 옳은 것은? (단, 콘크리트 단위질량 $m_c=2,300$kg/m³이며, 2012년도 콘크리트구조기준을 적용한다)

① $E_c = 8,500\sqrt[3]{f_{cu}}$, 여기서 $f_{cu} = f_{ck}+4$
② $E_c = 10,000\sqrt[3]{f_{cu}}$, 여기서 $f_{cu} = f_{ck}+4$
③ $E_c = 8,500\sqrt[3]{f_{cu}}$, 여기서 $f_{cu} = f_{ck}+6$
④ $E_c = 10,000\sqrt[3]{f_{cu}}$, 여기서 $f_{cu} = f_{ck}+6$

> **TIP** 할선탄성계수는 보통중량콘크리트의 경우, $E_c = 8,500\sqrt[3]{f_{cu}}$
> 평균압축강도(f_{cu})는 $f_{ck} \le 40$[MPa]이므로 $f_{cu} = f_{ck}+4$
> f_{cu} : 재령 28일에서 콘크리트의 평균압축강도이며 $f_{cu} = f_{ck}+\Delta f$[MPa]이다.
> (Δf는 $f_{ck} \le 40$[MPa]이면 4[MPa], $40 < f_{ck} < 60$[MPa]이면 직선보간, $f_{ck} > 60$[MPa]이면 6[MPa])

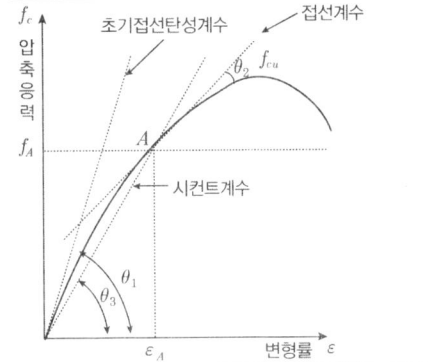

콘크리트의 탄성계수
㉠ 초기접선계수 : 응력-변형률 선도의 초기점에 그은 접선의 기울기
㉡ 할선계수 : 응력-변형률 선도의 초기점과 최대응력의 절반이 되는 점을 이은 직선의 기울기
㉢ 접선계수 : 응력-변형률 선도의 $0.5f_{ck}$인 점(A)에 그은 접선의 기울기

18 철근콘크리트 보의 설계에 대한 설명으로 옳지 않은 것은? (단, 2012년도 콘크리트구조기준을 적용한다)

① 보는 부재의 축에 수직한 힘을 주로 받는 구조물로, 일반적인 보는 휨에 지배되므로 휨설계는 전단설계보다 선행한다.
② 인장철근이 설계기준항복강도 f_y에 대응하는 변형률에 도달하고 동시에 콘크리트의 압축연단 변형률이 극한변형률 0.003에 도달할 때, 그 단면은 균형변형률 상태에 있다고 한다.
③ 콘크리트의 압축연단 변형률이 극한변형률 0.003에 도달할 때, 최외단 인장철근의 순인장변형률이 압축지배변형률 한계 이상인 단면을 압축지배 단면이라고 한다.
④ 압축지배변형률 한계는 균형변형률 상태에서의 인장철근의 순인장변형률과 같다.

> **TIP** 압축지배단면 … 철근이 과다보강된 단면으로서 압축파괴가 지배적인 단면이라는 의미이다. 콘크리트의 압축연단 변형률이 극한변형률 0.003에 도달할 때, 최외단 인장철근의 순인장변형률이 압축지배변형률 한계 이하인 단면이다.

19 중심축하중을 받는 길이 L =10m, 단면 크기 300mm×400mm인 양단고정 기둥의 오일러 좌굴하중 [kN]은? (단, π =3으로 계산하며 기둥의 탄성계수 E =20,000MPa이다)

① 5,880
② 6,080
③ 6,280
④ 6,480

TIP $P_{cr} = \dfrac{\pi^2 EI_{\min}}{l_k^2} = \dfrac{\pi^2 E(bh^3)}{12 l_k^2} = \dfrac{3^2 \times (20,000) \times (400 \times 300^3)}{12 \times 5,000^2} = 6,480 \times 10^3 [\text{N}] = 6,480 [\text{kN}]$

(좌굴하중 산정 시 단면 2차 모멘트가 최소인 경우를 적용해야 한다.)

20 철근콘크리트 부재의 전단마찰 설계방법에 대한 설명으로 옳지 않은 것은? (단, 2012년도 콘크리트구조기준을 적용한다)

① 전단면에 순인장력이 작용할 때는 이에 저항하기 위해서 철근을 추가로 두어야 한다.
② 전단마찰철근의 설계기준항복강도는 500MPa 이하로 하여야 한다.
③ 일체로 친 콘크리트의 마찰계수는 1.0λ이다. (λ는 경량 콘크리트 계수이다)
④ 전단마찰철근을 전단면에 걸쳐 적절하게 배치하여야 한다.

TIP 철근콘크리트 부재의 전단마찰 설계 시 콘크리트의 마찰계수 (λ는 경량 콘크리트 계수)
㉠ 일체로 친 콘크리트 : 1.4λ
㉡ 표면을 거칠게 만든 굳은 콘크리트에 새로 친 콘크리트 : 1.0λ
㉢ 일부러 거칠게 하지 않은 굳은 콘크리트에 새로 친 콘크리트 : 0.6λ
㉣ 전단연결재에 의하거나 철근에 의해 구조용 강재에 정착된 콘크리트 : 0.7λ

Answer 17.① 18.③ 19.④ 20.③

토목설계 / 2018. 3. 24. 제1회 서울특별시 시행

1 〈보기〉와 같은 경간 L인 단순보에 등분포하중(자중 포함) $w = P/3L$이 작용하며, PS 강재는 편심 거리 e로 직선배치되어 프리스트레스 힘 P가 작용하고 있다. 이 보의 중앙부 하단에서 휨에 의한 수직응력이 0(zero)이 되려면 편심거리 e의 크기는? (단, 경간 L은 단면 높이 h의 8배이다.)

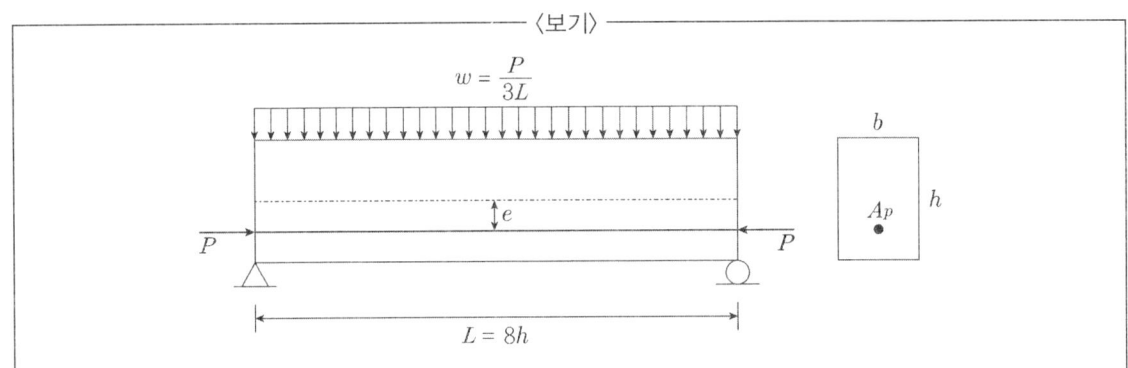

① $\dfrac{h}{6}$

② $\dfrac{h}{4}$

③ $\dfrac{h}{3}$

④ $\dfrac{h}{2}$

> **TIP** 부재의 중앙부 하단에서 발생하는 응력이 0이 되어야 한다.
>
> $M = \dfrac{wL^2}{8} = \dfrac{PL^2}{3 \times 8L} = \dfrac{PL}{24} = \dfrac{Ph}{3}$ $(L = 8h)$
>
> $f_{bottom} = \dfrac{P}{A} + \dfrac{Pe}{I}y - \dfrac{M}{I}y = 0$이 성립해야 한다.
>
> $\dfrac{P}{bh} + \dfrac{Pe}{\frac{bh^3}{12}} \times \dfrac{h}{2} - \dfrac{8Ph}{\frac{bh^3}{12} \times 24} \times \dfrac{h}{2} = 0$ 이어야 하므로,
>
> $\left(\dfrac{6Pe}{bh^2} - \dfrac{P}{bh} \right) = 0$, 따라서 $e = \dfrac{h}{6}$ 이어야 한다.

2 〈보기〉와 같은 기둥 단면에서 띠철근의 최대 수직간격은? (단, 정적조건을 기준으로 하며, D13의 공칭직경은 12.7mm, D35의 공칭직경은 34.9mm이다.)

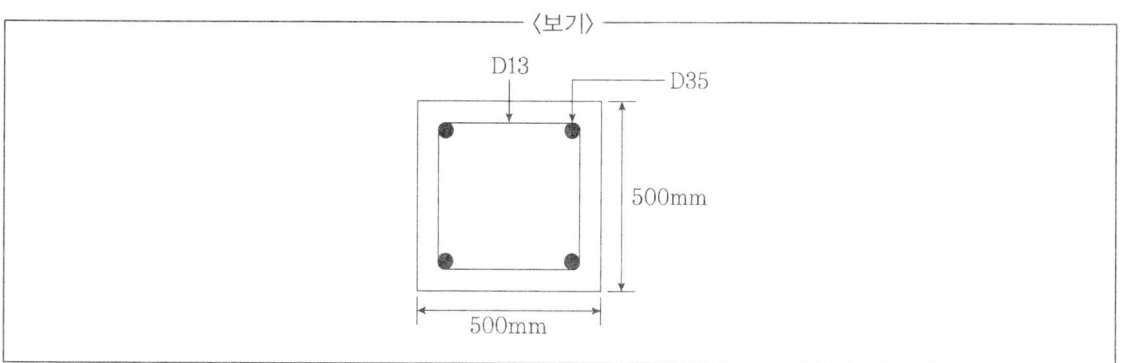

① 500mm
② 555mm
③ 609mm
④ 750mm

　　TIP 띠철근의 최대간격은 단면의 폭, 주근직경의 16배, 띠철근 직경의 48배 중 가장 작은 값을 취한다.
　　　$\min(h,\ 16d_{주근},\ 48d_{띠철근}) = \min(500,\ 16 \times 34.9,\ 48 \times 12.7) = 500\text{mm}$

3 기초설계와 관련한 내용으로 가장 옳은 것은? (단, A_g는 지지되는 부재의 기둥단면의 총 면적, d는 유효깊이이다.)

① 기초판 상단에서부터 철근까지의 깊이를 직접기초는 100mm 이상, 말뚝기초는 200mm 이상으로 한다.
② 다우얼철근(dowel)의 최소 면적은 $0.05A_g$이고, 2개 이상이어야 한다.
③ 2방향 기초에서 전단에 대한 위험단면의 위치는 기둥 전면으로부터 d만큼 떨어진 곳이다.
④ 전면기초 저면과 기초지반 사이에는 압축력만 작용하는 것으로 가정한다.

　　TIP ① 기초상단에서 철근까지의 깊이를 직접기초는 150mm 이상, 말뚝기초는 300mm 이상으로 한다.
　　② 다우얼철근의 최소 면적은 $0.005A_g$이다.
　　③ 2방향 기초에서 전단에 대한 위험단면의 위치는 기둥 전면으로부터 $d/2$만큼 떨어진 곳이다.
　　※ 다우얼철근(dowel) … 콘크리트의 타설 이음 부분에 전단 및 인장 보강을 위해 삽입하는 철근을 말한다.

4 〈보기〉와 같이 H형 단면 압축재의 중간 위치에 약축(y축)에 대한 지지대가 설치되어 있을 때, 압축부재의 설계강도를 계산하기 위해 사용되는 세장비 $\dfrac{kl}{r}$은? (단, 부재 내 강축(x축) 방향으로 중간지지(intermediate bracing)는 없고, H형 단면에 대하여 r_x=120mm, r_y=50mm이다.)

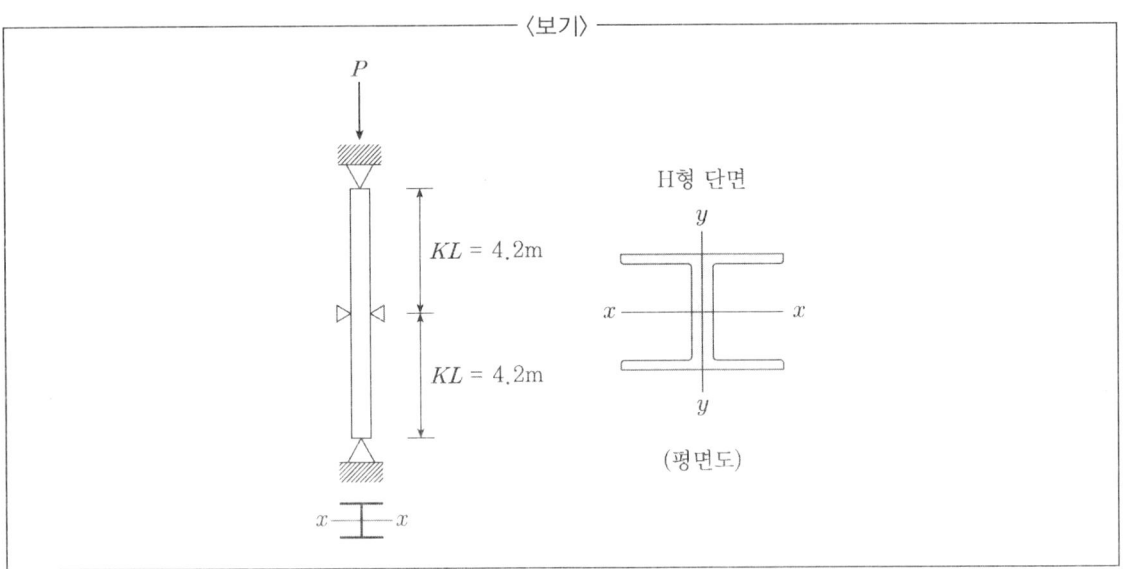

① 140
② 70
③ 168
④ 84

○**TIP** 다음 중 큰 세장비값을 적용해야 한다.
$$\lambda_x = \frac{kl}{r_x} = \frac{1 \times (8.4 \times 1,000)}{120} = 70$$
$$\lambda_y = \frac{kl}{r_y} = \frac{1 \times (4.2 \times 1,000)}{50} = 84$$

5 〈보기〉와 같이 철근콘크리트 기둥(단주)의 중심에 집중하중 P가 작용한다. 하중과 응력의 평형을 고려할 때 탄성과 비탄성영역의 전체 범위에 대해 타당하게 사용할 수 있는 식으로 알맞은 것은? (단, f_s'=철근응력, f_c=콘크리트 응력, $n = E_s/E_c$, A_c=콘크리트 면적, A_s'= 압축철근 면적, $A_g = A_c + A_s'$이다.)

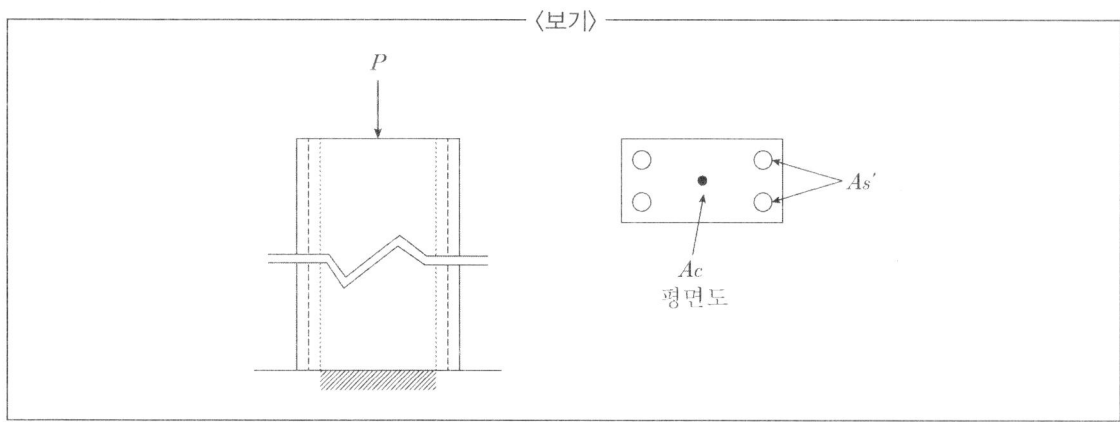

① $P = f_c(A_c + nA_s')$
② $P = f_c\{A_g + (n-1)A_s'\}$
③ $P = f_cA_c + f_s'A_s'$
④ $P = f_s'\left(\dfrac{A_c}{n} + A_s'\right)$

> **TIP** 주어진 보기와 같은 경우, 하중과 응력의 평형을 고려할 때 탄성과 비탄성영역의 전체 범위에 대해 타당하게 사용할 수 있는 식은 $P = f_cA_c + f_s'A_s'$이다.

Answer 4.④ 5.③

6 〈보기〉와 같은 옹벽에 작용하는 주동토압의 크기는? (단, 벽면마찰각과 옹벽 연직변위는 무시한다.)

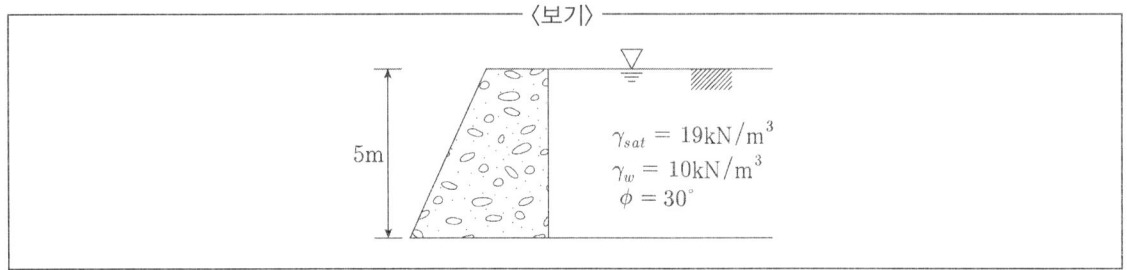

① 32.5kN/m
② 162.5kN/m
③ 287.5kN/m
④ 325kN/m

◎ TIP $P_A = \frac{1}{2}\gamma_{sub}h^2 K_a + \frac{1}{2}\gamma_w h^2 = \frac{1}{2}(19-10)\times 5^2 \times \frac{1}{3} + \frac{1}{2}\times 10 \times 5^2 = 162.5\text{kN/m}$

$K_a = \dfrac{1-\sin\phi}{1+\sin\phi} = \dfrac{1-\sin 30°}{1+\sin 30°} = \dfrac{1}{3}$

7 옹벽 설계와 관련한 내용 중 가장 옳지 않은 것은?

① 부벽식 옹벽의 뒷부벽은 T형보로 설계한다.
② 캔틸레버식 옹벽의 전면벽은 저판에 지지된 캔틸레버로 설계할 수 있다.
③ 활동에 대한 저항력은 옹벽에 작용하는 수평력의 1.5배 이상, 전도에 대한 저항휨모멘트는 횡토압에 의한 전도모멘트의 2.0배 이상이어야 한다.
④ 부벽식 옹벽의 전면벽은 2변 지지된 1방향 슬래브로 설계할 수 있다.

◎ TIP 부벽식 옹벽의 전면벽은 3변 지지된 2방향 슬래브로 설계할 수 있다.

※ 옹벽의 설계

옹벽의 종류	설계위치	설계방법
캔틸레버 옹벽	전면벽	캔틸레버
	저판	캔틸레버
뒷부벽식 옹벽	전면벽	2방향 슬래브
	저판	연속보
	뒷부벽	T형보
앞부벽식 옹벽	전면벽	2방향 슬래브
	저판	연속보
	앞부벽	직사각형 보

8 슬래브 설계기준에 관한 설명으로 가장 옳지 않은 것은?

① 2방향 슬래브의 위험단면에서 주철근의 간격은 슬래브 두께의 2배 이하이어야 하고, 또한 300mm 이하이어야 한다.

② 슬래브에서 주철근이 1방향으로만 배치되는 경우에는 주철근에 평행하게 건조수축철근과 온도철근을 배치해야 한다.

③ 1방향 슬래브는 최대 휨모멘트가 일어나는 단면에서 정철근과 부철근의 중심 간격이 슬래브 두께의 2배 이하이어야 하고, 또한 300mm 이하이어야 한다.

④ 슬래브가 네 변에서 지지되고 짧은 변에 대한 긴 변의 비가 2보다 작을 때 2방향 슬래브라고 한다.

> **TIP** 슬래브에서 주철근이 1방향으로만 배치되는 경우에는 주철근과 직교하도록 건조수축철근과 온도철근을 배치해야 한다.

9 이형철근의 정착과 관련한 내용 중 가장 옳지 않은 것은? (단, l_{db}는 기본정착길이, l_d는 정착길이, d_b는 철근지름, f_y는 철근의 설계기준항복강도이다.)

① 인장 이형철근의 정착길이는 기본정착길이에 보정계수를 곱하여 구하며, 이때 정착길이는 300mm 이상이어야 한다.

② 압축 이형철근의 기본 정착길이는 $0.043d_b f_y$ 이상이어야 한다.

③ 표준갈고리를 갖는 인장 이형철근의 정착길이는 150mm 이상이어야 하며, 갈고리는 압축을 받는 경우 철근정착에 유효한 것으로 보아야 한다.

④ 철근의 설계기준항복강도가 400MPa 이하인 경우 확대 머리 이형철근의 정착길이는 150mm 이상이어야 한다.

> **TIP** 갈고리는 압축을 받는 경우 철근정착에 유효하지 않은 것으로 보아야 한다.

Answer 6.② 7.④ 8.② 9.③

10 콘크리트에서 발생하는 크리프(creep)와 관련한 설명으로 가장 옳지 않은 것은?

① 물시멘트비와 시멘트량이 감소할수록 크리프는 감소한다.
② 수화율이 증가할수록 크리프는 감소한다.
③ 상대습도가 클수록 크리프는 증가한다.
④ 고온 증기양생한 콘크리트는 크리프가 감소한다.

　OTIP 상대습도가 클수록 크리프는 감소한다.

11 프리스트레스트콘크리트 구조물의 프리스트레스 손실 중 포스트텐션방식에서만 고려하는 것은?

① 콘크리트의 탄성수축에 의한 손실
② 콘크리트의 크리프에 의한 손실
③ 긴장재와 덕트 사이의 마찰에 의한 손실
④ 긴장재의 릴랙세이션에 의한 손실

　OTIP 긴장재와 덕트 사이의 마찰에 의한 손실은 포스트텐션방식에서만 고려한다.

12 브래킷, 내민받침 등에 적용하는 전단마찰철근의 설계기준 항복강도의 최댓값은? (단, 콘크리트 구조기준(2012)을 적용한다.)

① 400MPa
② 500MPa
③ 550MPa
④ 600MPa

　OTIP 전단마찰철근의 설계기준 항복강도는 500MPa 이하로 하여야 한다.

13 길이 100m의 양단이 고정된 레일은 단면적 A=50cm², 열팽창계수 α=1.5×10⁻⁶/℃, 탄성계수 E=200GPa이다. 이 경우 온도가 10℃ 상승할 때 레일에 발생되는 열응력의 값은? (단, 마찰은 무시한다.)

① 3,000kN/m² ② 600kN/m²
③ 3kN/m² ④ 60kN/m²

TIP 열응력 $\sigma = E \times \alpha \times (\Delta T) = 200 \times 10^6 \times (1.5 \times 10^{-6}) \times (10) = 3,000 \text{kN/m}^2$

14 〈보기〉와 같은 다음 복철근보가 휨극한 상태에 도달했을 때 인장철근의 변형률이 최소허용변형률이었다면 압축철근에 발생하는 응력은? (단, 콘크리트구조설계기준(2012)을 적용하며, f_y=500MPa이다.)

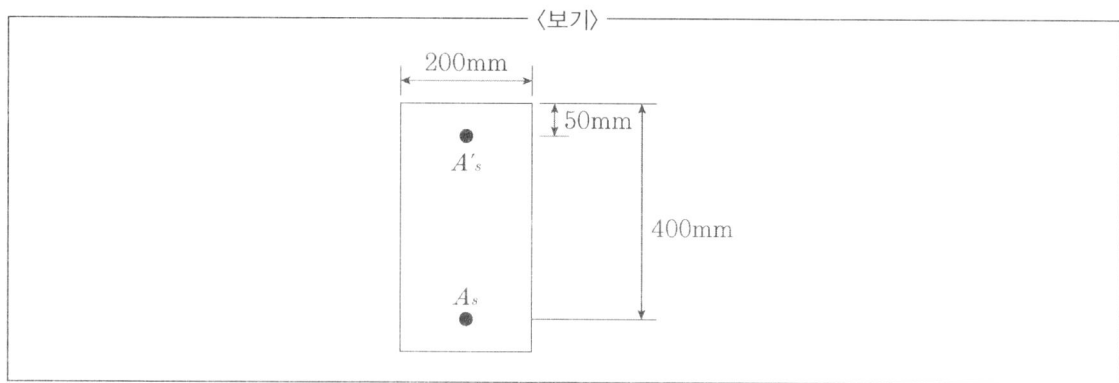

① 300MPa ② 400MPa
③ 450MPa ④ 500MPa

TIP 중립축의 위치는
$$c = \frac{0.003}{0.003 + \varepsilon_t}d = \frac{0.003}{0.003 + 0.005} \times 400 = 150\text{mm}$$
압축철근의 변형률은
$$\varepsilon_s' = 0.003\left(\frac{c-d'}{c}\right) = 0.003\left(\frac{150-50}{150}\right) = 0.002$$
$$\varepsilon_s' < \varepsilon_y = \frac{f_y}{E_s} = \frac{500}{2 \times 10^5} = 0.0025$$
$$\varepsilon_t = 2.0 \times \varepsilon_y = 2.0 \times 0.0025 = 0.005$$
압축철근의 응력은
$$f_s' = E_s \varepsilon_s' = 2 \times 10^5 \times (0.002) = 400\text{MPa}$$

Answer 10.③ 11.③ 12.② 13.① 14.②

15 〈보기〉와 같이 콘크리트 구조기준(2012)에서 규정된 비틀림설계에 대한 설명 중 옳은 내용을 모두 고른 것은?

〈보기〉

㉠ 다음과 같은 철근콘크리트 부재의 경우 비틀림의 영향을 무시할 수 있다.
$$T_u < \phi\left(\frac{\lambda\sqrt{f_{ck}}}{12} \cdot \frac{A_{cp}^2}{p_{cp}}\right)$$

㉡ 비틀림 모멘트가 작용하는 속빈단면 부재의 단면 치수는 다음을 만족하여야 한다.
$$\sqrt{\left(\frac{V_u}{b_w d}\right)^2 + \left(\frac{T_u p_h}{1.7 A_{oh}^2}\right)^2} \le \phi\left(\frac{V_c}{b_w d} + \frac{2\sqrt{f_{ck}}}{3}\right)$$

㉢ 비틀림 철근의 설계기준항복강도는 550MPa를 초과할 수 없다.

㉣ 횡방향 폐쇄스터럽의 최소 면적은 $(A_v + 2A_t) \ge 0.00625\sqrt{f_{ck}}\dfrac{b_w s}{f_{yt}} \ge 0.035\dfrac{b_w s}{f_{yt}}$ 이다.

㉤ 비틀림에 요구되는 종방향 철근의 지름은 스터럽 간격의 1/24 이상이어야 하며, 또한 D10 이상의 철근이어야 한다.

---

① ㉠, ㉤
② ㉠, ㉣
③ ㉡, ㉢
④ ㉣, ㉤

○TIP ㉡ 비틀림 모멘트가 작용하는 속빈단면 부재의 단면 치수
$$\left(\frac{V_u}{b_w d}\right) + \left(\frac{T_u p_h}{1.7 A_{oh}^2}\right) \le \phi\left(\frac{V_c}{b_w d} + \frac{2\sqrt{f_{ck}}}{3}\right)$$

㉢ 비틀림 철근의 경우 $f_y \le 500\text{MPa}$

㉣ 횡방향 폐쇄스터럽의 최소 면적
$(A_v + 2A_t) = 0.0625\sqrt{f_{ck}}\dfrac{b_w s}{f_{yt}} \ge 0.35\dfrac{b_w s}{f_{yt}}$

※ 비틀림설계
㉠ 입체 트러스 해석: 보는 일종의 관으로 생각할 수 있다. 비틀림은 관의 중심선을 따라서 일주하는 일정한 전단흐름을 통해서 저항된다. 보 둘레에 일정두께를 가진 각형의 Tube로 근사화 시켜 해석을 하며 단면 내부는 비틀림 저항성능이 없다고 가정한다. 폐쇄 스터럽은 인장재의 역할을 하고 콘크리트는 균열 후 대각선 방향으로 압축재의 역할을 하며 길이방향의 철근은 비틀림에 저항한다. 콘크리트에 의한 비틀림강도는 설계식의 단순화를 위해 무시되었다. 따라서 콘크리트의 전단강도는 비틀림과 상관없이 일정하다.

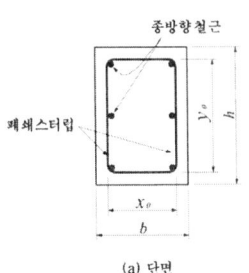
(a) 단면

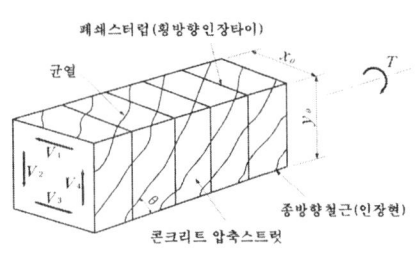
(b) 입체 트러스

ⓒ 균열비틀림 및 보강

ⓐ 공칭비틀림강도 $T_n = \dfrac{2A_o A_t f_{yt}}{s} \cot\theta$

- A_o : 전단흐름 경로에 의해 둘러싸인 면적 (약 $0.85 A_{oh}$로 볼 수 있다.)
- A_{oh} : 폐쇄스터럽의 중심선으로 둘러싸인 면적
- f_{yt} : 폐쇄스터럽의 설계기준 항복강도
- s : 스터럽의 간격
- θ : 압축경사각

ⓑ 균열비틀림 모멘트 $T_{cr} = \dfrac{1}{3}\sqrt{f_{ck}} \cdot \dfrac{A_{cp}^2}{P_{cp}}$

- 비틀림 보강여부 판정 : $T_u \geq \phi \dfrac{\sqrt{f_{ck}}}{12} \cdot \dfrac{A_{cp}^2}{P_{cp}}$ 이면 비틀림 보강을 해야 한다.
- A_{cp} : 전 단면적 ($b \times h$)
- P_{cp} : 전 둘레길이 ($x_o \times y_o$)
- P_h : 스터럽의 중심 둘레길이 $2(x_o + y_o)$

ⓒ 비틀림이 고려되지 않아도 되는 경우

- 철근콘크리트부재 : $T_u < \phi(\sqrt{f_{ck}}/12)\dfrac{A_{cp}^2}{p_{cp}}$

- 프리스트레스트 콘크리트 부재 : $T_u < \phi(\sqrt{f_{ck}}/12)\dfrac{A_{cp}^2}{p_{cp}}\sqrt{1 + \dfrac{f_{pc}}{(\sqrt{f_{ck}}/3)}}$

$T_u < \dfrac{T_{cr}}{4}$ 인 경우 비틀림은 무시할 수 있다. 이 경우 균열비틀림 모멘트 $T_u = \dfrac{1}{3}\sqrt{f_{ck}}\dfrac{A_{cp}^2}{p_{cp}}$

- T_u : 계수비틀림 모멘트
- T_{cr} : 균열 비틀림 모멘트
- p_{cp} : 단면의 외부둘레길이
- A_{cp} : 콘크리트 단면의 바깥둘레로 둘러사인 단면적으로서 뚫린 단면의 경우 뚫린 면적을 포함한다.

Answer 15.①

16 압축이형철근의 겹침이음 길이에 대한 설명으로 가장 옳은 것은?

① 서로 다른 크기의 철근을 압축부에서 겹침이음하는 경우, 이음길이는 크기가 큰 철근의 겹침이음길이와 크기가 작은 철근의 정착길이 중 큰 값 이상이어야 한다.

② f_y>400MPa이면 $0.072d_bf_y$ 이하, f_y≤400MPa이면 $(0.13f_y-24)d_b$ 이하이다.

③ f_{ck}<24MPa일 때 규정된 겹침이음길이를 1/3만큼 증가시켜야 한다.

④ 나선철근 압축부재의 나선철근으로 둘러싸인 축 방향 철근의 겹침이음길이에 계수 0.75를 곱할 수 있으나 겹침이음길이는 300mm 이상이어야 한다.

> **OTIP** ① 서로 다른 크기의 철근을 압축부에서 겹침이음하는 경우, 이음길이는 크기가 큰 철근의 정착이음길이와 크기가 작은 철근의 겹침이음 길이 중 큰 값 이상이어야 한다.
> ② 압축철근의 겹침이음길이 제한은 다음과 같다.
> f_y ≤ 400MPa인 경우 $0.072f_yd_b$ 이하
> f_y > 400MPa인 경우 $(0.13f_y-24)d_b$ 이하
> ③ f_{ck} < 21MPa인 경우에 1/3 증가시켜야 한다.

17 〈보기〉와 같은 보의 단면에 10kN의 전단력이 작용하는 경우 단면의 중립축($N \cdot A$)에서 10cm 떨어진 A점에서의 전단응력 값은?

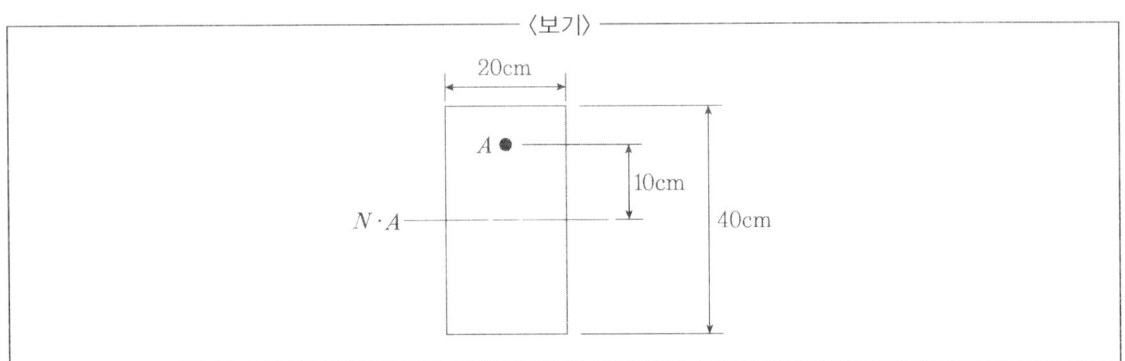

① $9.4N/cm^2$
② $14N/cm^2$
③ $0.2N/cm^2$
④ $0.02N/cm^2$

TIP $\tau = \dfrac{9}{8}\dfrac{S}{A} = \dfrac{9}{8} \times \dfrac{10 \times 10^3}{20 \times 40} = 14 \text{N/cm}^2$

※ 구형단면의 전단응력

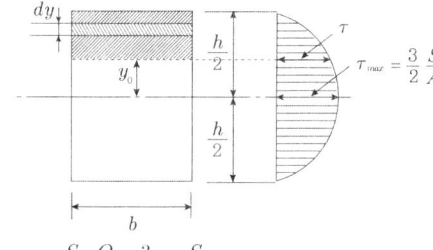

$\tau = \dfrac{S \cdot Q}{Ib} = \dfrac{3}{2} \times \dfrac{S}{bh^3}(h^2 - 4y_0^2)$

18 〈보기〉의 그림 ㈎와 같이 중앙 지점에 집중하중이 작용하는 단순보가 그림 ㈏와 같이 (6×20)cm의 단면으로 이루어진 경우 최대 휨응력은?

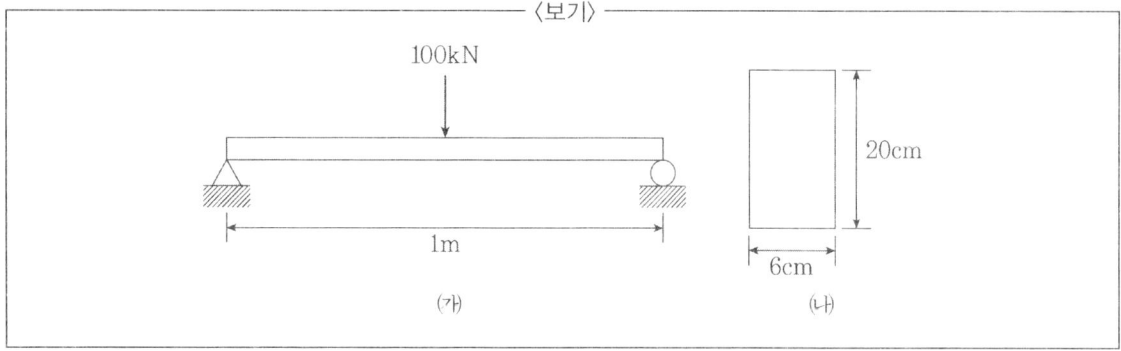

① 6.25kN/cm²
② 12.65kN/cm²
③ 166.75kN/cm²
④ 833kN/cm²

TIP $\sigma_{\max} = \dfrac{M_{\max}}{Z} = \dfrac{50 \times 50}{\dfrac{6 \times 20^2}{6}} = 6.25 \text{kN/cm}^2$

Answer 16.④ 17.② 18.①

19 〈보기〉와 같이 볼트의 직경이 4cm이며 mp의 길이가 5cm이고 인장하중 P=20kN을 받는 볼트의 연결부에서 볼트 $mnpq$부분의 지압응력 값은?

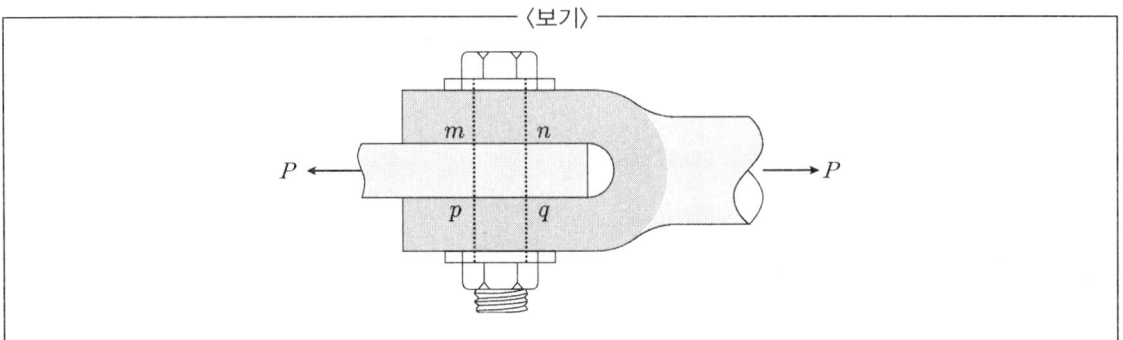

① 1.6kN/cm^2
② 2.35kN/cm^2
③ 1.25kN/cm^2
④ 1kN/cm^2

○TIP $mnpq$부분의 지압응력은 $\sigma_b = \dfrac{P}{dt} = \dfrac{20 \times 10^3}{4 \times 5} = 1\text{kN/cm}^2$

20 〈보기〉와 같은 응력도를 갖는 단철근 직사각형보에서 콘크리트 응력도의 응력 최대치는 $0.85f_{ck}$, f_{ck} =20MPa, f_y=400MPa일 때 공칭 휨강도는?

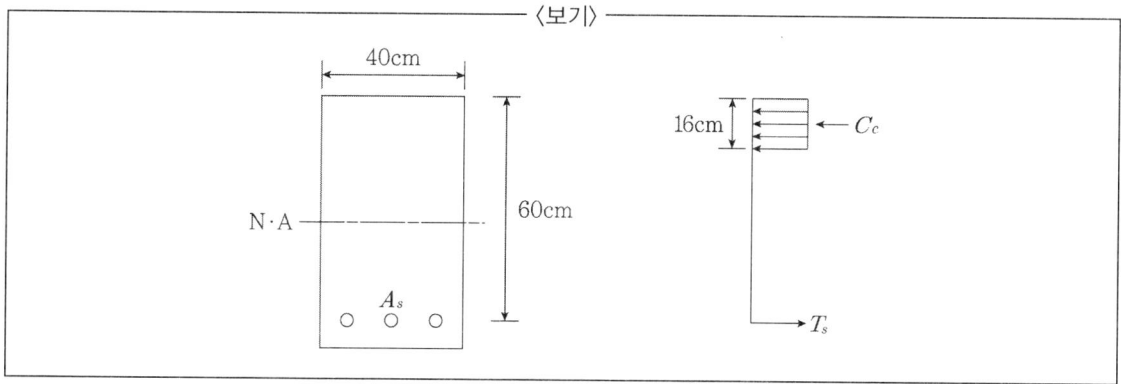

① 665kN · m
② 1.7kN · m
③ 565kN · m
④ 33kN · m

TIP 공칭휨강도 $M_n = 0.85f_{ck}ab\left(d-\dfrac{a}{2}\right) = 0.85 \times 20 \times (160 \times 400) \times \left(600-\dfrac{160}{2}\right) = 565$kN · m

Answer 19.④ 20.③

토목설계 / 2018. 4. 7. 인사혁신처 시행

1 배합설계 과정에서 단위수량 180kg, 단위시멘트량 315kg, 공기량 5%가 결정되었다면 골재의 절대용적 [l]은? (단, 시멘트 밀도는 0.00315g/mm³이고, 혼화재는 사용하지 않는다)

① 530
② 600
③ 670
④ 740

> **TIP**
> • 시멘트 밀도는 $0.00315 \text{g/mm}^3 = 3.15 [\text{g/cm}^3]$
> • 단위시멘트량은 315[kg]이므로, 시멘트의 용적은 315/3.15 = 100L
> • 단위수량은 180[kg], 공기량은 5%이므로, $1,000 \times 0.05 = 50[\text{L}]$
> • 따라서 골재의 용적은 $1,000 - (100 + 180 + 50) = 670[\text{L}]$

2 폭 $b = 300\text{mm}$, 유효깊이 $d = 500\text{mm}$인 단철근 직사각형 철근 콘크리트 보의 단면이 균형변형률 상태에 있을 때, 압축연단에서 중립축까지의 거리 $c[\text{mm}]$는? (단, 콘크리트의 설계기준압축강도 $f_{ck} = 24\text{MPa}$, 철근의 설계기준항복강도는 $f_y = 400\text{MPa}$이며, 설계코드(KDS : 2016)와 2012년도 콘크리트구조기준을 적용한다)

① 250
② 275
③ 300
④ 330

> **TIP** 균형보의 중립축 위치 $c_b = \dfrac{600}{600 + f_y} \times d = \dfrac{600}{600 + 400} \times 500 = 300[\text{mm}]$

3 그림과 같이 긴장재를 포물선 모양으로 배치한 PSC 단순보의 하중평형 개념에 의한 부재 중앙에서 휨모멘트[kN·m]는? (단, 자중을 포함한 등분포하중 $w=10\text{kN/m}$이며, 손실이 모두 발생한 후의 긴장력은 1,200kN이다)

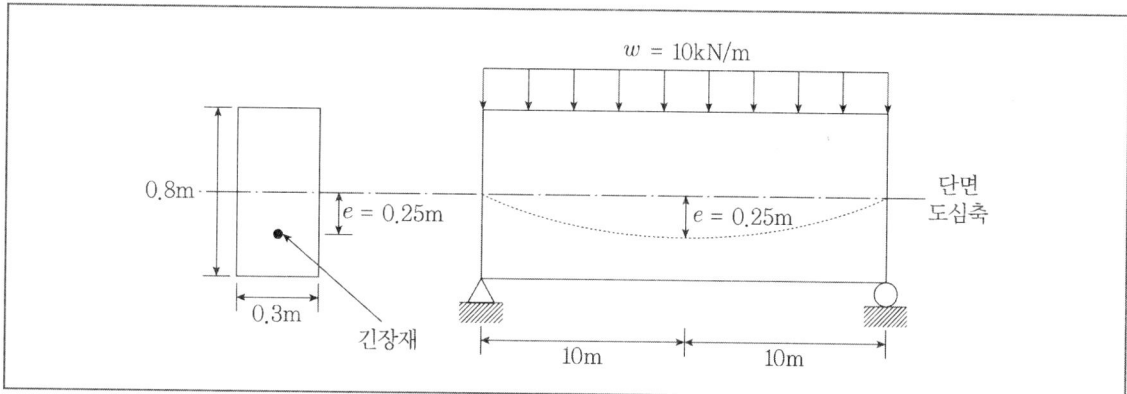

① 100 ② 200
③ 240 ④ 300

TIP
$$u = \frac{8Pe}{L^2} = \frac{8 \times 1,200 \times 0.25}{20^2} = 6[\text{kN/m}]$$
$$w' = w - u = 10 - 6 = 4[\text{kN/m}]$$
$$M_c = \frac{w'L^2}{8} = \frac{4 \times 20^2}{8} = 200[\text{kN} \cdot \text{m}]$$

4 중심축하중을 받는 길이 $L=10$m, 직사각형 단면의 크기 0.1m×0.12m이고 양단 힌지인 기둥의 좌굴 임계하중 P_{cr}[kN]은? (단, $\pi=3$으로 계산하며 기둥의 탄성계수 $E=20$GPa이고, 기둥 내의 응력이 비례한도 이하이다)

① 9 ② 18
③ 72 ④ 103.7

TIP
$$P_{cr} = \frac{\pi^2 EI_{\min}}{L_c^2} = \frac{3^2 \times (20 \times 10^6)}{10^2} \times \frac{0.12 \times 0.1^3}{12} = 18[\text{kN}]$$

Answer 1.③ 2.③ 3.② 4.②

5 직접설계법에 의한 2방향슬래브의 내부 경간 설계에서 전체 정적계수모멘트(M_0)가 300kN·m일 때, 부계수휨모멘트[kN·m]는? (단, 설계코드(KDS:2016)와 2012년도 콘크리트구조기준을 적용한다)

① 105
② 150
③ 195
④ 240

○TIP 직접설계법에 의한 2방향슬래브의 내부 경간의 경우 전체 정적계수모멘트를 다음과 같이 분배한다.
  ㉠ 정계수휨모멘트 $M_u^+ : 0.35M_o$
  ㉡ 부계수휨모멘트 $M_u^- : 0.65M_o$
  위의 식에 따라 $M_u^- = 0.65M_o = 0.65 \times 300 = 195[kN \cdot m]$

  ※ 2방향 슬래브의 직접설계법
    ㉠ 정의: 직사각형 평면형상의 슬래브에 등분포하중이 작용 시 이 등분포하중에 의해 발생하는 절대휨모멘트값인 전체 정적계수모멘트를 구한 후 이를 각 슬래브의 지지조건을 고려하여 정계수모멘트와 부계수모멘트로 분배하는 방법이다.
    ㉡ 직접설계법의 적용조건
      • 변장비가 2 이하여야 한다.
      • 각 방향으로 3경간 이상 연속되어야 한다.
      • 각 방향으로 연속한 경간 길이의 차가 긴 경간의 1/3 이내이어야 한다.
      • 등분포 하중이 작용하고 활하중이 고정하중의 2배 이내이어야 한다.
      • 기둥 중심축의 오차는 연속되는 기둥 중심축에서 경간길이의 1/10 이내이어야 한다.
      • 보가 모든 변에서 슬래브를 지지할 경우 직교하는 두 방향에서 $\dfrac{a_1 \times L_2^2}{a_2 \times L_1^2}$에 해당하는 보의 상대강성은 0.2 이상 0.5 이하이어야 한다.
    ㉢ 정 및 부계수 휨모멘트의 분배율

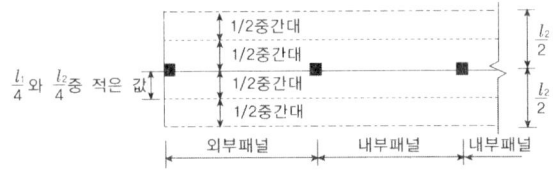

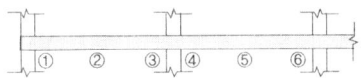

슬래브 모멘트	외부패널			내부패널		
	①	②	③	④	⑤	⑥
	외부 부모멘트	정모멘트	내부 부모멘트	내부 부모멘트	정모멘트	내부 부모멘트
총 모멘트	$0.26M_o$	$0.52M_o$	$0.70M_o$	$0.65M_o$	$0.35M_o$	$0.65M_o$
주열대	$0.26M_o$	$0.312M_o$	$0.525M_o$	$0.49M_o$	$0.21M_o$	$0.49M_o$
중간대	0	$0.208M_o$	$0.175M_o$	$0.16M_o$	$0.14M_o$	$0.16M_o$

6 다음과 같은 수직 전단철근배치 범위에 대한 그래프에서 전단철근량 A_v 및 전단철근 전단강도 V_s의 한계치를 옳게 표시한 것은? (단, A_v : 전단철근의 단면적, V_s : 전단철근에 의한 단면의 공칭전단강도, V_c : 콘크리트에 의한 단면의 공칭전단강도, V_u : 단면에서의 계수전단력, f_{ck} : 콘크리트의 설계기준압축강도, f_{yt} : 전단철근의 설계기준항복강도, b_w : 복부의 폭, d : 단면의 유효깊이, s : 전단철근의 간격, ϕ : 전단에 대한 강도감소계수, 설계코드(KDS : 2016)와 2012년도 콘크리트구조기준을 적용한다)

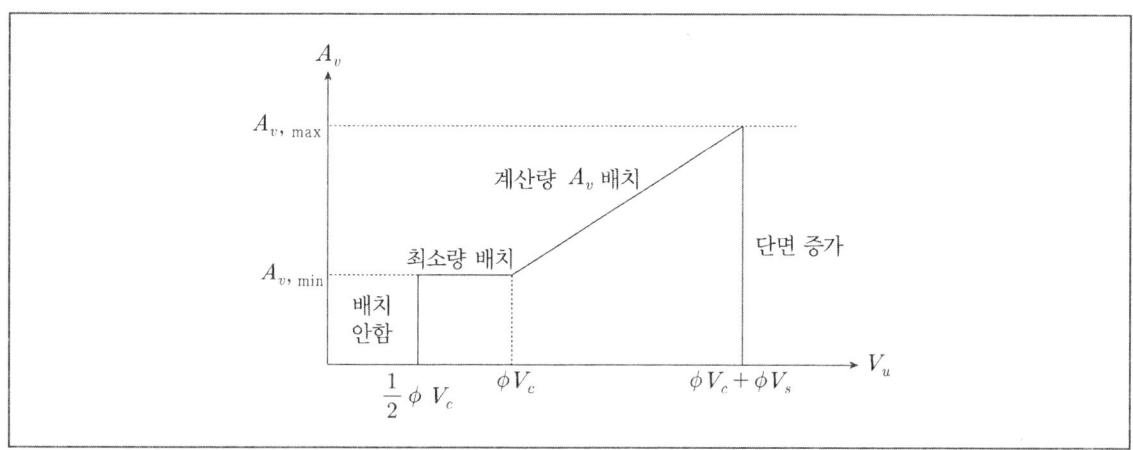

① $A_v = \dfrac{(V_u - \phi V_c)s}{\phi f_{yt}d}$, $V_s = \dfrac{V_u - \phi V_c}{\phi} \leq \dfrac{2}{3}\sqrt{f_{ck}}\,b_w d$

② $A_v = \dfrac{(\phi V_u - V_c)s}{\phi f_{yt}d}$, $V_s = \dfrac{V_u - \phi V_c}{\phi} \leq \dfrac{2}{3}\sqrt{f_{ck}}\,b_w d$

③ $A_v = \dfrac{(V_u - \phi V_c)s}{\phi f_{yt}d}$, $V_s = \dfrac{V_u - \phi V_c}{\phi} \leq \dfrac{1}{3}\sqrt{f_{ck}}\,b_w d$

④ $A_v = \dfrac{(\phi V_u - V_c)s}{\phi f_{yt}d}$, $V_s = \dfrac{V_u - \phi V_c}{\phi} \leq \dfrac{1}{3}\sqrt{f_{ck}}\,b_w d$

TIP 배근된 철근에 요구되는 전단력 $V_{s,u} = \dfrac{V_u - \phi V_c}{\phi}$

배근된 철근이 견디는 전단력 $V_{s,b} = \dfrac{A_v f_{yt} d}{s}$

주어진 그래프상의 직선의 경우, $V_{s,u} = V_{s,b}$인 조건이므로, $\dfrac{V_u - \phi V_c}{\phi} = \dfrac{A_v f_{yt} d}{s}$가 성립해야 한다.

따라서 $A_v = \dfrac{(V_u - \phi V_c)s}{\phi f_{yt}d}$가 된다.

또한, $V_{s,u} = \dfrac{V_u - \phi V_c}{\phi} \leq \dfrac{2}{3}\sqrt{f_{ck}}\,b_w d$를 만족해야 하므로,

$V_s = \dfrac{V_u - \phi V_c}{\phi} \leq \dfrac{2}{3}\sqrt{f_{ck}}\,b_w d$이 성립한다.

Answer 5.③ 6.①

7 그림과 같이 장방형 무근 콘크리트보에서 3등분점 하중법(KS F 2408)에 의해서 보가 파괴될 때까지 시험을 실시하였다. 하중 P가 100kN에서 시편의 지간 중앙이 파괴되었을 때의 최대인장응력[MPa]은? (단, 거동이 탄성적이고 휨응력이 단면의 중립축에서 직선으로 분포한다고 가정한다)

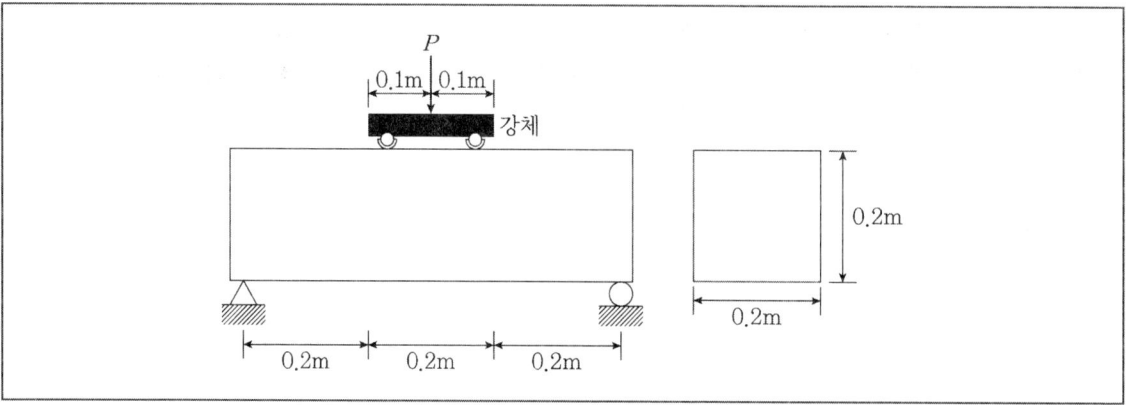

① 7.5
② 10.0
③ 12.5
④ 25.0

TIP
$$f_r = \frac{M}{I}y = \frac{\frac{P}{2} \times \frac{L}{3}}{\frac{bd^3}{12}} \times \frac{d}{2} = \frac{PL}{bd^2}$$

$$f_r = \frac{PL}{bd^2} = \frac{100 \times 0.6}{0.2 \times 0.2^2} = 7,500[\text{kN/m}^2] = 7,500[\text{kPa}] = 7.5[\text{MPa}]$$

8 그림과 같은 복철근 직사각형 보에서 인장철근과 압축철근이 모두 항복할 때, 등가직사각형 응력블록의 깊이 a[mm]는? (단, 인장철근량 A_s =4,050mm², 압축철근량 A_s' =1,500mm², 콘크리트의 설계기준압축강도 f_{ck} =30MPa, 철근의 설계기준항복강도 f_y =300MPa이고, 설계코드(KDS : 2016)와 2012년도 콘크리트 구조기준을 적용한다)

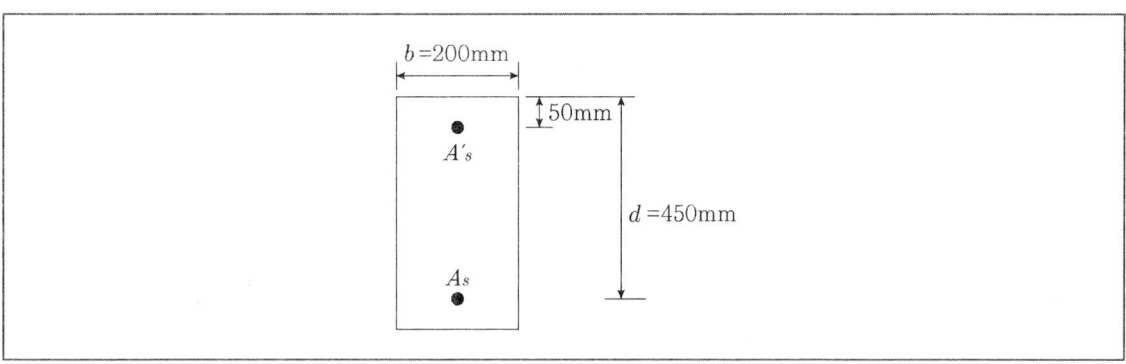

① 125
② 150
③ 175
④ 200

TIP $a = \dfrac{(A_s - A_s')f_y}{0.85 f_{ck} b} = \dfrac{(4,050 - 1,500) \times 300}{0.85 \times 30 \times 200} = 150[\text{mm}]$

9 축방향 인장을 받는 부재 및 이음재의 설계에 대한 설명으로 옳지 않은 것은? (단, 설계코드(KDS : 2016)와 도로교설계기준(한계상태설계법) 2015를 적용한다)

① 축방향 인장을 받는 부재의 강도는 전단면 파단을 고려하여 결정한다.
② 인장부재는 세장비 규정과 피로에 관한 규정을 만족해야 하며, 연결부 끝부분에서 블록전단강도에 관한 검토를 해야 한다.
③ 축방향 인장력과 휨모멘트를 동시에 받아 순압축응력이 작용하는 플랜지는 국부좌굴에 대한 검토가 필요하다.
④ 아이바, 봉강, 케이블 및 판을 제외한 인장부재에서 교번응력을 받지 않는 인장 주부재의 최대 세장비는 200이다.

TIP 축방향 인장을 받는 부재의 강도는 전단면 항복과 순단면 파단을 검토하여 결정한다.

Answer 7.① 8.② 9.①

10 압축연단에서 압축철근까지의 거리 $d'=50\text{mm}$, 중립축까지의 거리 $c=150\text{mm}$인 복철근 철근콘크리트 직사각형보의 휨파괴 시 압축철근 변형률은? (단, 압축철근은 1단 배근되어 있고, 파괴 시 압축연단 콘크리트의 변형률은 0.003이고, 설계코드(KDS : 2016)와 2012년도 콘크리트구조기준을 적용한다)

① 0.0005
② 0.001
③ 0.0015
④ 0.002

TIP $\varepsilon_s' = \dfrac{c-d'}{c} \times 0.003 = \dfrac{150-50}{150} \times 0.003 = 0.002$

11 H형강을 사용하여 길이가 4m이고 양단이 고정인 기둥을 설계할 때, 유효좌굴길이에 대한 세장비(λ)는? (단, H형강의 단면적은 $1 \times 10^3 \text{mm}^2$이고, 강축의 단면2차모멘트는 $1 \times 10^7 \text{mm}^4$, 약축의 단면2차모멘트는 $6.4 \times 10^6 \text{mm}^4$이다)

① 20
② 25
③ 40
④ 50

TIP $r = \sqrt{\dfrac{I_{\min}}{A}} = \sqrt{\dfrac{6.4 \times 10^6}{1 \times 10^3}} = 80\,[\text{mm}]$

양단고정 $L_e = \dfrac{L}{2} = \dfrac{4,000}{2} = 2,000\,[\text{mm}]$

$\therefore \lambda = \dfrac{L_e}{r} = \dfrac{2,000}{80} = 25$

12 철근의 이음에 대한 설명으로 옳지 않은 것은? (단, 설계코드(KDS : 2016)와 2012년도 콘크리트구조기준을 적용한다)

① 압축부에서 이음길이 조건을 만족하면, D41과 D51 철근은 D35 이하 철근과의 겹침이음을 할 수 있다.
② 인장력을 받는 이형철근의 겹침이음길이는 A급과 B급으로 분류하며, 어느 경우에도 300mm 이상이어야 한다.
③ 다발철근의 겹침이음에서 두 다발철근은 개개 철근처럼 겹침이음을 한다.
④ 휨부재에서 서로 접촉되지 않게 겹침이음된 철근은 횡방향으로 소요 겹침이음길이의 1/5 또는 150mm 중 작은 값 이상 떨어지지 않아야 한다.

TIP 다발철근의 겹침이음에서 두 다발철근은 개개 철근처럼 겹침이음을 할 수 없다.

13 연석간의 교폭이 9m, 발주자에 의해 정해진 계획차로의 폭이 9m일 때, 차량활하중의 재하를 위한 재하차로의 수 N은? (단, 설계코드(KDS : 2016)와 도로교설계기준(한계상태설계법) 2015를 적용한다)

① 1
② 2
③ 3
④ 4

> **TIP** 차량활하중의 재하를 위한 재하차로의 수 $N = \dfrac{W_C}{W_P} = \dfrac{9}{9} = 1$이 된다.
>
> 그러나 N이 1이 산출된다 하더라도 W_C가 6m 이상인 경우에는 N은 2로 한다.
>
> W_C : 연석, 또는 방호울타리(중앙분리대 포함)간의 교폭
>
> W_P : 발주자에 의해 정해진 계획차로의 폭
>
> ※ 재하차로의 폭 $W = \dfrac{W_C}{N} \leq 3.6[\text{m}]$

14 보의 경간이 8m인 단순보에 등분포활하중이 20kN/m, 자중을 포함한 등분포고정하중이 8kN/m가 작용할 때, 휨부재를 설계하는 경우의 계수휨모멘트[kN·m]는? (단, KDS 24 12 11 : 2016의 극한한계상태 하중조합 Ⅰ에 따라 활하중계수는 1.8, 고정하중계수는 1.25를 적용한다)

① 312.8
② 315.2
③ 368.0
④ 432.9

> **TIP** $w = 1.25 w_{DL} + 1.80 w_{LL} = 1.25 \times 8 + 1.80 \times 20 = 46 [\text{kN} \cdot \text{m}]$
>
> $M = \dfrac{wL^2}{8} = \dfrac{46 \times 8^2}{8} = 368.0 [\text{kN} \cdot \text{m}]$

Answer 10.④ 11.② 12.③ 13.② 14.③

15 그림과 같은 2방향 확대기초에서 계수하중 P_u =1,000kN이 작용할 때, 위험단면에 작용하는 계수전단력 V_u[kN]는? (단, 설계코드(KDS : 2016)와 2012년도 콘크리트구조기준을 적용한다)

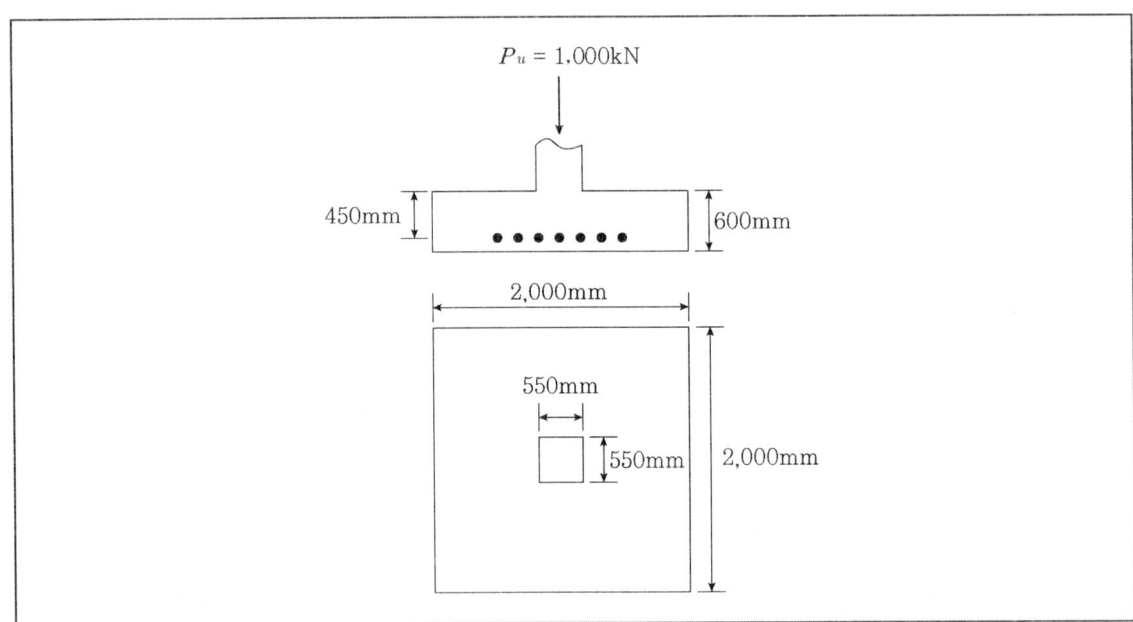

① 750
② 800
③ 850
④ 900

TIP 계수지반반력 $q_u = \dfrac{P_u}{A} = \dfrac{1,000}{2,000 \times 2,000} = \dfrac{1}{4,000}[\text{kN/mm}^2]$

2방향 확대기초이므로 2방향 전단작용이 일어나므로 사인장 균열이 기둥의 둘레에서 윗부분을 잘라낸 원추형이나 각주형, 즉 펀칭전단이 일어나는 경우이다. 이 때 전단에 대한 위험단면은 기둥 전면에서 $d/2$만큼 떨어진 곳이 된다. (이 때 기둥에서 $0.75d$ 내에 재하되는 등분포 지반력의 영향은 무시할 수 있다.)

KCI-2007에 의한 2방향 전단의 계수전단력에 의하면 다음과 같이 구할 수 있다.

$V_u = q_u[SL-(t+d)^2] = \dfrac{1}{4,000} \times [2,000^2 - (550+450)^2] = 750[\text{kN}]$

16 그림과 같이 철근콘크리트 깊은 보를 스터럿-타이 모델에 의하여 설계할 때, 타이 BC에 필요한 휨 인장 철근면적[mm²]은? (단, 철근의 설계기준항복강도 f_y =400MPa이고, 설계코드(KDS : 2016)와 2012년도 콘크리트구조기준을 적용한다)

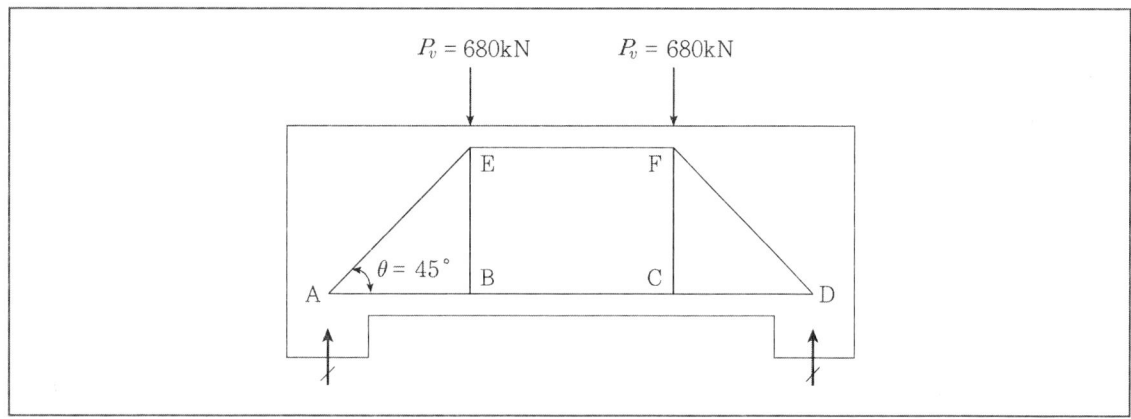

① 1,000
③ 1,875
② 1,500
④ 2,000

TIP 콘크리트 구조기준에 의해 $F_{ut} \leq \phi_t F_{nt} = \phi_t A_{st} f_y$ 이므로,

$A_{st} \geq \dfrac{F_{ut}}{\phi_t f_y}$ 가 된다. 따라서,

$F_{ut} = P_u \times \cot 45^o = 680 \times 1 = 680[\text{kN}]$

$\therefore A_{st,\min} = \dfrac{F_{ut}}{\phi_t f_y} = \dfrac{680 \times 10^3}{0.85 \times 400} = 2,000[\text{mm}^2]$

- F_{ns} : 스트럿의 공칭축강도
- F_{nt} : 타이의 공칭축강도
- F_{ut} : 스트럿, 타이, 지압부 또는 절점영역에 작용하는 계수축력
- A_{st} : 철근타이의 단면적
- $A_s{'}$: 철근스트럿의 단면적
- ϕ_c : 스트럿타이의 강도감소계수로 0.75
- ϕ_t : 타이의 강도감소계수로 0.85

17 양단 정착하는 PSC 포스트텐션 부재에서 일단 정착부 활동이 4mm 발생하였을 때, PS강재와 쉬스의 마찰이 없는 경우에 정착부 활동에 의한 프리스트레스 손실량[MPa]은? (단, PS강재의 길이 20m, 초기 프리스트레스 f_i =1,200MPa, PS강재 탄성계수 E_{ps} =200GPa, 콘크리트 탄성계수 E_c =28GPa이다)

① 20 ② 40
③ 60 ④ 80

> **TIP** $\triangle f_{pa} = E_{ps} \times \varepsilon_p = E_{ps} \times \left(\dfrac{\Delta l}{l} \times 2 \right) = 200 \times 10^3 \times \left(\dfrac{4}{20 \times 10^3} \times 2 \right) = 80 \text{[MPa]}$

18 다음 그림과 같이 폭 0.36m, 높이 1m인 직사각형 단면에 정모멘트가 3,000kN·m, 긴장력이 3,600kN이 작용하고 있다. 긴장재의 편심거리가 0.3m일 때, 응력개념에 의한 부재 상단응력의 크기[MPa]는? (단, 구조물의 거동은 선형탄성으로 가정한다)

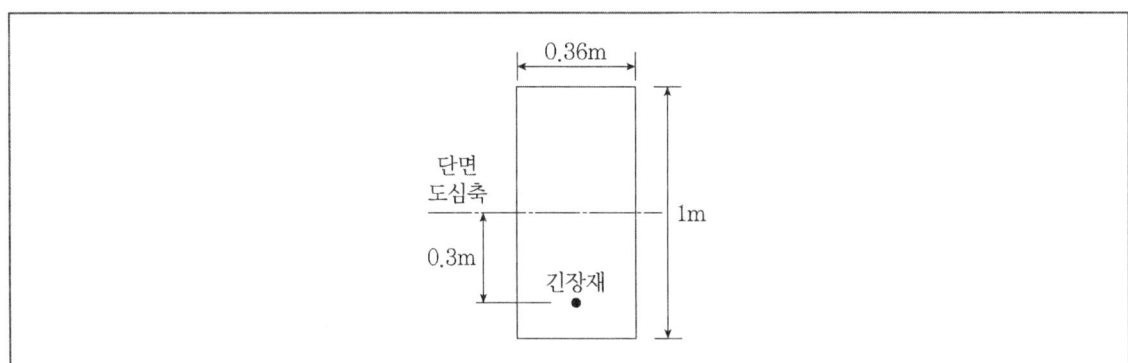

① 22 ② 32
③ 42 ④ 52

> **TIP** $A = 0.36 \times 1 = 0.36 \text{[m}^2\text{]}$
>
> $Z = \dfrac{bh^2}{6} = \dfrac{0.36 \times 1^2}{6} = 0.06 \text{[m}^3\text{]}$
>
> $f_{\text{상연}} = \dfrac{P}{A} - \dfrac{Pe_y}{I}y + \dfrac{M}{I}y = \dfrac{P}{A} - \dfrac{Pe_p}{Z} + \dfrac{M}{Z}$
>
> $f_{\text{상연}} = \dfrac{3,600}{0.36} - \dfrac{3,600 \times 0.3}{0.06} + \dfrac{3,000}{0.06} = 10,000 - 18,000 + 50,000 = 42,000 \text{[kN/m}^2\text{]} = 42 \text{[MPa]}$

19 기초판의 최대 계수휨모멘트를 계산할 때, 그 위험단면에 대한 설명으로 옳지 않은 것은? (단, 설계코드(KDS : 2016)와 2012년도 콘크리트구조기준을 적용한다)

① 강재 밑판을 갖는 기둥을 지지하는 기초판은 기둥 외측면과 강재 밑판 단부의 중간

② 콘크리트 기둥, 주각 또는 벽체를 지지하는 기초판은 기둥, 주각 또는 벽체의 외면

③ 조적조 벽체를 지지하는 기초판은 벽체 중심과 단부의 중간

④ 다각형 콘크리트 기둥은 같은 면적 원형 환산단면의 외면

> **TIP** 기초판에서 휨모멘트, 전단력 그리고 철근정착에 대한 위험단면의 위치를 정할 경우, 원형 또는 정다각형인 콘크리트 기둥이나 주각은 같은 면적의 정사각형 부재로 취급할 수 있다.

20 그림과 같은 인장재 L형강의 순단면적[mm²]은? (단, 구멍의 직경은 25mm이고, 설계코드(KDS : 2016)와 도로교설계기준(한계상태설계법) 2015를 적용한다)

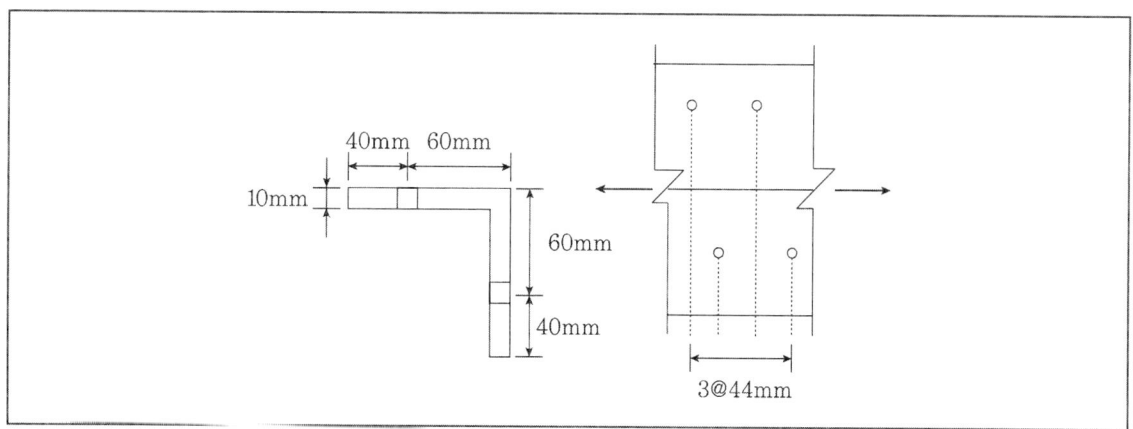

① 1,344
② 1,444
③ 1,544
④ 1,750

> **TIP** 총폭 $b = b_1 + b_2 - t = 100 + 100 - 10 = 190[\text{mm}]$
> 게이지 간격 $g = g_1 + g_2 - t = 60 + 60 - 10 = 110[\text{mm}]$
> 일렬배치 $b_{n1} = b - d = 190 - 25 = 165[\text{mm}]$
> 지그재그 배치 $b_{n2} = b - 2d + \dfrac{p^2}{4g} = 190 - 2 \times 25 + \dfrac{44^2}{4 \times 110} = 144.4[\text{mm}]$
> 순폭 $b_n = [b_{n1}, b_{n2}]_{\min} = 144.4[\text{mm}]$
> ∴ $A_n = b_n \times t = 144.4 \times 10 = 1,444[\text{mm}^2]$

Answer 17.④ 18.③ 19.④ 20.②

토목설계 2018. 5. 19. 제1회 지방직 시행

1 반 T형보의 플랜지 유효폭을 결정하는데 고려사항이 아닌 것은? (단, t_f는 플랜지의 두께, b_w는 복부의 폭이며, 설계코드(KDS : 2016)와 2012년도 콘크리트구조기준을 적용한다)

① 양쪽 슬래브의 중심간 거리

② $6t_f + b_w$

③ (보의 경간의 $\frac{1}{12}$) + b_w

④ (인접한 보와의 내측 거리의 $\frac{1}{2}$) + b_w

> **TIP** 반 T형보의 유효폭은 다음 중 가장 작은 값으로 결정하여야 한다.
> ㉠ (한쪽으로 내민 플랜지 두께의 6배) + b_w
> ㉡ (보의 경간의 1/12) + b_w
> ㉢ (인접 보와의 내측 거리의 1/2) + b_w

2 폭 400mm, 유효깊이 600mm인 직사각형 단면을 갖는 철근콘크리트보를 설계할 때, 부재축에 직각으로 배치되는 전단철근의 최대간격[mm]은? (단, 설계코드(KDS : 2016)와 2012년도 콘크리트구조 기준을 적용한다)

① 300　　② 400
③ 500　　④ 600

> **TIP** 부재축에 직각으로 배치된 전단철근의 간격은 철근콘크리트 부재일 경우 $d/2$ 이하, 600mm 이하로 해야 한다.
> $\therefore s_{\max} = \left[\dfrac{d}{2},\ 600\right]_{\min} = \left[\dfrac{600}{2},\ 600\right]_{\min} = 300[\mathrm{mm}]$
> 따라서, 폭 400mm, 유효깊이 600mm인 직사각형 단면인 보로서 부재축에 직각으로 배치되는 전단철근의 최대간격은 300mm가 된다.

3 보통중량콘크리트를 사용한 1방향 단순지지 슬래브의 최소 두께는? (단, 처짐을 계산하지 않는다고 가정하며, 부재의 길이는 l, 인장철근의 설계기준항복강도 $f_y = 350$[MPa], 설계코드(KDS : 2016)와 2012년도 콘크리트구조기준을 적용한다)

① $\dfrac{l}{13.5}$ 와 150mm 중 작은 값

② $\dfrac{l}{13.5}$ 와 150mm 중 큰 값

③ $\dfrac{l}{21.5}$ 와 100mm 중 작은 값

④ $\dfrac{l}{21.5}$ 와 100mm 중 큰 값

> **TIP** 부재의 처짐과 최소두께 … 처짐을 계산하지 않는 경우의 보 또는 1방향 슬래브의 최소두께는 다음과 같다. (L은 경간의 길이)
>
> | 부재 | 최소 두께 또는 높이 | | | |
> |---|---|---|---|---|
> | | 단순지지 | 일단연속 | 양단연속 | 캔틸레버 |
> | 1방향 슬래브 | $L/20$ | $L/24$ | $L/28$ | $L/10$ |
> | 보 | $L/16$ | $L/18.5$ | $L/21$ | $L/8$ |
>
> 위의 표의 값은 보통중량콘크리트($m_c = 2,300$kg/m³)와 설계기준항복강도 400MPa 철근을 사용한 부재에 대한 값이며 다른 조건에 대해서는 그 값을 다음과 같이 보정하여야 한다.
>
> • 1,500~2,000kg/m³ 범위의 단위질량을 갖는 구조용 경량콘크리트에 대해서는 계산된 $h_{\min}$값에 $(1.65 - 0.00031 \cdot m_c)$를 곱해야 하나 1.09 이상이어야 한다.
>
> • f_y가 400MPa 이외인 경우에는 계산된 $h_{\min}$값에 $\left(0.43 + \dfrac{f_y}{700}\right)$를 곱해야 한다.
>
> 문제의 조건에 따르면, 1방향 단순지지 슬래브이며 $f_y = 350$MPa이므로 위의 표에 제시된 값 중 $\dfrac{l}{20}$의 값에 $0.43 + \dfrac{350}{700} = 0.93$을 곱한 값을 산출해야 한다.
>
> 그러므로 $\dfrac{l}{20} \times 0.93 = \dfrac{l}{\left(\dfrac{20}{0.93}\right)} = \dfrac{l}{21.5}$ (≥ 100mm)
>
> $h_{\min}$은 $\dfrac{l}{21.5}$과 100mm 중 큰 값이어야 한다.

Answer 1.① 2.① 3.④

4 현장 타설 콘크리트 보에서 철근의 수평 순간격을 결정하는데 고려사항이 아닌 것은? (단, 2010년도 도로교설계기준과 2016년도 도로교설계기준(한계상태설계법)을 적용한다)

① 철근 공칭지름의 1.5배
② 40mm
③ 25mm
④ 굵은 골재 최대치수의 1.5배

> **TIP** 2016년 도로교설계기준에 따르면 콘크리트 보의 경우 철근의 수평 순간격은 다음의 값 이상으로 하여야 한다.
>
> | 현장 타설 콘크리트 | 공장제작 콘크리트 |
> |---|---|
> | 40mm 이상 | 25mm 이상 |
> | 굵은 골재 최대치수의 1.5배 이상 | 굵은 골재 최대치수의 1.33배 이상 |
> | 철근 공칭지름의 1.5배 이상 | 철근 공칭지름 이상 |
>
> 따라서, 현장 타설 콘크리트의 경우, 25mm는 고려되는 값이 아니다.

5 길이 8m인 단순지지 기둥이 상단으로부터 3m지점에 y축 방향으로 단순 횡지지되어 있다. 이때, 이 압축부재의 세장비는? (단, 단면 2차 반경 $r_X = 80mm$, $r_Y = 40mm$이다)

① 75
② 100
③ 125
④ 200

> **TIP** 길이 8m인 단순지지 기둥이 상단으로부터 3m지점에 y축 방향으로 단순 횡지지되어 있으며,
> 단면 2차 반경이 $r_X = 80[mm]$, $r_Y = 40[mm]$일 때 이 압축부재의 세장비는 125가 된다.
>
> 좌굴하중은 $P_{cr} = \dfrac{\pi^2 EI_{\min}}{l_k^2} = \dfrac{\pi^2 E(r_{\min}^2 A)}{l_k^2} = \dfrac{\pi^2 EA}{\lambda^2}$
>
> 강도계수는 단순지지인 경우 1.0이므로 $l_k = 1.0 \times l = 1.0 \times 5 = 5[m]$ 가 되며 따라서
>
> 세장비는 $\lambda = \dfrac{l_k}{r_{\min}} = \dfrac{5,000}{40} = 125$

6 그림과 같이 D22인 5개의 인장철근이 배치되어 있을 때, 단면의 유효깊이[mm]는?

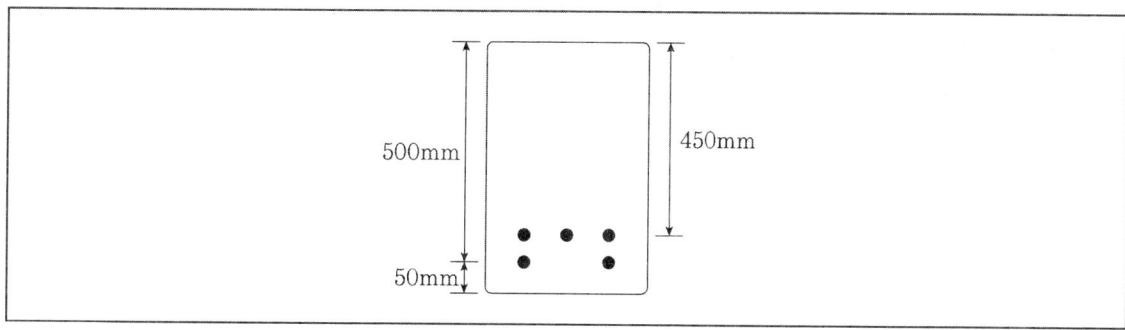

① 460
② 470
③ 480
④ 490

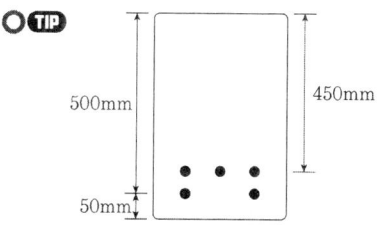

유효깊이를 d라고 할 경우, 압축연단으로부터 $3 \times 450 + 2 \times (500) = 5 \times d$이므로
$d = \dfrac{3 \times 450 + 2 \times 500}{5} = 470[\text{mm}]$

Answer 4.③ 5.③ 6.②

7 그림과 같이 단면적 2.0cm²인 긴장재 4개가 직사각형 단면의 도심축에 균등하게 배치되었다. 프리텐션 방식으로 초기 프리스트레스 1,000MPa이 긴장재에 도입될 때, 콘크리트의 탄성수축으로 인한 프리스트레스 손실응력[MPa]은? (단, 프리스트레스 긴장재의 탄성계수는 2.1×10⁵MPa, 콘크리트의 탄성계수는 3.0×10⁴MPa이다)

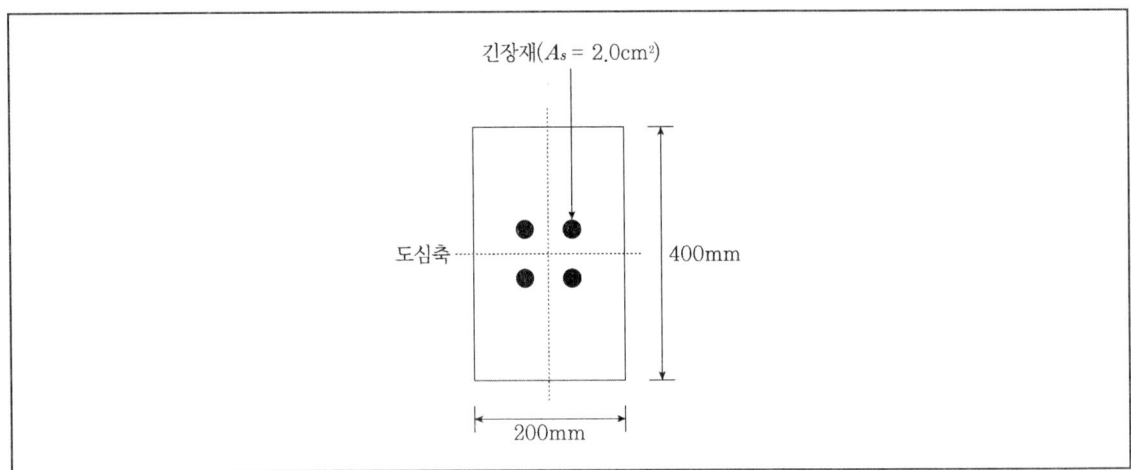

① 40   ② 50
③ 60   ④ 70

TIP 탄성계수비는 $n = \dfrac{E_s}{E_c} = \dfrac{2.1 \times 10^5}{3 \times 10^4} = 7$ 이며,

$$\Delta f_{pu} = E_p \varepsilon_p = E_p \varepsilon_c = E_p \times \dfrac{f_{cs}}{E_c} = nf_{cs} = n\dfrac{P_i}{A_g} = n\dfrac{f_{pj}A_p}{A_g} = 7 \times \dfrac{1,000 \times 200 \times 4}{200 \times 400} = 70\text{MPa}$$

따라서 70MPa의 프리스트레스 손실응력이 발생한다.
- $A_p(A_s)$: 긴장재의 단면적
- $E_p(E_s)$: 긴장재의 탄성계수
- f_{ci} : 프리스트레스를 도입할 때 부재 본체의 콘크리트 압축강도
  (프리스트레싱에 의한 긴장재 도심위치에서의 콘크리트 압축응력)
- f_p : 긴장응력(프리스트레스)
- f_{pi} : 프리스트레스 최초 도입 시 긴장응력(프리스트레스)
- f_{pe} : 긴장재의 유효프리스트레스력
- f_{pu} : 긴장재의 설계기준 인장강도
- f_{py} : 긴장재의 설계기준 항복강도
- Δf_p : 긴장응력(프리스트레스)의 손실량
- Δf_{pa} : 정착장치의 활동에 의한 긴장응력의 손실량
- Δf_{pc} : 콘크리트의 크리프에 의한 긴장응력의 손실량
- Δf_{pe} : 콘크리트의 탄성변형에 의한 긴장응력의 손실량
- Δf_{ps} : 콘크리트의 건조수축에 의한 긴장응력의 손실량
- Δf_{pr} : PS강재의 릴렉세이션에 의한 긴장응력의 손실량
- ε_p : 긴장재의 변형률
- ε_{cs} : 강재가 있는 곳의 콘크리트 건조수축 변형률

8 그림과 같이 프리스트레스트 콘크리트 보의 중앙에 집중하중 200kN이 작용될 때, 지간 중앙단면의 하연에 인장응력 12MPa이 발생하였다. 이때, 프리스트레스 힘 F[kN]는? (단, 보의 자중은 무시하고, 깊은 보의 비선형 변형률 분포는 고려하지 않는다)

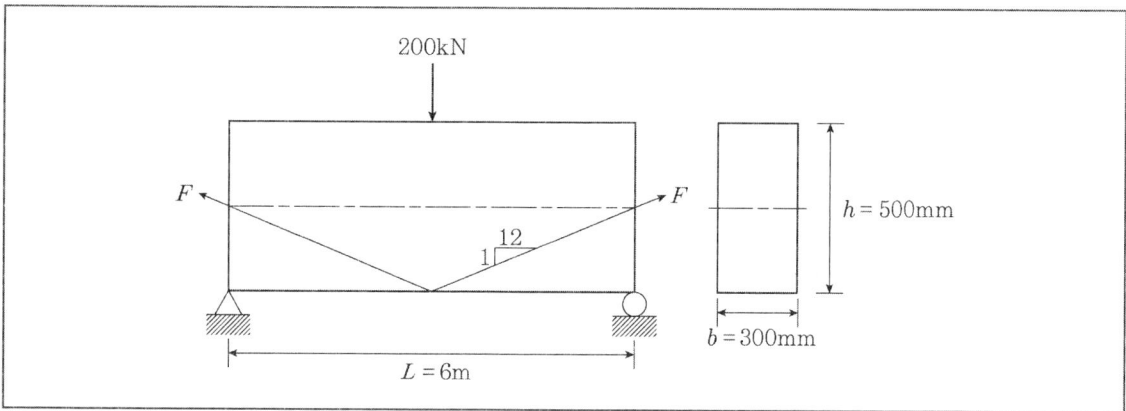

① $25\sqrt{145}$
② $50\sqrt{145}$
③ $75\sqrt{145}$
④ $100\sqrt{145}$

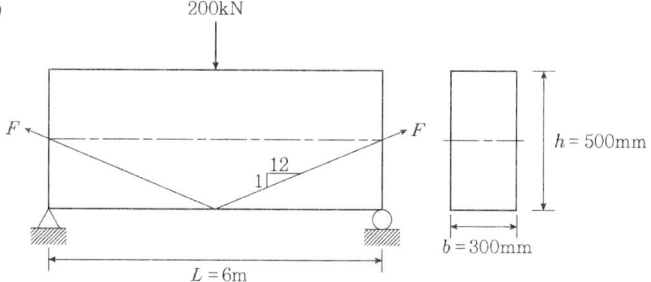

하중평형개념을 이용하여 풀 수 있는 문제이다.

$$U = 2F\sin\theta = 2 \times F \times \frac{1}{\sqrt{12^2 + 1^1}} = \frac{2F}{\sqrt{145}}$$

$$P' = P - U = P - \frac{2F}{\sqrt{145}}$$

$$f_c = -\frac{M}{Z} = -\frac{\left(\frac{P'L}{4}\right)}{\left(\frac{bh^2}{6}\right)} = -\frac{3P'L}{2bh^2} = 12[\text{MPa}]$$

$$P' = 12 \times \frac{2bh^2}{3L} = 12 \times \frac{2 \times 300 \times 500^2}{3 \times 6 \times 10^3} = 100[\text{kN}]$$

$$\therefore F = 100 \times \frac{\sqrt{145}}{2} = 50\sqrt{145}\,[\text{kN}]$$

(이 문제의 경우, 중앙단면의 하연 인장응력과 관련하여 축응력을 고려하지 않았으므로 논란의 여지가 있다.)

Answer 7.④ 8.②

9 그림과 같은 단순보에 e만큼 편심된 프리스트레스 힘 P가 작용하고 있다. 등분포하중 w가 작용할 때 보 지간 중앙단면에서의 하연응력은? (단, 보의 자중은 무시하고, 깊은 보의 비선형 변형률 분포는 고려하지 않는다)

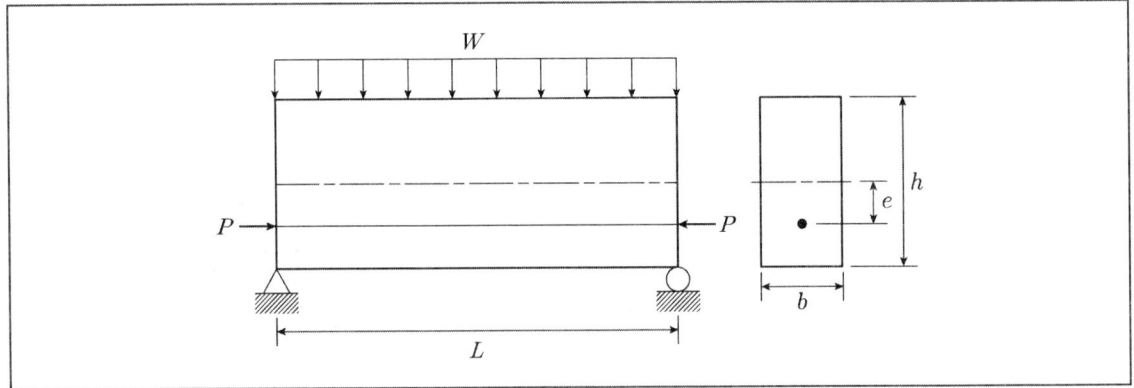

① $\dfrac{1}{bh}\left(P+\dfrac{6Pe}{h}-\dfrac{3wL^2}{4h}\right)$

② $\dfrac{1}{bh}\left(P+\dfrac{6Pe}{h}-\dfrac{4wL^2}{3h}\right)$

③ $\dfrac{1}{4bh}\left(P+\dfrac{6Pe}{h}-\dfrac{3wL^2}{4h}\right)$

④ $\dfrac{1}{4bh}\left(P+\dfrac{6Pe}{h}-\dfrac{4wL^2}{3h}\right)$

◎ TIP

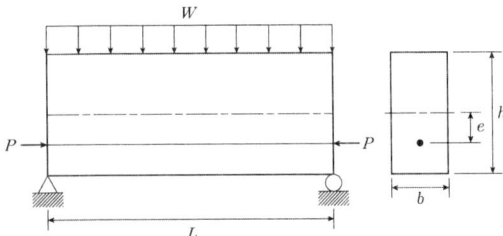

보의 중앙단면에 작용하는 휨모멘트는 $M=\dfrac{wL^2}{8}$

$I=\dfrac{bh^3}{12}$ 이며, $y=\dfrac{h}{2}$ 이므로

$f_t = \dfrac{P}{A} + \dfrac{Pe}{I}y - \dfrac{M}{I}y = \dfrac{P}{A} + \dfrac{Pe}{Z} - \dfrac{M}{Z} = \dfrac{P}{bh} + \dfrac{6Pe}{bh^2} - \dfrac{6}{bh^2}\left(\dfrac{wL^2}{8}\right)$

$= \dfrac{1}{bh}\left(P+\dfrac{6Pe}{h}-\dfrac{3wL^2}{4h}\right)$

10 그림과 같이 계수축방향 하중 P_u가 편심 없이 작용하는 독립확대기초에서 2방향 전단력은 1방향 전단력의 몇 배인가? (단, 확대기초 주철근의 유효깊이는 1m이다)

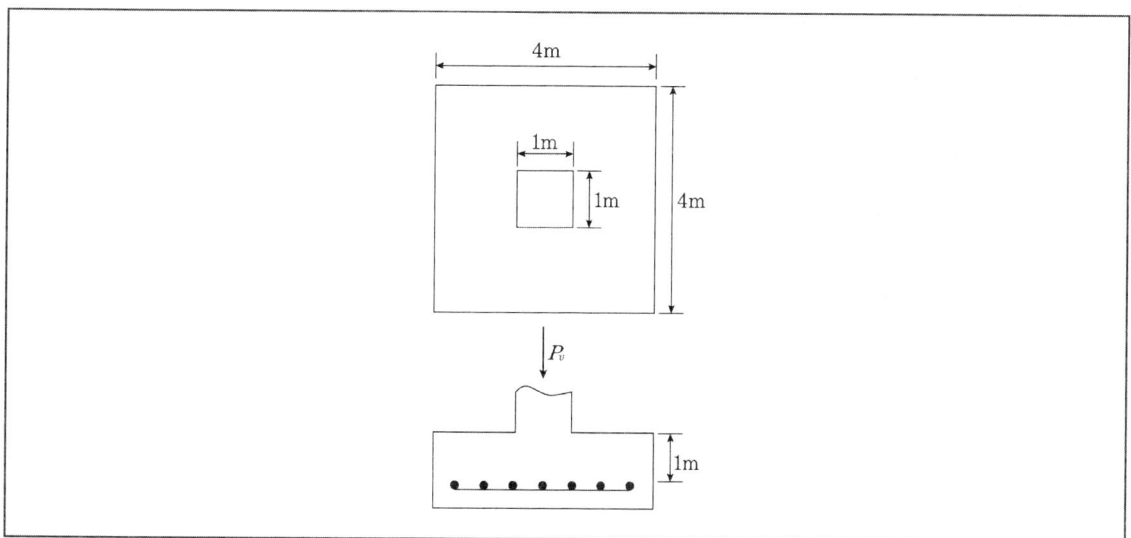

① 3
② 4
③ 5
④ 6

> **TIP** 지압력을 q_u로 가정하고 각각의 전단 시 발생하는 전단력을 산정한다.
> 주어진 기초는 정사각형 단면임을 고려하면 $S = L$이 된다.
> 또한 다음의 식에 따르면, 2방향 전단력은 1방향 전단력의 6배가 된다.

1방향 전단의 경우	2방향 전단의 경우
$V_{u1} = q_u\left(\dfrac{L-t}{2} - d\right)S$ $V_{u1} = q_u\left(\dfrac{4-1}{2} - 1\right) \times 4 = 2q_u$	$V_{u2} = q_u[SL - (t+d)^2]$ $V_{u2} = q_u \times [4 \times 4 - (1+1)^2] = 12q_u$

11 콘크리트 구조물의 부재, 부재 간의 연결부 및 각 부재 단면에 대한 설계강도는 콘크리트설계기준의 규정과 가정에 따라 정하여야 한다. 이때, 강도감소계수(∅)로 옳지 않은 것은? (단, 설계코드(KDS : 2016)와 2012년도 콘크리트구조기준을 적용한다)

① 전단력과 비틀림모멘트는 0.75를 적용한다.
② 콘크리트의 지압력(포스트텐션 정착부나 스트럿-타이 모델은 제외)은 0.65를 적용한다.
③ 포스트텐션 정착구역은 0.85를 적용한다.
④ 무근콘크리트의 휨모멘트, 압축력, 전단력은 0.70을 적용한다.

> **TIP** 무근콘크리트의 휨모멘트, 압축력, 전단력에 대한 강도감소계수는 0.55이다.
> ※ 강도감소계수
> ㉠ 강도감소계수의 사용이유
>   • 재료의 강도와 치수가 변동할 수 있으므로 부재의 강도 저하 확률에 대비한 여유
>   • 부정확한 설계방정식에 대비한 여유
>   • 주어진 하중 조건에 대한 부재의 연성도와 소요신뢰도
>   • 구조물에서 차지하는 부재의 중요도 반영
> ㉡ 부재와 하중의 종류별 강도감소계수
>
> | 부재 또는 하중의 종류 | 강도감소계수 |
> |---|---|
> | 인장지배단면 | 0.85 |
> | 압축지배단면-나선철근부재 | 0.70 |
> | 압축지배단면-스터럽 또는 띠철근부재 | 0.65 |
> | 전단력과 비틀림모멘트 | 0.75 |
> | 콘크리트의 지압력(포스트텐션 정착부나 스트럿-타이 모델은 제외) | 0.65 |
> | 포스트텐션 정착구역 | 0.85 |
> | 스트럿타이-스트럿, 절점부 및 지압부 | 0.75 |
> | 스트럿타이-타이 | 0.85 |
> | 무근콘크리트의 휨모멘트, 압축력, 전단력, 지압력 | 0.55 |

12 2축 휨을 받는 압축부재에 대한 설계개념으로 옳지 않은 것은? (단, 설계코드(KDS : 2016)와 2012년도 콘크리트구조기준을 적용한다)

① 광범위한 연구 및 실험에 의해 적용성이 입증된 근사해법에 의하여 설계할 수도 있다.
② 2축 휨을 받는 압축부재의 설계에 있어서, 원칙적으로 계수축력과 두 축에 대한 휨모멘트의 계수합휨모멘트를 구한 후 축력과 휨모멘트의 평형조건과 변형률의 적합조건을 이용하여 압축부재를 설계한다.
③ 압축부재 단면의 편심거리는 소성 중심부터 축력 작용점까지 거리로 취하여야 한다.
④ 두 축방향의 횡하중, 인접 경간의 하중 불균형 등으로 인하여 압축부재에 2축 휨모멘트가 작용되는 경우에는 1축 휨을 받는 압축부재로 설계하여야 한다.

> **TIP** 두 축방향의 횡하중, 인접 경간의 하중 불균형 등으로 인하여 압축부재에 2축 휨모멘트가 작용되는 경우에는 2축 휨을 받는 압축부재로 설계하여야 한다.

13 4변이 단순지지된 직사각형 2방향 슬래브의 중앙에 집중하중 P=140kN이 작용될 때, 장경간 L에 분배되는 하중[kN]은? (단, 슬래브의 단경간 S=2m, 장경간 L=3m이다)

① 16
② 32
③ 64
④ 108

> **TIP** 4변이 단순지지된 직사각형 2방향 슬래브의 중앙에 집중하중이 작용한 경우는 다음과 같이 분배된다.
> P=140[kN]이고 슬래브의 단경간 2m, 장경간 3m일 때 장경간에 분배되는 하중은 32[kN]이 된다.
>
> 단경간에 분배되는 하중 $P_x = \dfrac{l_y^{\,3}}{l_x^{\,3}+l_y^{\,3}} \times P = \dfrac{3^3}{2^3+3^3} \times 140 = 108[\text{kN}]$
>
> 장경간에 분배되는 하중 $P_y = \dfrac{l_x^{\,3}}{l_x^{\,3}+l_y^{\,3}} \times P = \dfrac{2^3}{2^3+3^3} \times 140 = 32[\text{kN}]$
>
> | | 단변 분담 하중 | 장변 분담 하중 |
> |---|---|---|
> | 집중하중 작용 | $P_x = \dfrac{l_y^{\,3}}{l_x^{\,3}+l_y^{\,3}} \cdot P$ | $P_y = \dfrac{l_x^{\,3}}{l_x^{\,3}+l_y^{\,3}} \cdot P$ |
> | 등분포하중 작용 | $w_x = \dfrac{l_y^{\,4}}{l_x^{\,4}+l_y^{\,4}} \cdot w$ | $w_y = \dfrac{l_x^{\,4}}{l_x^{\,4}+l_y^{\,4}} \cdot w$ |

Answer 11.④ 12.④ 13.②

14 철근의 공칭지름 d_b =10mm일 때, 인장 이형철근의 최소 표준 갈고리 정착길이[mm]는? (단, 도막되지 않은 이형철근을 사용하고, 철근의 설계기준항복강도 f_y =300MPa, 보통중량콘크리트의 설계기준압축강도 f_{ck} =25MPa이며, 설계코드(KDS : 2016)와 2012년도 콘크리트구조기준을 적용한다)

① 80
② 144
③ 150
④ 300

> **TIP** 표준갈고리를 갖는 인장이형철근의 정착길이 $l_{dh} = l_{hb} \times$ 보정계수 $\geq 150mm$
>
> $l_{db} = \dfrac{0.24\beta d_b f_y}{\lambda\sqrt{f_{ck}}} = \dfrac{0.24(1.0)(10)(300)}{1.0\sqrt{25}} = 144[mm]$이며, 이는 150mm보다 작은 값이다.
>
> (도막되지 않은 이형철근이므로 보정계수 β는 1.0으로 한다.)
> 따라서 인장이 형철근의 최소 표준 갈고리 정착길이는 150[mm]가 된다.

15 그림과 같이 거셋 플레이트에 항복강도 f_y =200[MPa], 인장강도 f_u =400[MPa], 두께가 10mm인 인장부재가 연결되어 있다. 하중저항계수설계법으로 계산할 때, 굵은 점선을 따라 발생되는 설계블록전단파단강도[kN]는? (단, 인장응력은 균일하며, 강도저항계수는 0.75, 연결재의 볼트구멍 직경은 20mm, 설계코드(KDS : 2016)와 2016년도 강구조설계기준을 적용한다)

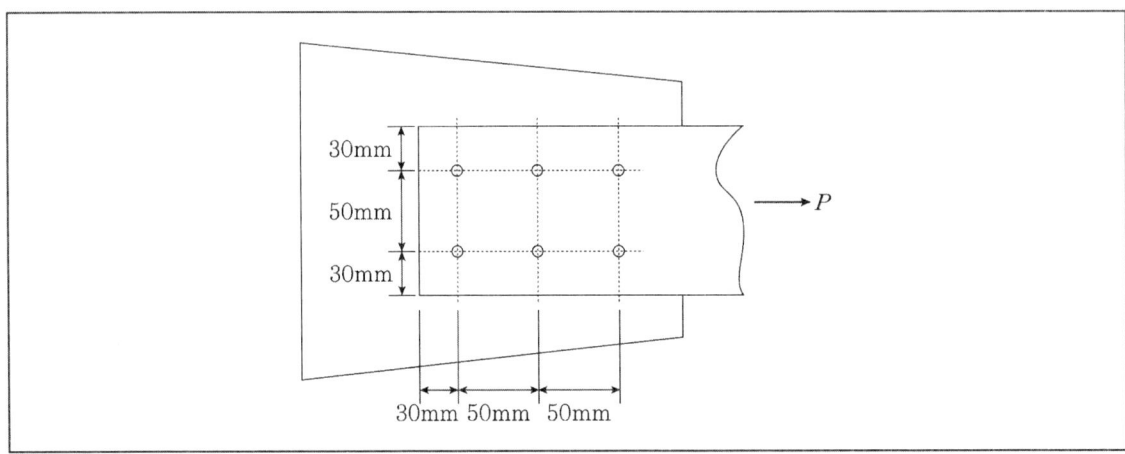

① 150
② 177
③ 200
④ 223

◯ **TIP** 거셋 플레이트의 항복강도 $f_y = 200\text{MPa}$, 인장강도 $f_u = 400\text{MPa}$, 두께는 10mm인 인장부재가 연결되어 있을 때 굵은 점선을 따라 발생되는 설계블록전단파단강도[kN]는 177[kN]이 된다.
강도저항계수 0.75, 볼트구멍의 직경 20mm

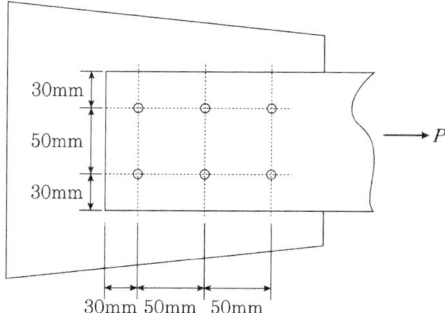

전단 파괴선을 따라 발생하는 전단파단과 직각으로 발생하는 인장파단의 블록전단파단 한계상태에 대한 설계강도는 다음과 같이 산정한 공칭강도에 $\phi = 0.75$을 적용해서 구해야 한다.
$R_n = [0.6F_u A_{nv} + U_{be} F_u A_{nt}] \leq [0.6F_y A_{gv} + U_{be} F_u A_{nt}]$

- A_{gv} : 전단저항 총단면적[mm²]
- A_{nv} : 전단저항 순단면적[mm²]
- A_{nt} : 인장저항 순단면적[mm²]
- U_{be} : 인장응력이 균일할 경우는 1.0, 불균일할 경우는 0.5

$A_{nv} = (30 + 50 + 50 - 20 \times 2.5) \times 10 = 800[\text{mm}^2]$
$A_{nt} = (30 - 20 \times 0.5) \times 10 = 200[\text{mm}^2]$
$A_{gv} = (30 + 50 + 50) \times 10 = 1,300[\text{mm}^2]$
$R_{n1} = 0.6F_u A_{nv} + U_{be} F_u A_{nt} = (0.6 \times 400 \times 800 + 1.0 \times 400 \times 200) \times 10^{-3} = 272[\text{kN}]$
$R_{n2} = 0.6F_y A_{gv} + U_{be} F_u A_{nt} = (0.6 \times 200 \times 1,300 + 1.0 \times 400 \times 200) \times 10^{-3} = 236[\text{kN}]$
$R_n = [R_{n1}, \ R_{n2}]_{\min} = 236[\text{kN}]$
$\therefore \phi R_n = 0.75 \times 236 = 177[\text{kN}]$

16 아치구조물 구조해석의 일반사항에 대한 설명으로 옳지 않은 것은? (단, 설계코드(KDS : 2016)와 2012년도 콘크리트구조기준을 적용한다)

① 아치 단면력을 산정할 때에는 콘크리트의 수축과 온도 변화의 영향을 고려하여야 한다.
② 아치구조 해석 시 기초의 침하가 예상되는 경우에는 그 영향을 고려하여야 한다.
③ 아치 리브에 발생하는 단면력은 축선 이동의 영향을 받기 때문에 그 영향을 반드시 고려해야 한다.
④ 아치의 축선은 아치 리브의 단면 도심을 연결하는 선으로 할 수 있다.

> **TIP** 아치 리브에 발생하는 단면력은 축선 이동의 영향을 받지만 일반적인 경우 그 영향이 작아서 무시할 수 있으므로 미소변형이론에 기초하여 단면력을 계산할 수 있다.
> (아치 리브 : 아치구조물에서 아치를 보강하기 위해 일정한 간격으로 배치되는 뼈대)

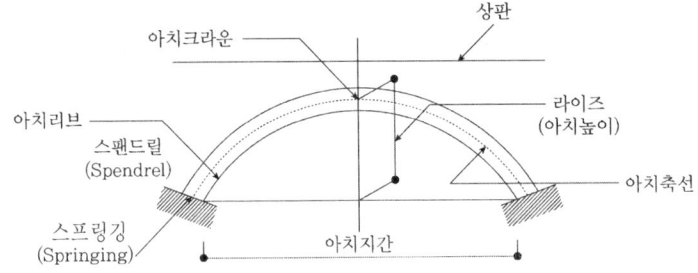

17 내진설계기준의 기본개념에 대한 설명으로 옳지 않은 것은? (단, 2010년도 도로교설계기준과 2016년도 도로교설계기준(한계상태설계법)을 적용한다)

① 설계기준은 제주도를 제외한 남한 전역에 적용될 수 있다.
② 지진 시 교량 부재들의 부분적인 피해는 허용하나 전체적인 붕괴는 방지한다.
③ 지진 시 가능한 한 교량의 기본 기능은 발휘할 수 있게 한다.
④ 교량의 정상수명 기간 내에 설계지진력이 발생할 가능성은 희박하다.

> **TIP** 내진설계기준은 남한 전역에 적용할 수 있으므로 제주도에도 적용할 수 있다.

18 그림과 같은 단철근 T형 단면보 설계에 대한 설명으로 옳은 것은? (단, 플랜지의 유효폭 b =1,200mm, 플랜지의 두께 t_f =80mm, 유효깊이 d =600mm, 복부 폭 b_w =400mm, 인장철근 단면적 A_s =3,000mm², 인장철근의 설계기준항복강도 f_y =400MPa, 콘크리트의 설계기준압축강도 f_{ck} =20MPa이며, 설계코드 (KDS : 2016)와 2012년도 콘크리트구조기준을 적용한다)

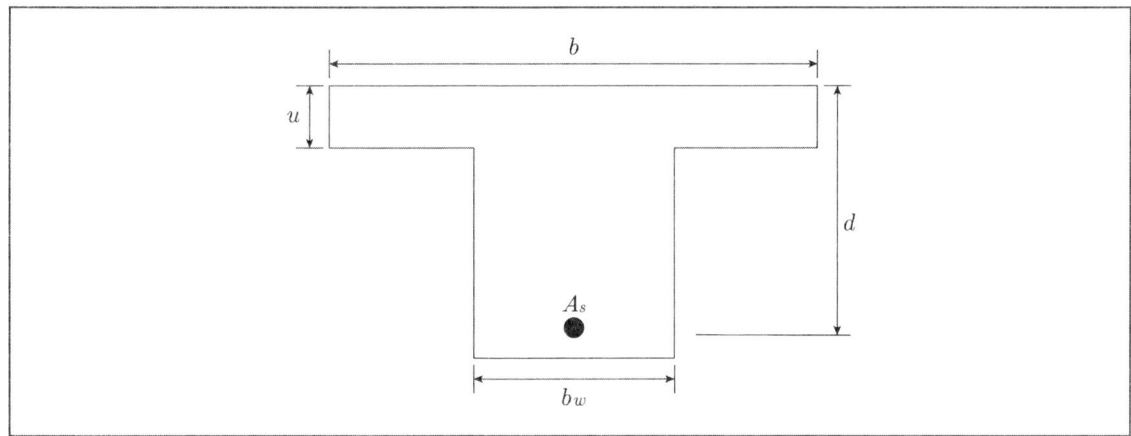

① b =1,200mm를 폭으로 하는 직사각형 단면보로 설계한다.
② b_w =400mm를 폭으로 하는 직사각형 단면보로 설계한다.
③ t_f =80mm를 등가직사각형 응력블록으로 하는 직사각형 단면보로 설계한다.
④ T형 단면보로 설계한다.

TIP T형보의 판정에 관한 전형적인 문제이다.
$$a = \frac{A_s f_y}{0.85 f_{ck} b} = \frac{3,000 \times 400}{0.85 \times 20 \times 1,200} = 58.82\text{mm} < t_f = 80\text{mm}$$
따라서 b =1,200[mm]를 폭으로 하는 직사각형 단면보로 설계해야 한다.

Answer 16.③ 17.① 18.①

19 그림과 같이 활동안전율 2.0을 만족시키기 위한 무근콘크리트 옹벽의 최대높이 H[m]는? (단, 콘크리트의 단위중량은 24kN/m³, 흙의 단위중량은 20kN/m³, 주동토압계수는 0.4, 옹벽 저판과 흙 사이의 마찰계수는 0.5이다)

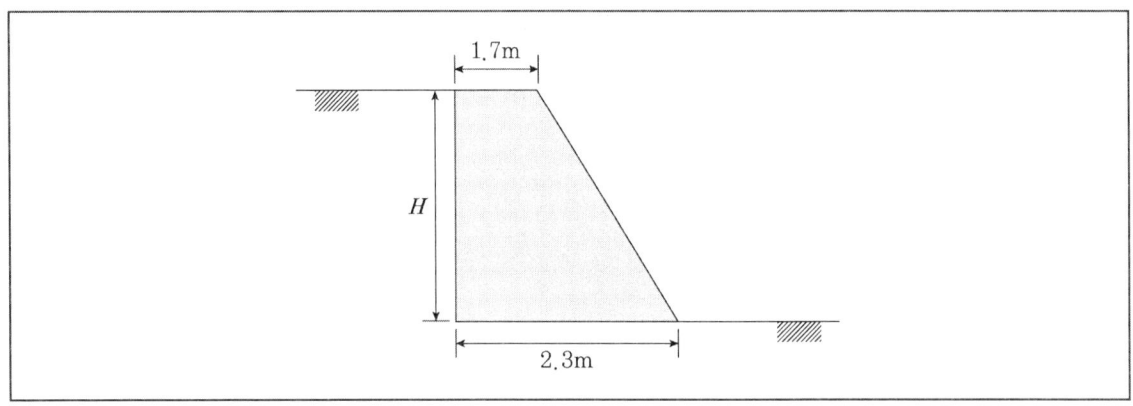

① 2.5
② 3.0
③ 3.5
④ 4.0

O TIP 무근콘크리트 옹벽의 자중을 구하고 여기에 마찰계수를 곱한 값이 측압보다 2배는 되어야 한다. 따라서 $R\mu \geq H \times 2.0$ 이어야 하므로,

주동토압계수가 0.4, 콘크리트의 단위중량은 24[kN/m³], 흙의 단위중량은 20[kN/m³]의 값을 다음의 식에 대입하면 $\gamma_c A\mu \geq \frac{1}{2}\gamma_c h^2 K_a(2.0)$ 이어야 하므로

$$24\left[\frac{(1.7+2.3)}{2} \times H\right] \times 0.5 \geq \frac{1}{2}(20) \times H^2 \times (0.4) \times (2.0)$$

∴ $H \leq 3$[m]이어야 한다. 따라서 옹벽의 최대높이는 3.0[m]가 된다.

20 콘크리트의 설계기준압축강도 f_{ck} =25MPa에 대한 배합강도[MPa]는? (단, 표준편차는 2.0MPa이며, 시험횟수는 30회 이상이다)

① 26.16
② 27.16
③ 27.68
④ 28.68

TIP f_{ck} = 25MPa이며 표준편차는 2.0MPa이고, 시험횟수가 30회 이상이므로, 다음 중 큰 값을 적용해야 한다.
$f_{cr} = f_{ck} + 1.34s = 25 + 1.34 \times 2.0 = 27.68 \text{MPa}$
$f_{cr} = (f_{ck} - 3.5) + 2.33s = (25 - 3.5) + 2.33 \times 2.0 = 26.16 \text{MPa}$
따라서 27.68MPa를 배합강도로 해야 한다.

※ 배합강도(f_{cr}) … 콘크리트의 배합을 정할 때 목표로 하는 압축강도

㉠ 시험횟수 30회 이상인 경우 (각각 두 식 중 큰 값이 지배)

$f_{ck} \leq 35$MPa 배합강도	$f_{ck} > 35$MPa 배합강도
$f_{cr} = f_{ck} + 1.34s$	$f_{cr} = f_{ck} + 1.34s$
$f_{cr} = (f_{ck} - 3.5) + 2.33s$	$f_{cr} = 0.9f_{ck} + 2.33s$

㉡ 시험횟수가 29회 이하일 때 표준편차에 대한 보정계수

시험회수	표준편차의 보정계수
15회	1.16
20회	1.08
25회	1.03
30회 또는 그 이상	1.00

㉢ 시험횟수가 14회 이하이거나 기록이 없는 경우의 배합강도

설계기준압축강도 f_{ck}(MPa)	배합강도 f_{cr}(MPa)
21 미만	$f_{ck} + 7$
21 이상 ~ 35 이하	$f_{ck} + 8.5$
35 초과	$1.1f_{ck} + 5$

Answer 19.② 20.③

토목설계   2018. 6. 23. 제2회 서울특별시 시행

1 단철근 직사각형 단면의 공칭휨강도(M_n)가 360kN·m인 경우 단면의 유효깊이(d)는 약 얼마인가? (단, f_{ck}=24MPa, f_y=350MPa, b_w=280mm, A_s=2,160mm²)

① 383.4mm
② 436.4mm
③ 490.4mm
④ 542.4mm

○ TIP
$$a = \frac{A_s \times f_y}{0.85 f_{ck} \times b_w} = \frac{2,160 \times 350}{0.85 \times 24 \times 280} = 132.35 \fallingdotseq 132.4\text{mm}$$

공칭휨강도 $M_n = A_s \times f_y \times \left(d - \dfrac{a}{2}\right)$ 이므로

$$d = \frac{M_n}{A_s f_y} + \frac{a}{2} = \frac{360 \times 10^6}{2,160 \times 350} + \frac{132.4}{2}$$

$$= 476.2 + 66.2 = 542.4\text{mm}$$

2 휨설계 일반 원칙에 대한 설명으로 가장 옳지 않은 것은?

① 균형 변형률 상태는 인장 철근이 설계기준 항복 강도 f_y에 대응하는 변형률에 도달하고 동시에 압축 콘크리트가 가정된 극한 변형률 0.003에 도달할 때이다.
② 압축 지배 변형률 한계는 균형 변형률 상태에서 인장철근의 순인장 변형률과 같다.
③ 휨부재의 최소 허용 변형률은 $f_y \leq 400$MPa인 경우에 0.004이고, $f_y > 400$MPa인 경우에는 철근 항복 변형률의 2배이다.
④ 철근의 항복 강도가 400MPa을 초과하는 경우에는 인장지배 변형률 한계를 철근 항복 변형률의 2배로 한다.

○ TIP 철근의 항복 강도가 400MPa을 초과하는 경우에는 인장지배 변형률 한계를 철근 항복 변형률의 2.5배로 한다.
※ 압축연단 콘크리트가 가정된 극한변형률인 0.003에 도달할 때 최외단 인장철근의 순인장변형률이 0.005의 인장지배 변형률 한계 이상인 단면을 인장지배단면이라고 한다. 다만 철근의 항복강도가 400MPa을 초과하는 경우에는 인장지배변형률 한계를 철근 항복변형률의 2.5배로 한다. 순인장변형률이 압축지배변형률 한계와 인장지배변형률 한계 사이인 단면은 변화구간단면이라고 한다.

3 〈보기〉와 같은 균형 단면의 직사각형보에서 설계기준강도 f_{ck}가 33MPa이라면 계수 β_1은? (단, c는 압축측 연단에서 중립축까지 거리이다.)

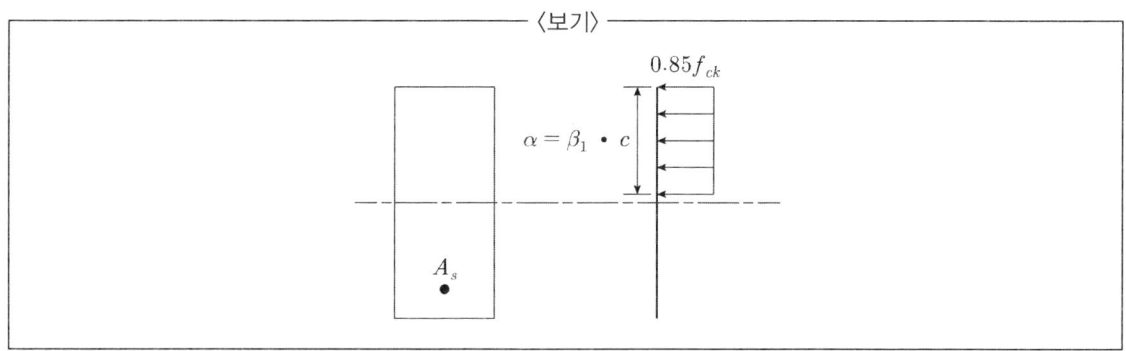

① 0.850
② 0.815
③ 0.746
④ 0.650

TIP 균형보에 있어 등가직사각형 응력블록의 깊이 $a = \beta_1 c$ (β_1 : 등가압축영역계수, c : 중립축거리)

f_{ck}	등가압축영역계수 β_1
$f_{ck} \leq 28\text{MPa}$	$\beta_1 = 0.85$
$f_{ck} > 28\text{MPa}$	$\beta_1 = 0.85 - 0.007(f_{ck} - 28) \geq 0.65$

$\beta_1 = 0.85 - 0.007(33 - 28) = 0.815$

4 장변이 6m이고, 단변이 4m인 독립확대기초에서 단변 방향으로 배치할 총 철근량이 3,000mm²이다. 이 때 단변 방향으로 단변의 폭만큼 중앙 구간에 등간격으로 배치할 철근량은?

① 2,400mm²
② 3,000mm²
③ 1,500mm²
④ 1,200mm²

TIP 장변이 단변의 2배 미만이므로 2방향 직사각형 기초판이다.
단변 방향의 철근은 전체 철근량에서 다음 식에서 산출한 비율만큼을 유효폭 내에 균등하게 배치한 후, 나머지 철근량을 이 유효폭 이외의 부분에 균등히 배치시켜야 한다.
$\dfrac{\text{유효폭에 배치되는 철근량}}{\text{단변 방향의 전체 철근량}} = \dfrac{2}{\beta+1} = \dfrac{2}{2.5} = 0.8$ $\left(\beta = \dfrac{\text{장변}}{\text{단변}}\right)$
유효폭에 배치되는 철근량이 3,000[mm²]이며 이에 0.8을 곱한 값인 2,400[mm²]이 된다.

Answer 1.④ 2.④ 3.② 4.①

5 〈보기〉와 같이 단철근 직사각형 철근콘크리트 보의 휨균열을 일으키는 휨모멘트(M_{cr})는 약 얼마인가? (단, 콘크리트의 파괴계수(f_r)는 3.0MPa이다.)

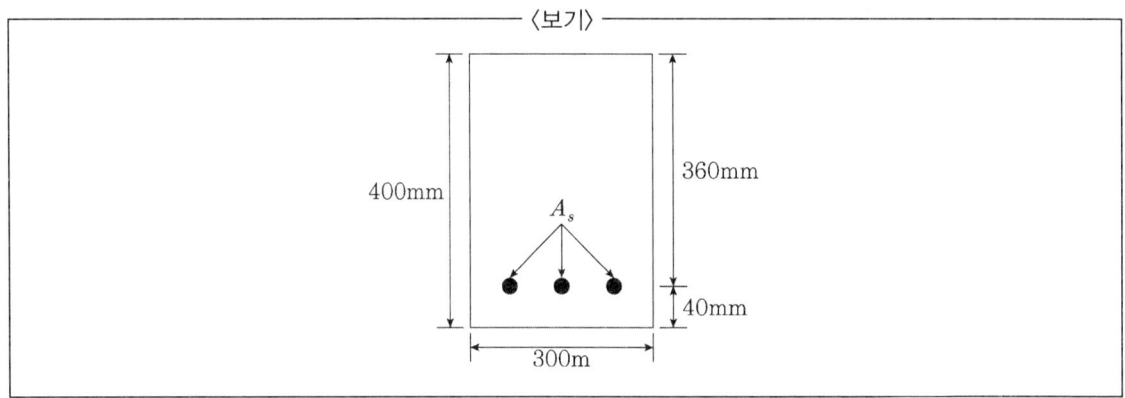

① 20kN·m
② 22kN·m
③ 24kN·m
④ 26kN·m

OTIP $M_{cr} = \dfrac{f_r \cdot I_g}{y_t} = \dfrac{f_r \times bh^2}{6} = 3.0 \times \dfrac{300 \times 400^2}{6}$
$= 24,000,000 \text{N} \cdot \text{mm} = 24 \text{kN} \cdot \text{m}$

6 PSC 보에서 정착장치에 의한 응력손실과 관련하여 덕트와 PS강재 사이의 부착유무에 따른 설명으로 가장 옳지 않은 것은? (단, l_{set}은 마찰력과 미끌림에 의한 응력손실이 평형을 이루는 길이를 의미한다.)

① 비부착긴장재의 경우 PS강재는 부재 전체 길이에서 일정한 크기로 변형된다.
② 부착긴장재의 경우 응력손실은 부재 단부에서 최대가 되지만, 안쪽으로 들어갈수록 작아진다.
③ 부착긴장재의 경우 PS강재의 응력은 부재 단부에서 부재 안쪽으로 들어갈수록 증가한다.
④ 부착 및 비부착긴장재에 따른 응력은 부재 단부로부터 거리 l_{set}가 되었을 때 동일하게 된다.

OTIP 부착긴장재의 경우 PS강재의 응력은 부재 단부에서 부재 안쪽으로 들어갈수록 감소한다.

7 〈보기〉와 같은 리벳이음에서 판이 지압에 의해 파괴되기 위한 판 두께 t는 얼마 이하인가? (단, 직경 ϕ=20mm, 허용전단응력 v_a=120MPa, 허용 지압응력 f_{ba}=300MPa이다.)

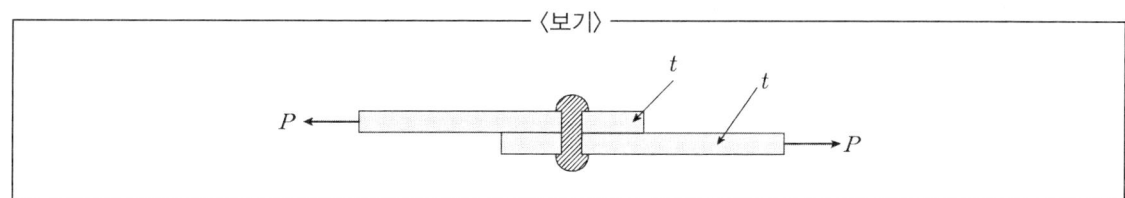

① 6.28mm
② 7.53mm
③ 8.36mm
④ 9.83mm

TIP $P_v = V_a \times A_{단면} = 120 \times \dfrac{\pi \times 20^2}{4} = 12,000\pi N$

$P_b = f_{ba} \times A_{투영} = 300 \times (20 \times t) = 6,000t N$

$P_v \geq P_b$ 이므로 $6,000t \leq 12,000\pi t \rightarrow t \leq 2\pi \rightarrow t \leq 2 \times 3.14 = 6.28mm$

8 철근 배치 원칙으로 가장 옳지 않은 것은?

① 철근은 콘크리트를 치기 전에 정확하게 배치되고 움직이지 않도록 적절하게 지지되어야 하며, 시공이 편리하도록 배치되어야 한다.
② 철근은 「콘크리트 구조기준(2012)」에 명시된 허용오차 이내에서 규정된 위치에 배치되어야 한다. 다만, 책임구조기술자가 승인한 경우에는 허용오차를 벗어날 수 있다.
③ 경간이 5.0m 이하인 슬래브에 사용되는 지름이 6.4mm 이하인 용접철망이 받침부를 지나 연속되어 있거나 받침부에 확실하게 정착되어 있는 경우, 이 용접철망은 받침부 위의 슬래브 상단 부근의 한 점부터 경간 중앙의 슬래브 바닥 부분의 한 점까지 구부릴 수 있다.
④ 철근 조립을 위해 교차되는 철근은 용접할 수 없다. 다만, 책임구조기술자가 승인한 경우에는 용접할 수 있다.

TIP 경간이 3.0m 이하인 슬래브에 사용되는 지름이 6.4mm 이하인 용접철망이 받침부를 지나 연속되어 있거나 받침부에 확실하게 정착되어 있는 경우 이 용접철망은 받침부 위의 슬래브 상단 부근의 한 점부터 경간 중앙의 슬래브 바닥 부근의 한 점까지 구부릴 수 있다.

Answer 5.③ 6.③ 7.① 8.③

9 〈보기〉와 같이 단순지지된 2방향 슬래브에 등분포하중 w가 작용할 때 긴 변이 부담하는 하중 w_L과 짧은 변이 부담하는 하중 w_S에 대한 식으로 가장 옳은 것은? (단, L은 2방향 슬래브의 긴 변 길이, S는 2방향 슬래브의 짧은 변 길이를 나타낸다.)

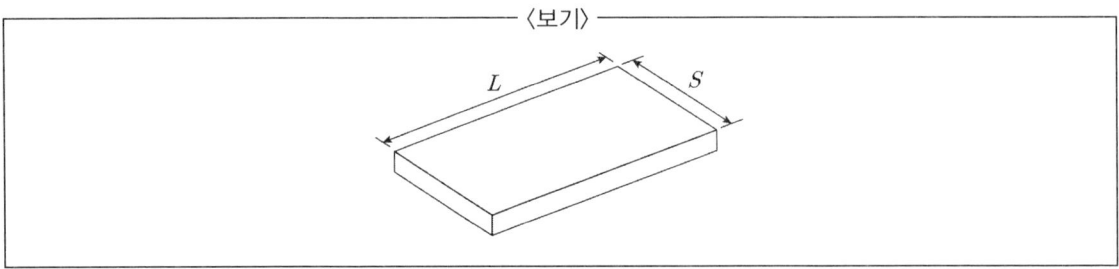

① $w_L = \dfrac{L^2}{L^2+S^2} \cdot w, \; w_S = \dfrac{S^2}{L^2+S^2} \cdot w$

② $w_L = \dfrac{S^2}{L^2+S^2} \cdot w, \; w_S = \dfrac{L^2}{L^2+S^2} \cdot w$

③ $w_L = \dfrac{L^4}{L^4+S^4} \cdot w, \; w_S = \dfrac{S^4}{L^4+S^4} \cdot w$

④ $w_L = \dfrac{S^4}{L^4+S^4} \cdot w, \; w_S = \dfrac{L^4}{L^4+S^4} \cdot w$

O TIP $w_L = \dfrac{S^4}{L^4+S^4} \cdot w, \; w_S = \dfrac{L^4}{L^4+S^4} \cdot w$

10 〈보기〉의 단면을 가진 철근콘크리트 보가 정모멘트 작용 시 휨 극한상태에서 순인장변형률 $\epsilon_t=0.006$이 발생한다고 할 때 콘크리트 압축력 계산을 위한 등가직사각형 응력 깊이 a는? (단, $f_{ck}=24$MPa이다.)

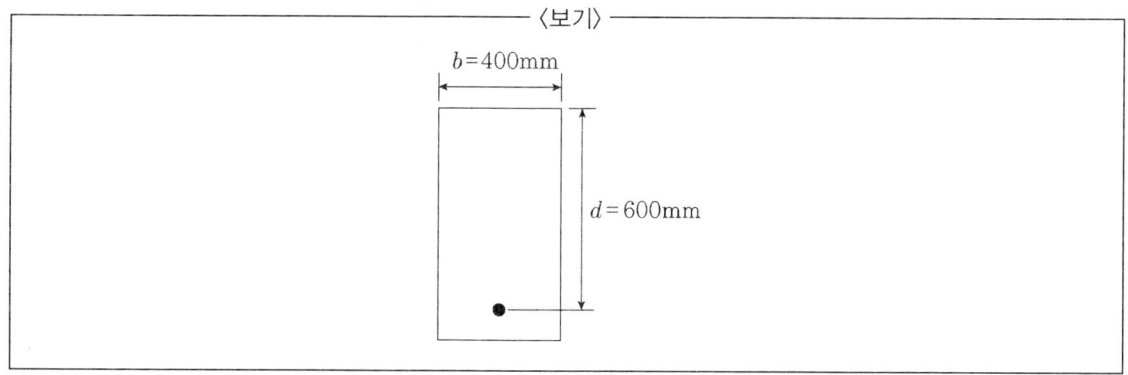

① 150mm
② 170mm
③ 200mm
④ 235mm

> **TIP** 순인장변형률 … 공칭강도에서 최외단 인장철근 또는 긴장재의 인장변형률에서 프리스트레스, 크리프, 건조수축, 온도변화에 의한 변형률을 제외한 인장변형률이다.

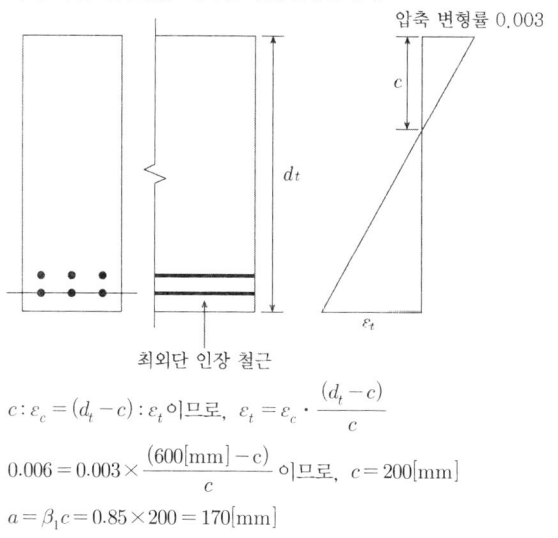

$c : \varepsilon_c = (d_t - c) : \varepsilon_t$ 이므로, $\varepsilon_t = \varepsilon_c \cdot \dfrac{(d_t - c)}{c}$

$0.006 = 0.003 \times \dfrac{(600[mm] - c)}{c}$ 이므로, $c = 200[mm]$

$a = \beta_1 c = 0.85 \times 200 = 170[mm]$

($\beta_1 = 0.85$, $f_{ck} \leq 28$MPa 이므로)

Answer 9.④ 10.②

11 콘크리트의 크리프계수 보정과 직접적으로 관련이 없는 요소로 가장 옳은 것은?

① 양생온도 및 시멘트 종류　　② 작용 응력의 크기
③ 온도 변화　　④ 콘크리트 휨강도

> **TIP** 콘크리트의 순간 변형 및 크리프 변형을 함께 고려한 전체 변형률은 콘크리트의 압축강도, 설계기준압축강도, 부재의 크기, 평균 상대습도, 재하할 때의 재령, 재하기간, 시멘트 종류, 양생온도, 온도 변화, 작용 응력의 크기 등에 따라 달라진다.

12 〈보기〉와 같이 T형 단면보에서 전단철근이 부담하는 공칭 전단력(V_s)는 약 얼마인가? (단, 보통중량 콘크리트를 사용하며 콘크리트의 설계기준압축강도(f_{ck})는 25MPa, 전단 철근의 설계기준항복강도(f_{yt})는 400MPa이고, 철근 D10을 수직 스터럽(stirrup)으로 사용하며, 스터럽의 간격은 180mm, D10 철근 1본의 단면적은 71mm²이다.)

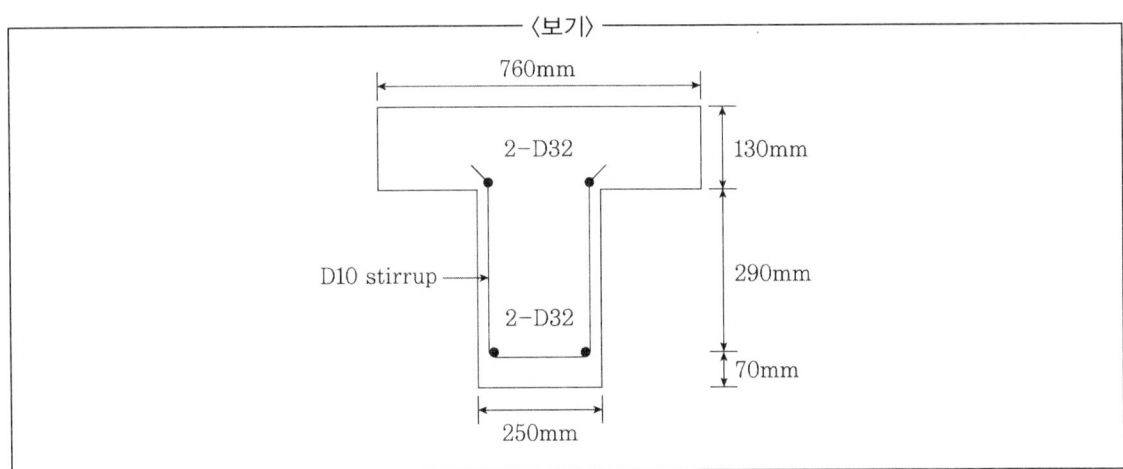

① 132.5kN　　② 137.5kN
③ 142.5kN　　④ 147.5kN

> **TIP** $a = \dfrac{A_s f_y}{0.85 f_{ck} b} = \dfrac{2 \times 794 [\text{mm}^2] \times 400 [\text{MPa}]}{0.85 \times 25 [\text{MPa}] \times 760 [\text{mm}]} = 39.3 [\text{mm}] < t_f = 130 [\text{mm}]$
>
> 따라서, 직사각형보로 해석해야 한다.
>
> 이 때, 전단철근이 부담하는 전단력 $V_s = \dfrac{A_v f_{yt} d}{s} = \dfrac{2 \times 71 [\text{mm}^2] \times 400 [\text{MPa}] \times 420 [\text{mm}]}{180 [\text{mm}]} = 132.5 [\text{kN}]$
>
> (문제에서 D32철근의 면적이 주어지지 않았기에 D32의 공칭단면적인 794[mm²]을 대입하였다. 또한, 인장철근의 항복강도가 주어지지 않아 가장 일반적으로 사용되는 철근의 항복강도인 $f_y = 400[\text{MPa}]$를 적용하였다.)

13 〈보기〉와 같이 길이 20m인 보에 PS 긴장재를 포물선 배치하여 $P=4{,}000$kN으로 긴장할 때 등분포 상향력 u는 얼마인가? (단, 폭 $b=400$mm, 새그 $s=250$mm이다.)

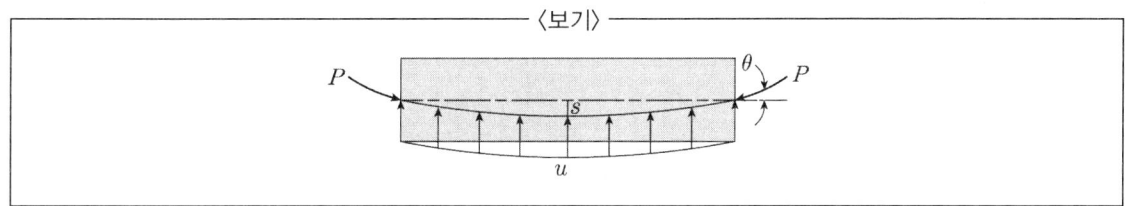

① 20kN/m
② 25kN/m
③ 30kN/m
④ 40kN/m

TIP 상향력 $u = \dfrac{8Ps}{l^2} = \dfrac{8 \times 4{,}000 \times 0.25}{(20)^2} = 20[\text{kN/m}]$

14 철근콘크리트 슬래브에 대한 설명으로 가장 옳지 않은 것은?

① 4변에 의해 지지되는 2방향 슬래브 중에서 단변에 대한 장변의 비가 2배를 넘으면 1방향 슬래브로 해석한다.
② 슬래브 끝의 단순받침부에서도 내민슬래브에 의하여 부모멘트가 일어나는 경우에는 이에 상응하는 철근을 배치하여야 한다.
③ 슬래브의 단변방향 보의 상부에 부모멘트로 인해 발생하는 균열을 방지하기 위하여 슬래브의 단변방향으로 슬래브 상부에 철근을 배치하여야 한다.
④ 1방향 슬래브에서는 정모멘트 철근 및 부모멘트 철근에 직각방향으로 수축·온도철근을 배치하여야 한다.

TIP 슬래브의 단변방향 보의 상부에 부모멘트로 인해 발생하는 균열을 방지하기 위하여 슬래브의 장변방향으로 슬래브 상부에 철근을 배치하여야 한다.

Answer 11.④ 12.① 13.① 14.③

15 〈보기〉와 같은 중력식 옹벽의 무게 W=90kN이고 옹벽에 작용하는 수평력 H=20kN일 때 전도에 대한 안전율과 활동에 대한 안전율은? (단, 옹벽의 무게 및 수평력은 단위폭 당 값이며 옹벽의 저판 콘크리트와 흙 사이의 마찰계수는 0.4이다.)

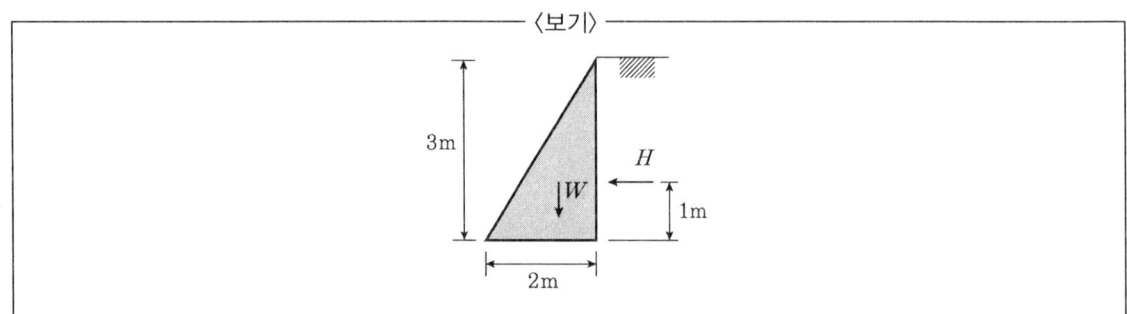

	전도에 대한 안전율	활동에 대한 안전율
①	3.0	1.5
②	3.0	1.8
③	6.0	1.5
④	6.0	1.8

TIP

전도에 대한 안전율은 $\dfrac{\text{옹벽 자중에 의해 발생하는 저항 모멘트}}{\text{옹벽에 작용하는 전도모멘트}} = \dfrac{90 \times \frac{2}{3} \times 2}{20} = 6$

활동에 대한 안전율은 $\dfrac{\text{옹벽 자중에 의한 마찰력}}{\text{옹벽에 작용하는 수평력}} = \dfrac{0.4 \times 90}{20} = 1.8$

16 〈보기〉와 같이 직사각형 단면보가 3개의 D29 인장철근으로 보강되어 있을 때 단면 중립축의 깊이는 압축연단으로부터 약 얼마인가? (단, 콘크리트의 설계기준압축강도(f_{ck})는 28MPa이며 철근의 설계기준항복강도(f_y)는 400MPa이다.)

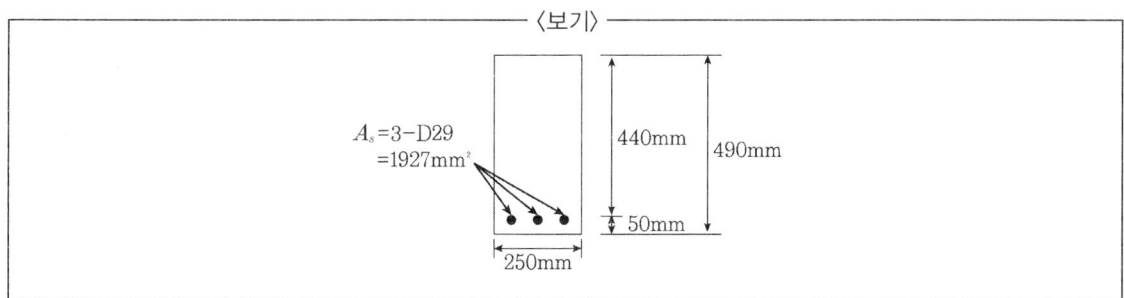

① 152.4mm
② 157.4mm
③ 162.4mm
④ 167.4mm

TIP $0.85f_{ck}ab = A_s f_y$ 이므로, $0.85 \times 28[\text{MPa}] \times a \times 250[\text{mm}] = 1{,}927[\text{mm}^2] \times 400[\text{MPa}]$
$a = 129.55\text{mm}$
$a = \beta_1 c$ (β_1 : 등가압축영역계수, c : 중립축거리)

f_{ck}	등가압축영역계수 β_1
$f_{ck} \leq 28\text{Mpa}$	$\beta_1 = 0.85$
$f_{ck} > 28\text{Mpa}$	$\beta_1 = 0.85 - 0.007(f_{ck} - 28) \geq 0.65$

따라서 $129.55 = 0.85 \times c$
∴ $c = 152.4\text{mm}$

17 「콘크리트구조기준(2012)」에서 아치의 좌굴에 대한 검토 시, 아치 리브를 설계할 때는 응력 검토뿐만 아니라 면내 및 면외방향의 좌굴에 대한 안정성을 규정에 따라 확인하도록 제시한 것과 관련한 설명으로 가장 옳지 않은 것은? (단, λ=세장비이다.)

① λ ≤ 10인 경우 좌굴 검토는 필요하지 않다.
② 20 < λ ≤ 60인 경우 유한변형에 의한 영향을 편심하중에 의한 휨모멘트로 치환하여 발생하는 휨모멘트에 더하여 단면의 계수휨모멘트에 대한 안정성을 검토하여야 한다.
③ 60 < λ ≤ 100의 경우 부재 재료의 비선형성을 고려하여 좌굴에 대한 안정성을 검토하여야 한다.
④ λ > 200의 경우 아치구조물로서 적합하지 않다.

> **TIP** 아치 리브를 설계할 때는 응력 검토뿐만 아니라 면내 및 면외방향의 좌굴에 대한 안정성을 아래 규정에 따라 확인하여야 한다.
> ㉠ λ ≤ 20인 경우 좌굴 검토는 필요하지 않다.
> ㉡ 20 < λ ≤ 70인 경우 유한변형에 의한 영향을 편심하중에 의한 휨모멘트로 치환하여 발생하는 휨모멘트에 더하여 단면의 계수휨모멘트에 대한 안정성을 검토하여야 한다.
> ㉢ 70 < λ ≤ 200인 경우 유한변형에 의한 영향에 더하여 철근콘크리트 부재 재료의 비선형성에 의한 영향을 고려하여 좌굴에 대한 안정성을 검토하여야 한다.
> ㉣ λ > 200인 경우 아치구조물로서 적합하지 않다.

18 PS 강재의 정착 방법 중에서 쐐기식 공법에 해당하지 않는 것은?

① VSL 공법
② CCL 공법
③ Magnel 공법
④ Leoba 공법

> **TIP** PS강재의 정착방법에는 쐐기식, 지압식, 루프식이 있다. 이 중 Leoba 공법은 루프식에 속하는 공법이다.
> ※ PS강재 정착방법 분류
> ㉠ 쐐기식 : 프리시네 공법, VSL 공법, 마그넬 공법
> ㉡ 지압식 : BBRV 공법, 디비닥 공법
> ㉢ 루프식 : Leoba 공법, Baur-Leonhart 공법

19 〈보기〉는 콘크리트 속에 매설된 철근이 한쪽 끝에서 인장력(T)을 받고 있음을 나타낸다. 철근의 정착길이(l_d)에 대한 식으로 가장 옳은 것은? (단, A_s는 인장철근의 단면적, f_y는 철근의 설계기준항복강도, u_u는 철근과 콘크리트의 극한공칭 부착강도, d_b는 철근의 공칭지름을 나타낸다.)

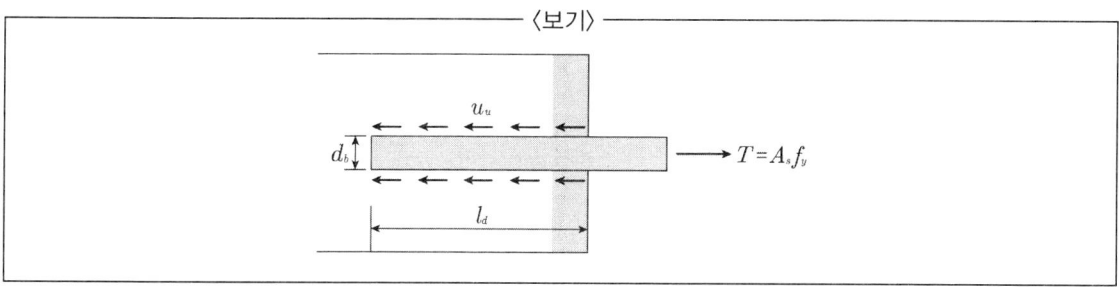

① $l_d = \dfrac{d_b f_y}{4 u_u}$

② $l_d = \dfrac{d_b^2 f_y}{4 u_u}$

③ $l_d = \dfrac{f_y}{4 u_u d_b}$

④ $l_d = \dfrac{d_b u_u}{4 f_y}$

> **TIP** $\Sigma H=0$, $u_u(\pi d_b) \times l_d = \dfrac{\pi d_b^2}{4} \times f_y$ 에서
>
> 철근의 정착길이는 $l_d = \dfrac{d_b f_y}{4 u_u}$ 의 식으로 구한다.

Answer 17.③ 18.④ 19.①

20 〈보기〉와 같이 지간 10m의 프리스트레스트 콘크리트 단순보에 자중을 포함한 하중이 24kN/m의 등분포하중으로 작용하고 있다. 부재 단면은 폭 500mm, 높이 800mm이고 PS강선이 편심 $e=0.2$m로 직선배치되어 있을 때 이 보의 중앙부 하단 응력이 0이 되도록 하는 프리스트레스트 힘 P의 크기는?

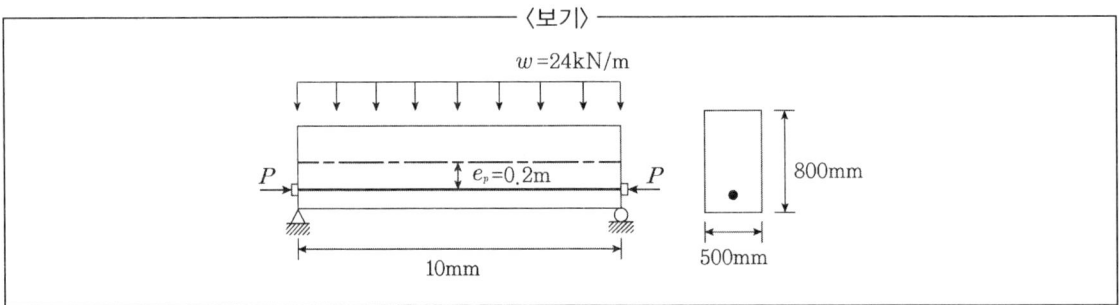

① 900kN

② 1,100kN

③ 1,300kN

④ 1,500kN

> **TIP** 긴장재를 편심배치한 경우이다.
>
> 하연응력은 $f_{중앙부하연} = \dfrac{P}{A} + \dfrac{Pe}{Z} - \dfrac{M_{중앙}}{Z} = \dfrac{P}{A}\left(1 + \dfrac{6e}{h} - \dfrac{6M}{Ph}\right)$
>
> $0 = \dfrac{P}{500 \times 800}\left(1 + \dfrac{6 \times 200}{800}\right) - \dfrac{M_{중앙}}{Z}$
>
> $P = \dfrac{M_{중앙}A}{Z\left(1 + \dfrac{6e}{h}\right)} = \dfrac{\dfrac{wL^2}{8} \times bh}{\dfrac{bh^2}{6}\left(1 + \dfrac{6e}{h}\right)} = \dfrac{3wL^2}{4h\left(1 + \dfrac{6e}{h}\right)} = \dfrac{3 \times 24[\text{kN/m}] \times (10[\text{m}])^2}{4 \times 0.8[\text{m}]\left(1 + \dfrac{6 \times 0.2[\text{m}]}{0.8[\text{m}]}\right)} = 900[\text{N}]$

토목설계 / 2019. 4. 6. 인사혁신처 시행

1 PSC보에서 프리스트레스 힘의 즉시손실 원인에 해당하는 것은? (단, 2012년도 콘크리트구조기준을 적용한다)

① 콘크리트의 건조수축
② 콘크리트의 크리프
③ 강재의 릴랙세이션
④ 정착 장치의 활동

> **TIP** 정착 장치의 활동은 즉시손실의 원인에 속한다.
> ※ 프리스트레스의 손실 분류
>   ㉠ 프리스트레스를 도입할 때 일어나는 손실원인 (즉시손실)
>   • 콘크리트의 탄성변형
>   • 강재와 시스의 마찰
>   • 정착단의 활동
>   ㉡ 프리스트레스를 도입한 후의 손실원인 (시간적 손실)
>   • 콘크리트의 건조수축
>   • 콘크리트의 크리프
>   • 강재의 릴랙세이션

2 보통중량골재를 사용한 콘크리트의 탄성계수가 25,500[MPa]일 때, 설계기준압축강도 f_{ck}[MPa]는? (단, 2012년도 콘크리트구조기준을 적용한다)

① 23
② 24
③ 25
④ 26

> **TIP** 보통중량골재를 사용한 콘크리트($m_c = 2,300[\text{kg/m}^3]$)의 경우 $E_c = 8,500\sqrt[3]{f_{cm}}$[MPa] ($f_{cm} = f_{ck} + \triangle f$)
> $E_c = 8,500\sqrt[3]{f_{cm}}$[MPa] $= 25,500$[MPa]를 만족하는
> $\sqrt[3]{f_{cm}} = 3$이므로 $f_{cm} = f_{ck} + \triangle f = 27$[MPa]에서 $f_{cm} = 3^3$이 되며,
> $f_{ck} + \triangle f = 27$
> $f_{ck} = 27 - \triangle f = 27 - 4 = 23$[MPa]
>
> | f_{ck} | $\triangle f$ |
> |---|---|
> | 40 이하 | 4 |
> | 40 이상 60 이하 | 직선보간 |
> | 60 이상 | 6 |

Answer 20.① / 1.④ 2.①

3 복철근 직사각형보에서 압축철근의 배치목적으로 옳지 않은 것은? (단, 보는 정모멘트(+)만을 받고 있다고 가정한다)

① 전단철근 등 철근 조립 시 시공성 향상을 위하여
② 크리프 현상에 의한 처짐량을 감소시키기 위하여
③ 보의 연성거동을 감소시키기 위하여
④ 보의 압축에 대한 저항성을 증가시키기 위하여

> **TIP** 압축철근을 배치시키면 보의 연성거동을 증가시킬 수 있다.
> ※ 압축철근 배근 효과
> • 전단철근 등 철근 조립 시 시공성이 향상된다.
> • 크리프 현상에 의한 처짐량이 감소하게 된다.
> • 보의 연성이 증가하게 된다. (등가응력블럭깊이가 줄어들게 되고 인장철근의 변형도가 증가하게 되기 때문이다. 이러한 연성의 증가는 내진구조나 모멘트의 재분배가 일어나는 경우 구조체의 안전성을 높이는데 중요한 기능이다.)
> • 보의 압축에 대한 저항성이 증가하게 된다.

4 KS F 2405(콘크리트 압축강도시험방법)에 따라 결정된 재령 28일에 평가한 원주형 공시체의 기준압축강도 f_{ck}가 30[MPa]이고, 충분한 통계 자료가 없을 경우 설계에 사용할 수 있는 평균 압축강도 f_{cm}[MPa]은? (단, 2015년도 도로교설계기준을 적용한다)

① 30
② 32
③ 34
④ 36

> **TIP** 설계에 대한 검증과 콘크리트의 다른 성질을 평가하기 위해서 실제 콘크리트의 평균압축강도가 필요할 경우가 있다. 충분한 통계 자료가 없다면 평균압축강도는 $f_{cm} = f_{ck} + \triangle f$로 산정한다.
> 문제에서 주어진 조건을 대입하면 $f_{cm} = f_{ck} + \triangle f = 30 + 4 = 34$가 된다.
>
> | f_{ck} | $\triangle f$ |
> |---|---|
> | 40 이하 | 4 |
> | 40 이상 60 이하 | 직선보간 |
> | 60 이상 | 6 |

5 그림과 같이 지그재그로 볼트구멍(지름 $d=25$[mm])이 있고 인장력 P가 작용하는 판에서 인장응력 검토를 위한 순폭 b_n[mm]은?

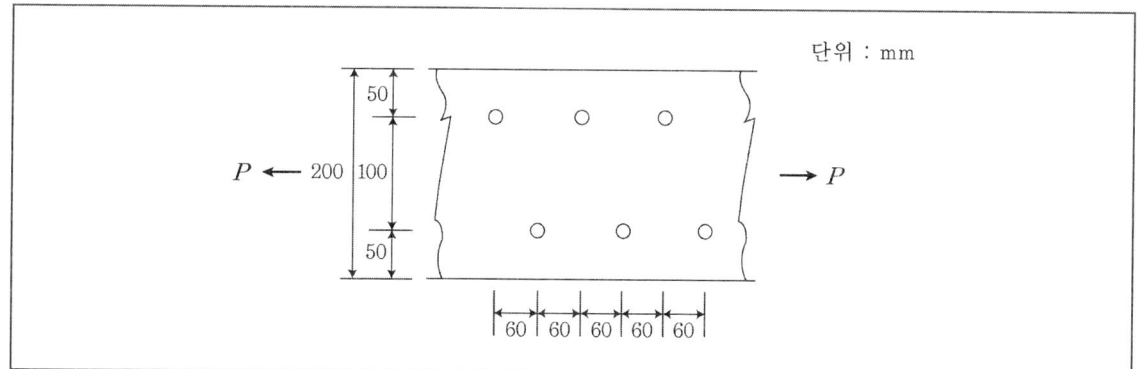

① 141
② 150
③ 159
④ 175

TIP $A_n = \left(h - 2d + \dfrac{s^2}{4g}\right) \times t = \left(200 - 2 \times 25 + \dfrac{60^2}{4 \times 100}\right) \times t = 159 \cdot t [\text{mm}^2]$

엇모배치의 경우 다음의 식으로 순단면적을 산정한다.

순단면적 $A_n = A_g - n \times d \times t + \sum \dfrac{s^2}{4g} \times t$

순폭 $b_n = \dfrac{A_n}{t} = \dfrac{159 \times t}{t} = 159$[mm]

볼트가 다음의 그림과 같이 엇모배치로 되어 있는 경우에는 4가지 파단선을 생각해볼 수 있다. 이들 각 경우에 대한 순단면적을 구하면 다음과 같다.

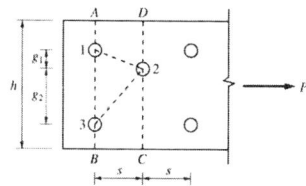

파단선 A-1-3-B : $A_g = (h - 2d) \times t$

파단선 A-1-2-3-B : $A_g = \left(h - 3d + \dfrac{s^2}{4g_1} + \dfrac{s^2}{4g_s}\right) \times t$

파단선 A-1-2-C : $A_n = \left(h - 2d + \dfrac{s^2}{4g_1}\right) \times t$

파단선 D-2-3-B : $A_n = \left(h - 2d + \dfrac{s^2}{4g_2}\right) \times t$

이 중 순단면적의 크기가 가장 작은 경우가 실제로 파괴가 일어나게 되는 파단선이며 인장재의 순단면적이 된다. 위의 4가지 파단선 중 A-1-2-C와 D-2-3-B의 순단면적은 파단선 A-1-3-B의 경우보다 항상 크게 되므로 파단선 A-1-2-C와 D-2-3-B의 경우는 처음부터 고려할 필요가 없음을 알 수 있다.

Answer 3.③ 4.③ 5.③

6 그림과 같은 2방향 확대기초에 자중을 포함한 계수하중 P_u =1,600[kN]이 작용할 때, 위험단면의 계수 전단력 V_u[kN]는? (단, 2012년도 콘크리트구조기준을 적용한다)

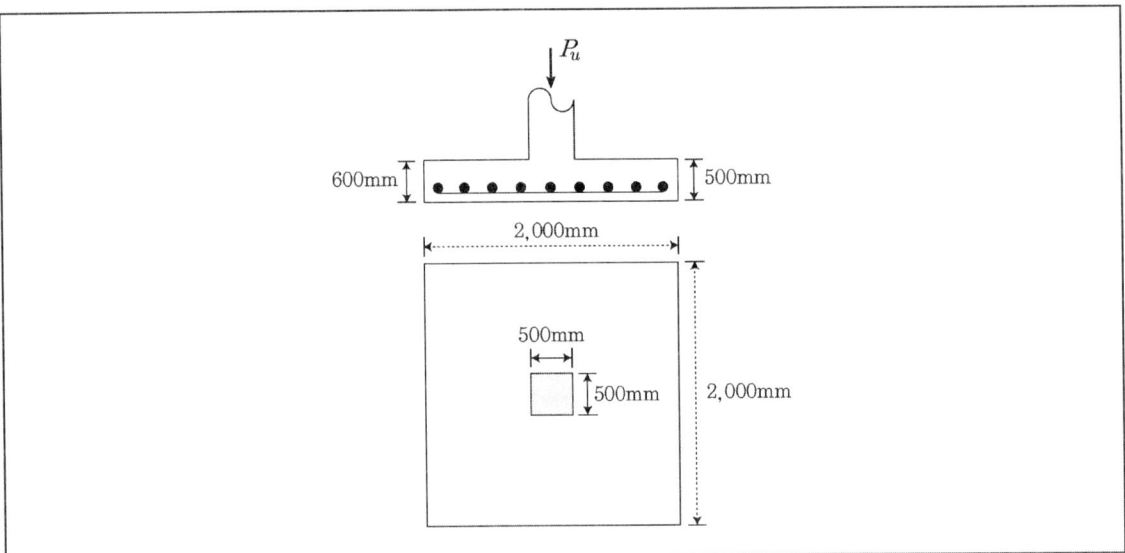

① 1,100
② 1,200
③ 1,300
④ 1,400

○TIP
$$q_u = \frac{P_u}{A} = \frac{1,600}{2\times 2} = 400[\text{kN/m}^2]$$
$$V_u = q_u[B\times L - (t+d)^2]$$
$$= 400 \times [2\times 2 - (0.5+0.5)^2]$$
$$= 1,200[\text{kN}]$$

※ 2방향 슬래브의 위험단면은 기둥표면에서 $\frac{d}{2}$만큼 떨어진 곳이다. 이 위험단면과 지점 사이에는 집중하중이 작용하지 않도록 해야 한다.

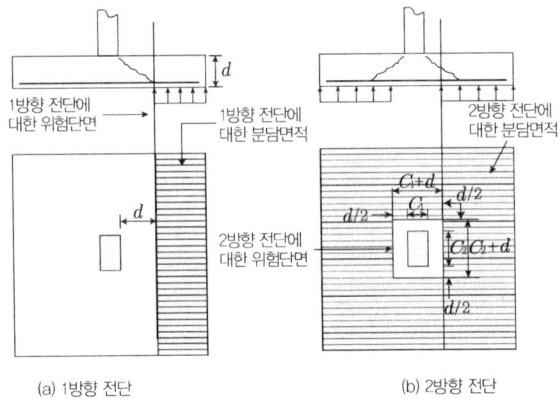

(a) 1방향 전단   (b) 2방향 전단

기초판의 전단에 대한 분담면적과 위험단면

7 그림과 같은 철근콘크리트 사각형 확대기초가 $P=120$[kN], $M=40$[kN·m]를 받고 있다. 이때 확대기초에 발생하는 최소응력 $q_{\min}$이 0이 되도록 하기 위한 길이 l[m]은? (단, 단위폭으로 고려한다)

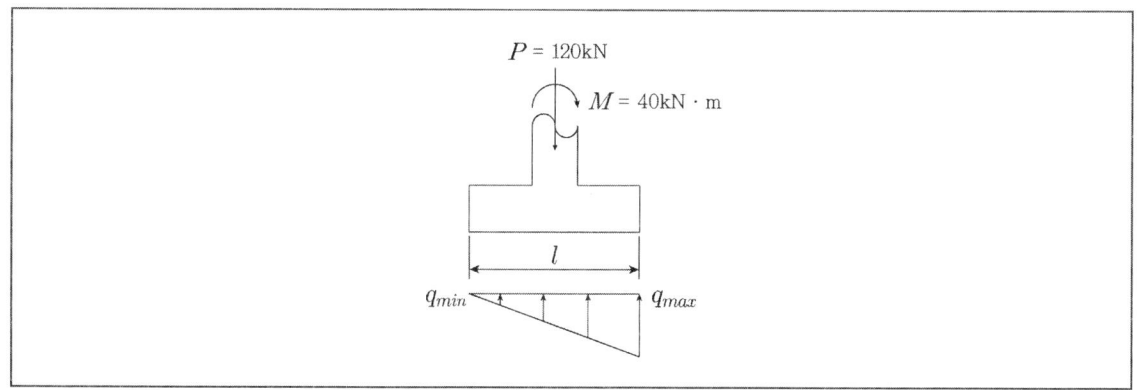

① 2
② 3
③ 4
④ 5

> **TIP** 핵의 거리에 관한 문제이다. 주어진 조건이 단위폭 1[m]이므로 길이에 초점을 두고 풀어야 한다.
> $\dfrac{M}{P}=\dfrac{l}{6}$ 을 만족하는 값은 $\dfrac{40}{120}=\dfrac{l}{6}$ 에 따라 $l=2$[m]가 된다.

Answer 6.② 7.①

8 그림과 같은 T형보에 대한 등가 응력블록의 깊이 a[mm]는? (단, f_{ck} =20[MPa], f_y =400[MPa])

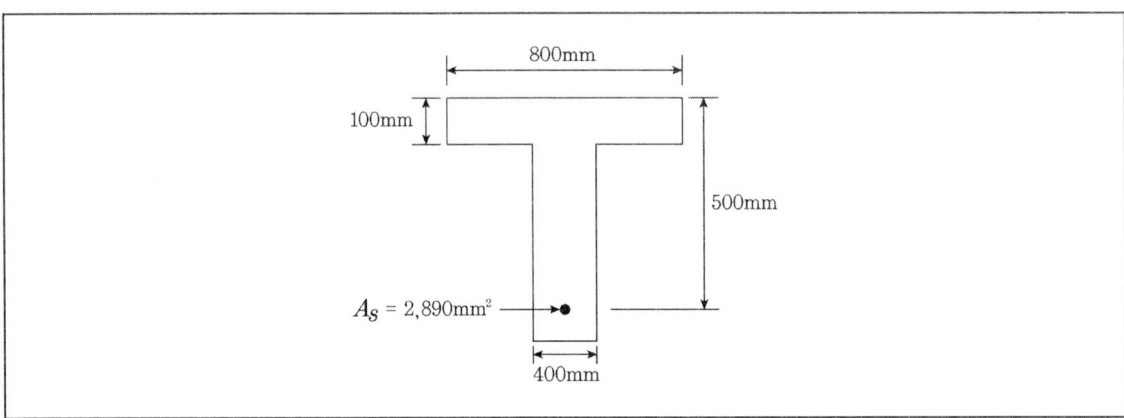

① 55 ② 65
③ 75 ④ 85

O TIP $a = \dfrac{A_s f_y}{0.85 f_{ck} b} = \dfrac{2,890 \times 400}{0.85 \times 20 \times 800} = 85[\text{mm}]$

a가 t보다 작으므로 폭이 800[mm]인 단철근 직사각형보로 해석한다.

9 보통중량콘크리트를 사용한 경우 전단설계에 대한 설명으로 옳지 않은 것은? (단, 2012년도 콘크리트구조기준을 적용한다)

① $\dfrac{1}{2}\phi V_c < V_u < \phi V_c$인 경우는 최소 전단철근을 배치해야 한다.

② 용접이형철망을 제외한 전단철근의 항복강도는 500[MPa] 이하여야 한다.

③ $V_s > \dfrac{2}{3}\sqrt{f_{ck}}\, b_w d$인 경우 콘크리트의 단면을 크게 해야 한다.

④ $V_s > \dfrac{1}{3}\sqrt{f_{ck}}\, b_w d$인 경우의 전단철근의 간격은 $V_s < \dfrac{1}{3}\sqrt{f_{ck}}\, b_w d$인 경우보다 2배로 늘려야 한다.

O TIP $V_s > \dfrac{1}{3}\sqrt{f_{ck}}\, b_w d$인 경우의 전단철근의 간격은 $V_s < \dfrac{1}{3}\sqrt{f_{ck}}\, b_w d$인 경우의 0.5배로 해야 한다.

10 그림과 같이 바닥판과 기둥의 중심에 수직하중 $P=600[\text{kN}]$과 휨모멘트 $M=36[\text{kN}\cdot\text{m}]$가 작용할 때, 확대기초에 발생하는 최대 응력[kN/m^2]은?

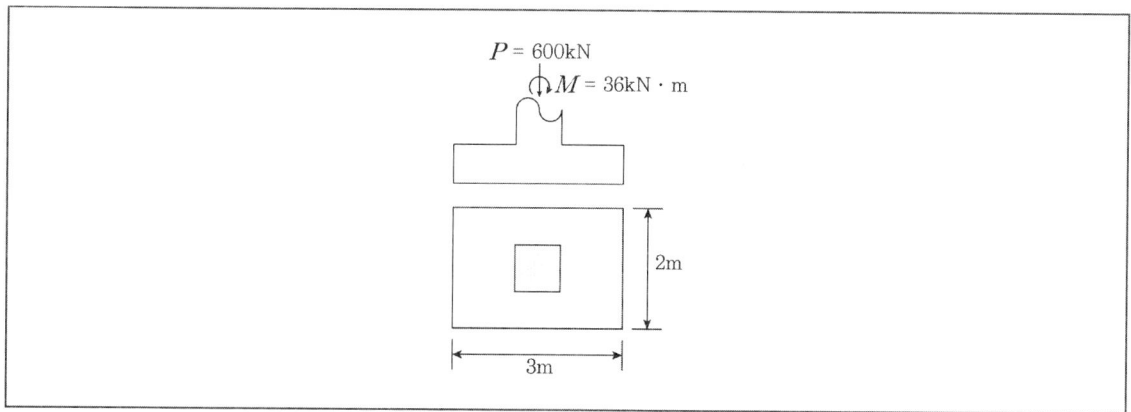

① 106
② 112
③ 123
④ 158

> **TIP** $q_{\max} = \dfrac{P}{A} + \dfrac{M}{I} \times x = \dfrac{600}{3\times 2} + \dfrac{36}{\dfrac{2\times 3^3}{12}} \times \dfrac{3}{2} = 112[\text{kN/m}^2]$

11 철근콘크리트 기둥 중 장주 설계에서 모멘트 확대계수를 두는 이유는? (단, 2012년도 콘크리트구조기준을 적용한다)

① 전단력에 의한 모멘트 증가를 고려하기 위하여
② 횡방향 변위에 의한 모멘트 증가를 고려하기 위하여
③ 모멘트와 전단력의 간섭효과를 고려하기 위하여
④ 비틀림의 효과를 고려하기 위하여

> **TIP** 철근콘크리트 기둥 중 장주 설계에서 모멘트 확대계수를 두는 이유는 횡방향 변위에 의한 모멘트 증가를 고려하기 위한 것이다.

Answer 8.④ 9.④ 10.② 11.②

12 슬래브 설계에 대한 설명으로 옳지 않은 것은? (단, 2012년도 콘크리트구조기준을 적용한다)

① 4변에 의해 지지되는 2방향 슬래브 중에서 단변에 대한 장변의 비가 2배를 넘으면 1방향 슬래브로 해석한다.
② 철근콘크리트 보와 일체로 만든 연속 슬래브의 휨모멘트 및 전단력을 구하기 위하여, 단순받침부 위에 놓인 연속보로 가정하여 탄성해석 또는 근사적인 계산방법을 사용할 수 있다.
③ 1방향 슬래브의 두께는 최소 100mm 이상으로 하여야 한다.
④ 1방향 슬래브에서는 정모멘트 철근 및 부모멘트 철근에 평행한 방향으로 수축·온도철근을 배치하여야 한다.

○TIP 1방향 슬래브에서는 정모멘트 철근 및 부모멘트 철근에 직각인 방향으로 수축·온도철근을 배치하여야 한다.

13 유효길이 $L_e = 20\text{m}$, 직사각형 단면의 크기 400mm×300mm인 기둥이 1단 자유, 1단 고정인 경우 최소 좌굴임계하중 P_{cr} [kN]은? (단, 기둥의 탄성계수 $E = 200$ [GPa]이다)

① $450\pi^2$ ② 450π
③ $900\pi^2$ ④ 900π

○TIP 1단 자유, 1단 고정이므로 유효좌굴길이계수 K는 2.0이다.

$$P_{cr} = \frac{\pi^2 EI_{min}}{(KL)^2} = \frac{\pi^2 \times 200 \times 9 \times 10^8 [\text{mm}^4]}{2.0 \times 2 \times 10^4 [\text{mm}]} = 450\pi^2 [\text{kN}]$$

$$I_{min} = \frac{bh^3}{12} = \frac{400 \times 300^3}{12} = 9 \times 10^8 [\text{mm}^4]$$

※ 탄성좌굴하중과 유효좌굴길이
  ㉠ 오일러의 탄성좌굴하중

  • 탄성좌굴하중 $P_{cr} = \dfrac{\pi^2 EI_{min}}{(KL)^2} = \dfrac{n \times \pi^2 EI_{min}}{L^2} = \dfrac{\pi^2 EA}{\lambda^2}$

  • 좌굴응력 $f_{cr} = \dfrac{P_{cr}}{A} = \dfrac{\pi^2 EI_{min}}{(KL)^2 \times A} = \dfrac{\pi^2 E \times r_{min}^2}{(KL)^2} = \dfrac{\pi^2 E}{\lambda^2}$

  E : 탄성계수 (MPa, N/mm^2)
  I_{min} : 최소 단면 2차 모멘트(mm^4)
  K : 지지단의 상태에 따른 유효좌굴길이계수
  $KL = L_e$: 유효좌굴길이(mm)
  λ : 세장비
  f_{cr} : 임계좌굴응력

ⓒ 유효좌굴길이 계수와 압축재의 세장비 제한

단부구속조건	양단 고정	1단 힌지 타단 고정	양단 힌지	1단 회전구속 이동자유 타단 고정	1단 회전자유 이동자유 타단 고정	1단 회전구속 이동자유 타단 힌지
좌굴형태						
이론적인 K값	0.50	0.70	1.0	1.0	2.0	2.0
절점조건의 범례	회전구속, 이동구속 : 고정단					
	회전자유, 이동구속 : 힌지					
	회전구속, 이동자유 : 큰 보강성과 작은 기둥강성인 라멘					
	회전자유, 이동자유 : 자유단					

14 프리텐션 프리스트레싱 강재가 보유하여야 할 재료성능으로 옳은 것은?

① 인장강도가 작아야 한다.

② 연신율이 작아야 한다.

③ 릴랙세이션이 작아야 한다.

④ 콘크리트와의 부착강도가 작아야 한다.

○**TIP** 프리텐션 프리스트레싱 강재는 다음의 조건을 갖추어야 한다.
  • 인장강도가 높아야 한다.
  • 적당한 연성과 인성이 있어야 한다.
  • 항복비(=항복응력/인장강도)가 커야 한다.
  • 릴랙세이션이 작아야 한다.
  • 적절한 피로강도를 가져야 한다.

Answer 12.④ 13.① 14.③

15 보통중량콘크리트에 D25철근이 매립되어 있을 때, 철근의 기능을 발휘하기 위한 최소 묻힘길이(정착길이 l_d)[mm]는? (단, 부착응력 u =5[MPa], 철근의 항복강도 f_y =300[MPa], 철근의 직경 d_b =25[mm], 2012년도 콘크리트구조기준을 적용한다)

① 250 ② 375
③ 750 ④ 1,000

○**TIP** $l = \dfrac{d \times f_y}{4r_o} = \dfrac{25 \times 300}{4 \times 5} = 375$ [mm]

※ 기본정착길이(l)…철근의 한 쪽 끝에 $T = A_s \times f_y$ 만큼의 인장력이 가해질 때 철근은 인장력으로 항복하지만 콘크리트에서는 뽑혀서는 안 된다. 이 때 묻혀진 최소길이를 기본정착길이(l)라고 한다. r_o을 철근과 콘크리트의 부착응력, d를 철근의 지름이라고 하면 다음의 평형조건식이 성립한다.

$r_o \times \pi \times d \times l = \dfrac{\pi \times d^2}{4} \times f_y$ 이므로 $l = \dfrac{d \times f_y}{4r_o}$

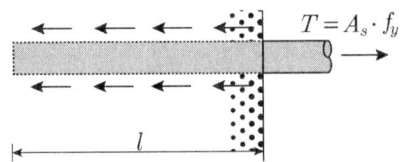

16 전단철근이 부담해야 할 전단력 V_s =700[kN]일 때, 전단철근(수직스터럽)의 간격 s[mm]는? (단, 보통중량콘크리트이며 f_{ck} =36[MPa], f_y =400[MPa], b =400[mm], d =600[mm], 전단철근의 면적 A_v =700[mm²]이며, 2012년도 콘크리트구조기준을 적용한다)

① 350 ② 300
③ 240 ④ 150

○**TIP** $V = V_c + V_s$ 이며

$V_c = \dfrac{1}{6} \times \sqrt{f_{ck}} b_w d = \dfrac{1}{6} \times \sqrt{36} \times 400 \times 600 = 240$[kN]

$V_s > \dfrac{1}{3}\sqrt{f_{ck}} b_w d = 2V_c = 480$[kN]이므로 수직스터럽의 간격은 $\dfrac{d}{4}$ 이하, 300[mm] 이하이어야 하므로

$\dfrac{d}{4} = \dfrac{600}{4} = 150$[mm]가 된다.

※ 전단철근의 간격
- $V_s \leq \dfrac{1}{3}\sqrt{f_{ck}} b_w d$인 경우 수직스터럽만 사용 시 전단철근간격은 $\dfrac{d}{2}$ 이하, 600[mm] 이하
- $V_s > \dfrac{1}{3}\sqrt{f_{ck}} b_w d$인 경우 수직스터럽만 사용 시 전단철근간격은 $\dfrac{d}{4}$ 이하, 300[mm] 이하

17 단철근 직사각형보의 최대철근비 $\rho_{max}=0.02$일 때, 연성파괴가 되기 위한 최대 철근량[mm²]은? (단, b=300mm, d=600mm, 최소철근비 $\rho_{min}=0.0030$이고, 2012년도 콘크리트구조기준을 적용한다)

① 360
② 540
③ 3,600
④ 5,400

> **TIP** 최대철근비 … 철근콘크리트가 파괴가 될 때 철근의 항복에 의한 파괴(연성파괴)가 되도록 하기 위한 철근비로, 인장철근 항복변형률이 최소허용변형률인 경우의 철근비이다.
> 철근비는 철근량을 부재의 단면적으로 나눈 값이다. 따라서
> $\rho_{max}=0.02=\dfrac{A_s}{bd}=\dfrac{A_s}{300\times 600}$ 이므로 최대철근량은 3,600이 된다.

18 포스트텐션 방식의 PSC보를 시공하는 순서를 바르게 나열한 것은?

㉠ 거푸집 조립	㉡ 콘크리트 타설
㉢ 그라우팅 실시	㉣ 프리스트레스 도입
㉤ 쉬스관 설치	

① ㉠→㉡→㉣→㉤→㉢
② ㉠→㉤→㉡→㉣→㉢
③ ㉤→㉠→㉡→㉢→㉣
④ ㉤→㉢→㉠→㉣→㉡

> **TIP** 포스트텐션 방식의 시공순서 … 거푸집 조립 → 쉬스관 설치 → 콘크리트 타설 → 프리스트레스 도입 → 그라우팅 실시

19 접합부에서, 한쪽 방향으로는 인장파단, 다른 방향으로는 전단항복 혹은 전단파단이 발생하는 한계상태는? (단, 2011년도 강구조 설계기준을 적용한다)

① 전단면 파단
② 블록 전단파단
③ 순단면 항복
④ 전단면 항복

> **TIP** 블록 전단파단과 단면 항복
> • 블록 전단파단 : 접합부에서, 한쪽 방향으로는 인장파단, 다른 방향으로는 전단항복 혹은 전단파단이 발생하는 한계상태
> • 단면 항복 : 접합부가 인장력을 받는 경우 단면이 항복하게 되는 사용성 한계상태
> ※ 인장을 받는 강재에서 블록전단이 발생하는 경우 인장파단과 전단파단 또는 전단항복 상태가 발생할 수 있다.

Answer 15.② 16.④ 17.③ 18.② 19.②

20 압축철근량 $A_s' = 2,400[\text{mm}^2]$로 배근된 복철근 직사각형보의 탄성처짐이 10[mm]인 부재의 경우 하중의 재하기간이 10년이고 압축철근비가 0.02일 때, 장기처짐을 고려한 총 처짐량[mm]은? (단, 폭 $b = 200\text{mm}$, 유효깊이 $d = 600\text{mm}$이고, 2012년도 콘크리트구조기준을 적용한다)

① 10
② 15
③ 20
④ 25

○**TIP** 총 처짐은 탄성처짐량과 장기처짐량의 합이다.
　　　장기처짐량은 탄성처짐량과 장기처짐계수를 곱한 값이 되므로 $10[\text{mm}] \times 1.0 = 10[\text{mm}]$
　　　따라서 총 처짐량은 20[mm]가 된다.
　　　장기처짐계수 $\lambda = \dfrac{\xi}{1 + 50\rho'} = \dfrac{2.0}{1 + (50 \times 0.02)} = \dfrac{2}{2} = 1.0$

　　※ 장기처짐
　　　㉠ 장기처짐 산정식 : 장기처짐 = 지속하중에 의한 탄성처짐 $\times \lambda$
　　　㉡ $\lambda = \dfrac{\xi}{1 + 50\rho'}$　(ξ : 시간경과계수, $\rho' = \dfrac{A_s'}{bd}$: 압축철근비)

시간 경과	3개월	6개월	12개월	5년 이상
시간경과계수 ξ	1.0	1.2	1.4	2.0

　　　㉢ 장기처짐은 콘크리트의 건조수축과 크리프로 인하여 시간의 경과와 더불어 진행되는 처짐이다.
　　　㉣ 장기처짐은 압축철근을 증가시키면 감소된다.
　　　㉤ 시간당 장기처짐량은 시간이 흐를수록 작아진다.
　　　㉥ 장기처짐량은 탄성처짐량에 비례한다.
　　　㉦ 장기처짐 계산 시에 사용되는 계수 λ는 콘크리트의 재료성질과 압축철근비의 함수로 표시된다.
　　　㉧ 처짐은 고정하중에 의한 추가 장기처짐과 충분한 시간 동안 지속되는 활하중에 의한 장기 추가처짐의 합이다.
　　　㉨ 추가처짐은 온도, 습도, 양생조건, 재하기간, 압축철근의 양, 지속하중의 크기 등의 영향을 받는다.
　　　㉩ 하중작용에 의한 장기처짐은 부재강성에 대한 균열과 철근의 영향을 고려하여 탄성처짐 공식을 사용하여 구한다.
　　　㉪ 복철근으로 설계하면 장기처짐량이 감소한다.
　　　㉫ 균열이 발생하지 않은 단면의 처짐계산에서 사용되는 단면 2차 모멘트는 철근을 무시한 콘크리트 전체 단면의 중심축에 대한 단면 2차 모멘트(I_g)를 사용한다.
　　　㉬ 휨부재의 처짐은 사용하중에 대하여 검토한다.
　　　㉭ 총처짐량은 탄성처짐량과 장기처짐량의 합이다.
　　　㉮ 장기처짐량은 단기처짐량에 비례한다.

토목설계 / 2019. 6. 15. 제1회 지방직 시행

1 KDS(2016) 설계기준에서 제시된 교량설계 원칙 중 한계상태에 대한 설명으로 옳은 것은?

① 사용한계상태는 극단적인 사용조건하에서 응력, 변형 및 균열폭을 제한하는 것으로 규정한다.
② 피로한계상태는 기대응력범위의 반복 횟수에서 발생하는 단일 피로설계트럭에 의한 응력범위를 제한하는 것으로 규정한다.
③ 극한한계상태는 지진 또는 홍수 발생 시, 또는 세굴된 상황에서 선박, 차량 또는 유빙에 의한 충돌 시 등의 상황에서 교량의 붕괴를 방지하는 것으로 규정한다.
④ 극단상황한계상태는 교량의 설계수명 이내에 발생할 것으로 기대되는, 통계적으로 중요하다고 규정한 하중조합에 대하여 국부적/전체적 강도와 안정성을 확보하는 것으로 규정한다.

> **TIP** ① 사용한계상태는 정상적인 사용을 조건으로 하여 응력, 변형 및 균열폭을 제한하는 것으로 규정한다. 즉, 처짐, 균열, 진동 등이 과다하게 발생하게 되어 정상적인 사용상태의 필요조건을 만족하지 못하는 상태를 말한다.
> ③ 극한한계상태는 구조물 또는 부재가 파괴 또는 파괴에 가까운 상태가 되어 기능을 상실한 상태이다. 도로교설계기준에 따르면 교량의 설계수명 이내에 발생할 것으로 기대되는, 통계적으로 중요하다고 규정한 하중조합에 대하여 국부적/전체적 강도와 안정성을 확보하는 것으로 규정한다.
> ④ 극단상황한계상태는 지진 또는 홍수 발생 시, 또는 세굴된 상황에서 선박, 차량 또는 유빙에 의한 충돌 시 등의 상황에서 교량의 붕괴를 방지하는 것으로 규정한다.

2 균열폭에 대한 설명으로 옳지 않은 것은?

① 균열폭을 작게 하기 위해서는 지름이 작은 철근을 많이 사용하는 것이 지름이 큰 철근을 적게 사용하는 것보다 유리하다.
② 하중에 의한 균열을 제어하기 위해 요구되는 철근 이외에도 필요에 따라 온도변화, 건조수축 등에 의한 균열을 제어하기 위해 추가적인 보강철근을 배근할 수 있다.
③ 균열폭은 철근의 인장응력에 선형 또는 비선형적으로 비례한다.
④ 일반적으로 피복두께가 클수록 균열폭은 작아진다.

> **TIP** 일반적으로 피복두께가 클수록 균열폭도 커지게 된다.

3 KDS(2016) 설계기준에서는 휨부재의 최소 철근량으로 다음 두 가지 식으로 계산한 값 중에서 큰 값 이상을 사용한다. 이 두 가지 식을 함께 사용하는 이유는? (단, f_{ck}는 콘크리트의 설계기준 압축강도이며, f_y는 철근의 설계기준 항복강도, b_w는 단면의 폭, d는 단면의 유효높이이다)

$$A_{s,\min} = \frac{0.25\sqrt{f_{ck}}}{f_y}b_w d, \quad A_{s,\min} = \frac{1.4}{f_y}b_w d$$

① 콘크리트 강도와 철근의 강도를 조절하여 가능한 한 균형단면에 가깝게 하기 위함이다.
② 철근의 강도가 커지면 인장철근량을 줄여 연성파괴를 유도하기 위함이다.
③ 사용 콘크리트의 압축강도가 커짐에 따라 취성이 증가하므로 이를 합리적으로 반영하기 위함이다.
④ 인장철근량을 가능한 한 줄여 휨부재의 연성파괴를 유도하기 위함이다.

> **TIP** 최소철근량 산정식 2가지 중 큰 값을 적용하는 이유는 사용 콘크리트의 압축강도가 커짐에 따라 취성이 증가하므로 이를 합리적으로 반영하기 위함이다.

4 단철근 직사각형 콘크리트 보의 설계휨모멘트를 증가시키는 방법 중에서 가장 경제적 효율이 낮은 것은?

① 인장철근량의 증가
② 인장철근 설계기준 항복강도의 상향
③ 단면 유효깊이의 증가
④ 콘크리트 설계기준 압축강도의 상향

> **TIP** 보의 허용설계휨모멘트를 증가시키기 위한 주어진 보기의 방법 중 콘크리트의 압축강도 상향은 다른 방법에 비해 효율성이 낮다. 압축강도를 증가시키기 위해서는 큰 비용이 소요되며 비용대비 설계휨모멘트강도 증가율이 다른 방법보다 낮다.

5 압축철근비 $\rho' = 0.02$인 복철근 직사각형 콘크리트 보에 고정하중이 작용하여 15mm의 순간처짐이 발생하였다. 1년 후 크리프와 건조수축에 의하여 보에 발생하는 추가 장기처짐[mm]은? (단, 활하중은 없으며, KDS(2016) 설계기준을 적용한다)

① 8.8
② 10.5
③ 15.4
④ 25.5

> **TIP** 장기처짐계수는 $\lambda_\Delta = \dfrac{\xi}{1+50\rho'} = \dfrac{1.4}{1+(50\times 0.02)} = 0.7$
>
> 경과기간이 1년이므로 $\xi=1.4$이며 따라서 장기처짐은 $15[mm] \times 0.7 = 10.5[mm]$
>
> ※ 장기처짐 산정식 : 장기처짐=지속하중에 의한 탄성처짐 $\times \lambda$
>
> $\lambda = \dfrac{\xi}{1+50\rho'}$ (ξ : 시간경과계수, $\rho' = \dfrac{A_s'}{bd}$: 압축철근비)

시간 경과	3개월	6개월	12개월	5년 이상
시간경과계수 ξ	1.0	1.2	1.4	2.0

6 다발철근을 사용하여 수중에서 콘크리트를 치는 경우 최소 피복 두께[mm]는? (단, KDS(2016) 설계기준을 적용한다)

① 60
② 80
③ 100
④ 120

> **TIP** 다발철근을 사용하여 수중에서 콘크리트를 치는 경우의 최소 피복두께는 100mm 이상이어야 한다.

7 철근의 순간격이 80mm이고 피복두께가 40mm인 보통중량 콘크리트를 사용한 부재에서 D32 인장철근의 A급 겹침이음길이[mm]는? (단, 콘크리트의 설계기준 압축강도 $f_{ck}=36$MPa, 철근의 설계기준 항복강도 $f_y=400$MPa, 철근은 도막되지 않은 하부에 배치되는 이형철근으로 공칭지름은 32mm이고, KDS(2016) 설계기준을 적용한다)

① 1,280
② 1,664
③ 1,920
④ 2,130

> **TIP** $l_d = \dfrac{0.6 d_b f_y}{\lambda \sqrt{f_{ck}}} \times$ 보정계수 $= \dfrac{0.6\times 32\times 400}{1\times \sqrt{36}} \times 1.0 = 1,280[mm]$
>
> A급 겹침이음이므로 l_d에 1.0을 곱한 값을 적용하므로 1,280[mm]가 된다.

Answer 3.③ 4.④ 5.② 6.③ 7.①

8 그림과 같은 띠철근 기둥의 순수 축하중강도 P_0[kN]는? (단, 기둥은 단주로서 콘크리트 설계기준 압축강도 f_{ck} =30MPa, 철근의 설계기준 항복강도 f_y =400MPa, 종방향 철근 총단면적 A_{st} =3,000[mm^2]이며, KDS(2016) 설계기준을 적용한다)

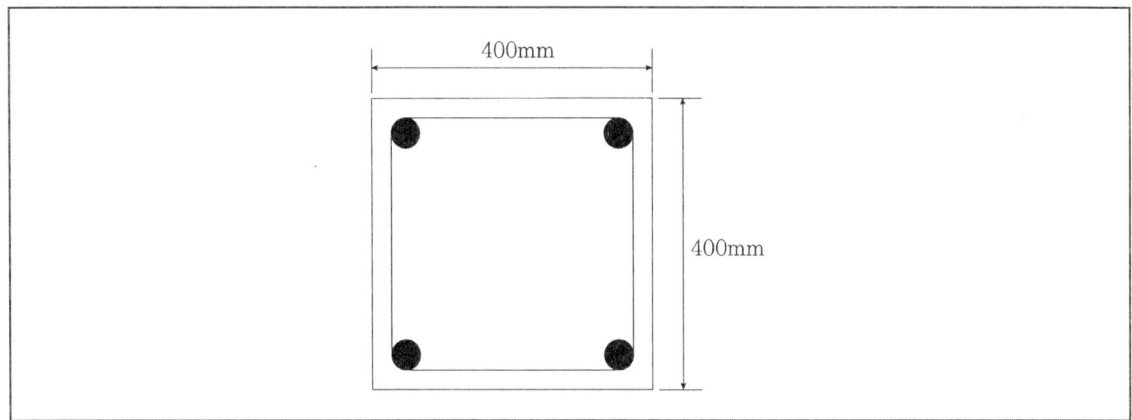

① 3,499.8
② 4,522.4
③ 5,203.5
④ 6,177.8

TIP $P_o = 0.85 f_{ck}(A_g - A_{st}) + f_y A_{st}$
$= 0.85 \times 30(400^2 - 3,000) + 400 \times 3,000$
$= 5,203.5 [\text{kN}]$

9 그림과 같은 단면의 캔틸레버 보에 자중을 포함한 등분포 계수하중 w_u=25kN/m가 작용하고 있을 때, 전단위험단면에서 전단철근이 부담해야 할 공칭전단력 V_s[kN]는? (단, 보의 지간은 3.3m, 콘크리트의 쪼갬인장강도 f_{sp}=1.4MPa, 콘크리트의 설계기준 압축강도 f_{ck}=25MPa, 인장철근의 설계기준 항복강도 f_y=350MPa이며, KDS(2016) 설계기준을 적용한다)

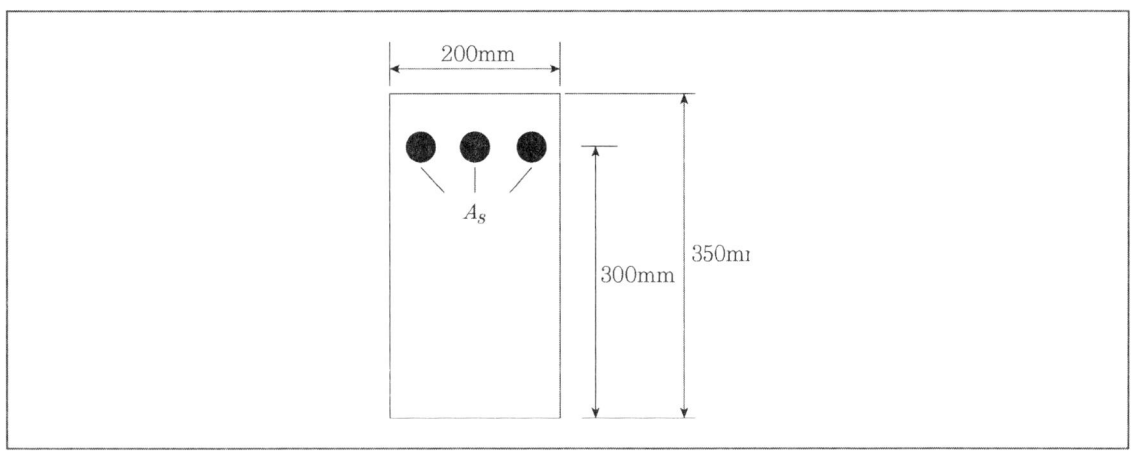

① 25
② 50
③ 75
④ 100

> **TIP** $V_u = w_u(L-d) = 25 \times (3.3 - 0.3) = 75[\text{kN}]$
>
> $\lambda = \dfrac{f_{sp}}{0.56\sqrt{f_{ck}}} = \dfrac{1.4}{0.56\sqrt{25}} = 0.5$
>
> $V_c = \dfrac{1}{6}\lambda\sqrt{f_{ck}}\,b_w d = \dfrac{1}{6} \times 0.5 \times \sqrt{25} \times 200 \times 300 = 25,000[\text{N}] = 25[\text{kN}]$
>
> $V_s = \dfrac{V_u - \phi V_c}{\phi} = \dfrac{75 - 0.75 \times 25}{0.75} = 75[\text{kN}]$

Answer 8.③ 9.③

10 KDS(2016) 설계기준에서 제시된 근사해법을 적용하여 1방향 슬래브를 설계할 때 그 순서를 바르게 나열한 것은?

> ㉠ 슬래브의 두께를 결정한다.
> ㉡ 단변에 배근되는 인장철근량을 산정한다.
> ㉢ 장변에 배근되는 온도철근량을 산정한다.
> ㉣ 계수하중을 계산한다.
> ㉤ 단변 슬래브의 계수휨모멘트를 계산한다.

① ㉠→㉣→㉤→㉡→㉢
② ㉠→㉣→㉡→㉢→㉤
③ ㉣→㉤→㉢→㉡→㉠
④ ㉣→㉠→㉡→㉢→㉤

> **TIP** 1방향 슬래브 설계의 순서
> • 슬래브의 두께를 결정한다.
> • 계수하중을 계산한다.
> • 단변 슬래브의 계수휨모멘트를 계산한다.
> • 단변에 배근되는 인장철근량을 산정한다.
> • 장변에 배근되는 온도철근량을 산정한다.

11 KS F 2423(콘크리트의 쪼갬인장 시험 방법)에 준하여 $\phi 100mm \times 200mm$ 원주형 표준공시체에 대한 쪼갬인장강도 시험을 실시한 결과, 파괴 시 하중이 75kN으로 측정된 경우 쪼갬인장강도[MPa]는? (단, $\pi = 3$으로 계산하며, KDS(2016) 설계기준을 적용한다)

① 1.5
② 2.0
③ 2.5
④ 5.0

> **TIP** $f_{sp} = \dfrac{2P}{\pi dl} = \dfrac{2 \times (75 \times 10^3)}{3 \times 200 \times 100} = 2.5[MPa]$

12 그림과 같이 연직하중 P와 휨모멘트 M이 바닥판과 기둥의 중심에 작용하는 철근콘크리트 확대기초의 최대 지반응력[kN/m²]은? (단, 기초의 자중은 무시한다)

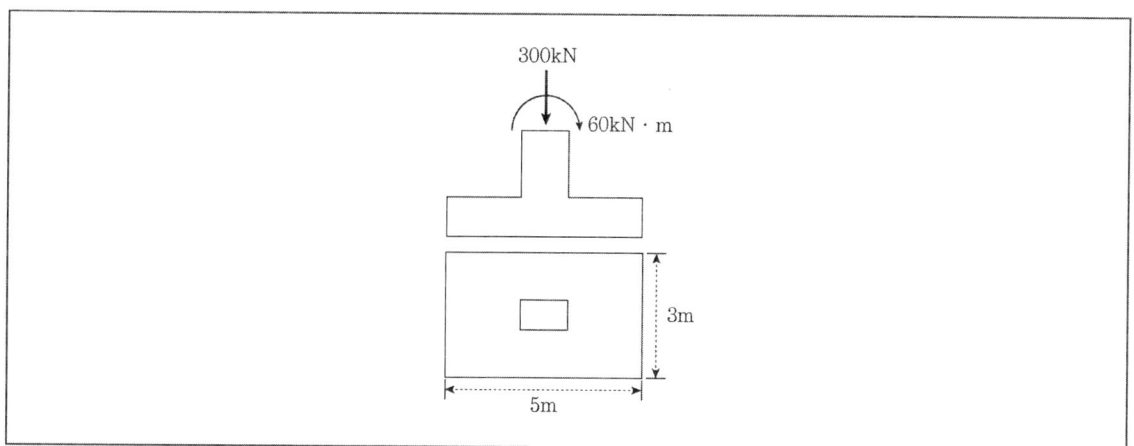

① 24.8
② 29.2
③ 34.4
④ 39.2

TIP $q_{\max} = \dfrac{P}{A} + \dfrac{M}{Z} = \dfrac{1}{A}\left(P + \dfrac{6M}{B}\right) = \dfrac{1}{5 \times 3} \times \left(300 + \dfrac{6 \times 60}{5}\right) = 24.8[\text{kN/m}^2]$

13 12mm 두께의 강판과 10mm 두께의 강판을 필릿용접할 때 요구되는 최소 용접치수[mm]는? (단, KDS(2016) 설계기준을 적용한다)

① 4
② 6
③ 10
④ 12

TIP 필릿용접의 용접치수

접합부의 두꺼운 쪽 소재 두께(mm)	필릿용접의 최소 치수(mm)
$t < 6$	3
$6 \le t < 12$	5
$12 \le t < 20$	6
$20 \le t$	8

Answer 10.① 11.③ 12.① 13.②

14 다음 그림과 같은 중력식 옹벽의 전도에 대한 안전율은? (단, 콘크리트의 단위중량 $\gamma_c =25kN/m^3$, 흙의 내부마찰각 $\phi =30°$, 점착력 $c=0$, 흙의 단위중량 $\gamma_s =20[kN/m^3]$, 옹벽 전면에 작용하는 수동토압은 무시하며, KDS(2016) 설계기준을 적용한다)

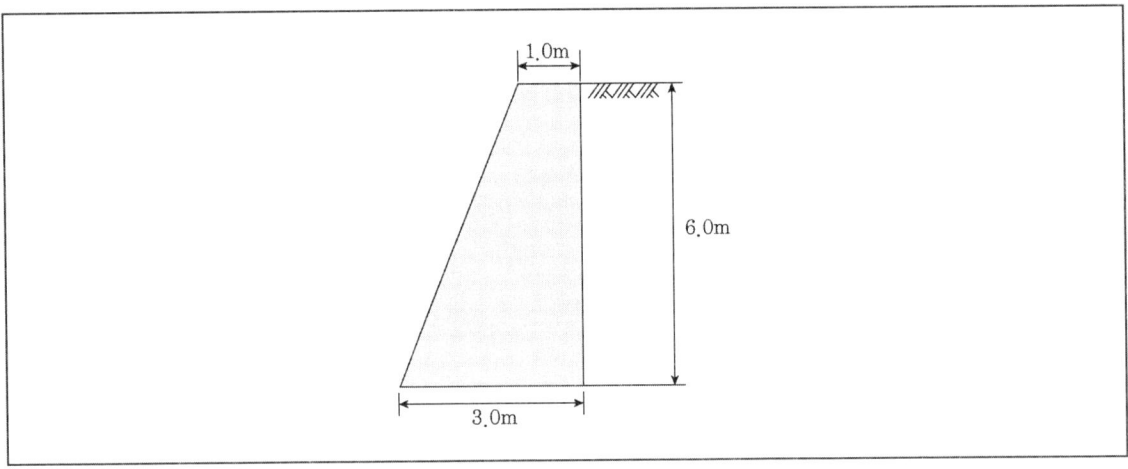

① 1.52
② 2.08
③ 2.40
④ 3.50

TIP 옹벽에 작용하는 힘을 표시하면 다음과 같다.

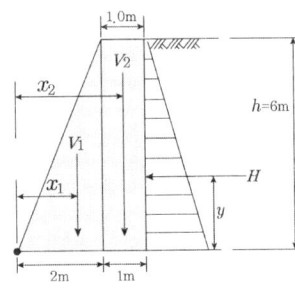

토압계수 $K_A = \dfrac{1-\sin\phi}{1+\sin\phi} = \dfrac{1-\sin30°}{1+\sin30°} = \dfrac{1}{3}$

수평하중 $H = \dfrac{1}{2}K_A\gamma_s h^2 = \dfrac{1}{2} \times \dfrac{1}{3} \times 20 \times 6^2 = 120[kN/m]$

수평하중의 작용점 $y = 6 \times \dfrac{1}{3} = 2[m]$

$x_1 = 2 \times \dfrac{2}{3} = \dfrac{4}{3}[m]$, $x_2 = 2 + \dfrac{1}{2} = \dfrac{5}{2}[m]$

따라서 전도에 대한 안전율은

$\dfrac{V \times x}{H \times y} = \dfrac{\left[25 \times \left(\dfrac{1}{2} \times 2 \times 6\right)\left(\dfrac{4}{3}\right) + (1 \times 6)\left(\dfrac{5}{2}\right)\right]}{120 \times 2} = 2.40$

15 다음 그림과 같이 자중을 포함한 등분포하중 $w=20[\text{kN/m}]$가 재하된 프리스트레스트콘크리트 단순보에 긴장력 $P=2,000[\text{kN}]$이 작용할 때 보에 작용하는 순하향 하중[kN/m]은? (단, 프리스트레스의 손실은 무시한다)

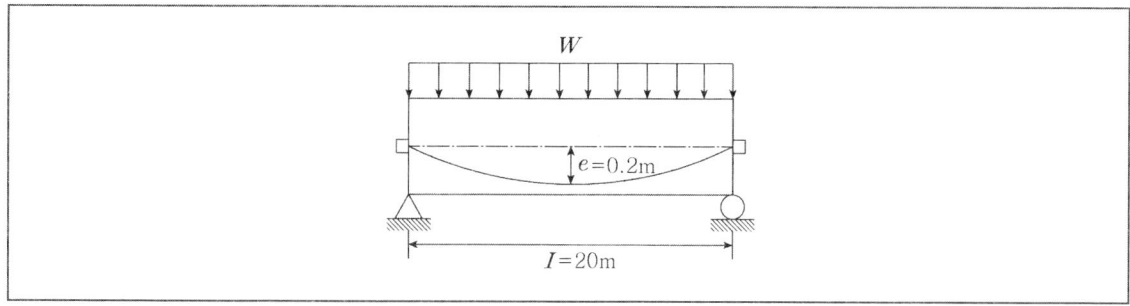

① 4
② 8
③ 12
④ 16

> **TIP** $u = \dfrac{8Ps}{l^2} = \dfrac{8 \times 2,000 \times 0.2}{20^2} = 8[\text{kN/m}]$
>
> $w' = w - u = 20 - 8 = 12[\text{kN/m}]$

16 길이 10m의 포스트텐셔닝 콘크리트 보의 긴장재에 1,500MPa의 프리스트레스를 도입하여 일단 정착하였더니 정착부 활동이 6mm 발생하였다. 이때 프리스트레스의 손실률[%]은? (단, 긴장재는 직선으로 배치되어 긴장재와 쉬스의 마찰은 없으며, 탄성계수 $E_p=200\text{GPa}$이다)

① 8
② 10
③ 12
④ 14

> **TIP** $\Delta f_{pa} = E_{ps} \times \varepsilon_p = E_{ps} \times \dfrac{\Delta l}{l} = (200 \times 10^3) \times \dfrac{6}{10 \times 10^3} = 120[\text{MPa}]$
>
> $\dfrac{\Delta f_{pa}}{f_{\pi}} \times 100 = \dfrac{120}{1,500} \times 100 = 8[\%]$

Answer 14.③ 15.③ 16.①

17 그림과 같은 단철근 직사각형 콘크리트 보에 사용 가능한 최대 인장철근비 $\rho_{\max}$는? (단, 콘크리트의 설계기준 압축강도 f_{ck} =35MPa, 인장철근의 설계기준 항복강도 f_y =255MPa, β_1 =0.8로 하며, KDS(2016) 설계기준을 적용한다)

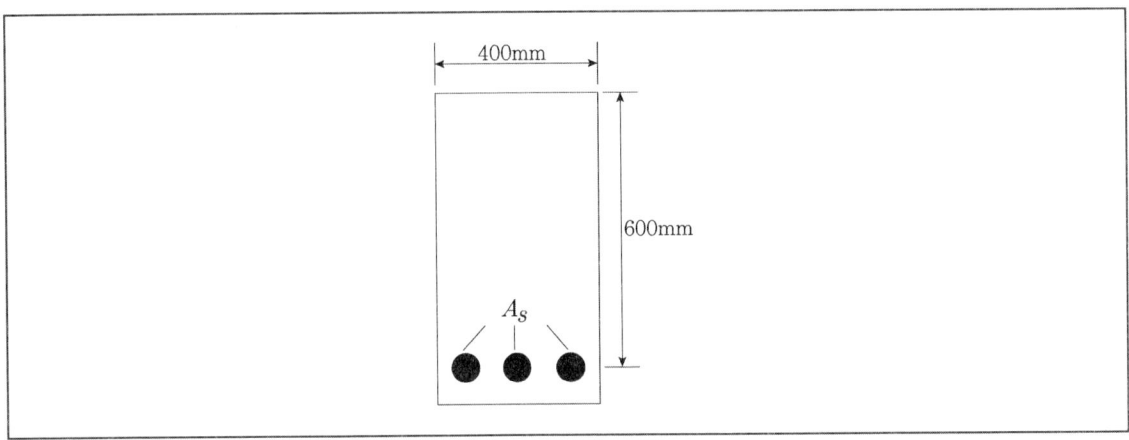

① 0.01
② 0.02
③ 0.03
④ 0.04

> **TIP** $\beta_1 = 0.85 - 0.007(f_{ck} - 28) = 0.801$ ($28[\mathrm{MPa}] < f_{ck} \leq 56[\mathrm{MPa}]$이므로)
> $\varepsilon_{\min} = 0.004$ ($f_y \leq 400[\mathrm{MPa}]$이므로)
> $\rho_{\max} = 0.85\beta_1 \times \dfrac{f_{ck}}{f_y} \times \dfrac{0.003}{0.003 + \varepsilon_{\min}} = 0.85 \times 0.80 \times \dfrac{35}{255} \times \dfrac{0.003}{0.003 + 0.004} = 0.04$
> (해설을 살펴보면 복잡해 보이는 문제이나 핵심은 매우 단순하고, 유형이 정해진 문제이며 출제빈도가 높으므로 풀이과정을 필히 암기할 것을 권한다.)

18 500mm×500mm 정사각형 단면을 가진 비횡구속 띠철근 기둥의 장주효과를 무시할 수 있는 최대 비지지길이[m]는? (단, 기둥의 양단은 힌지로 지지되어 있으며, KDS(2016) 설계기준을 적용한다)

① 3.3
② 4.3
③ 6.8
④ 7.9

> **TIP** 비횡구속 골조에서 기둥의 장주효과를 무시할 수 있는 최대비지지길이는
> $l_u = \dfrac{22r}{k} = \dfrac{22 \times (0.3b)}{k} = \dfrac{22 \times (0.3 \times 500)}{1.0} = 3,300[\mathrm{mm}]$
> (단면 2차 반경은 정사각형 단면이므로 $r = 0.3b$이며 양단 힌지이므로 좌굴계수는 $k = 1.0$이 된다.)

19 T형 프리스트레스트콘크리트 단순보에 설계하중이 작용할 때 보의 처짐은 0이었으며, 프리스트레스 도입단계부터 보의 상연에 부착된 변형률 게이지로 측정된 콘크리트 탄성변형률 ϵ_c=4.0×10⁻⁴이었다. 이 경우 초기긴장력 P_i[kN]는? (단, 콘크리트의 탄성계수 E_c=25GPa, T형보의 총단면적 A_g=170,000mm², 프리스트레스의 유효율 R=0.85이다)

① 1,400
② 1,600
③ 1,800
④ 2,000

> **TIP** $P_e = E_c \varepsilon \times A = (25 \times 10^3)(4.0 \times 10^{-4}) \times 170,000 = 1,700 [\text{kN}]$
> $P_e = RP_i$ 이므로 $P_i = \dfrac{P_e}{R} = \dfrac{1,700}{0.85} = 2,000 [\text{kN}]$

20 KDS(2016) 설계기준에서 제시된 교량 내진설계에 관한 내용 중에서 옳지 않은 것은?

① 위험도계수 I는 평균재현주기가 1,000년인 지진의 유효수평 지반가속도 S를 기준으로 평균재현주기가 다른 지진의 유효 수평지반가속도의 상대적 비율을 의미한다.
② 교량의 지진하중을 결정하는데 사용되는 지반계수는 지반상태가 탄성지진응답계수에 미치는 영향을 반영하기 위한 보정계수이다.
③ 교량의 내진등급은 중요도에 따라 내진특등급, 내진I등급, 내진II등급으로 분류하며 지방도의 교량은 내진I등급이다.
④ 교량이 위치할 부지에 대한 지진지반운동의 유효수평지반가속도 S는 지진구역계수 Z에 각 평균재현주기의 위험도계수 I를 곱하여 결정한다.

> **TIP** 위험도계수 I는 평균재현주기가 500년인 지진의 유효수평 지반가속도 S를 기준으로 평균재현주기가 다른 지진의 유효 수평지반가속도의 상대적 비율을 의미한다.

Answer 17.④ 18.① 19.④ 20.①

토목설계 — 2019. 6. 15. 제2회 서울특별시 시행

1 단면이 300×500mm의 직사각형인 철근콘크리트 부재가 있다. 철근은 단면 도심에 대칭으로 배치되었으며, 철근 단면적 A_s=5,000mm²이다. 콘크리트의 건조수축으로 인해 철근에 발생하는 압축응력이 60MPa일 때, 건조 수축에 의해 콘크리트에 발생하는 응력은? (단, 이 부재의 지점 변형은 구속되어 있지 않다.)

① 1MPa
② 2MPa
③ 3MPa
④ 4MPa

◯TIP 건조수축에 의해 콘크리트에 발생하는 응력은
$$f_{ct} = \frac{A_s}{A_c} f_{sc} = \frac{5,000}{300 \times 500} \times 60 = 2[\text{MPa}]$$

2 휨을 받는 띠철근으로 보강된 직사각형 단면에서 $\frac{(d-c)}{c} = \frac{0.0035}{0.003}$일 때, 강도감소계수의 값은? (단, 인장철근은 1열로 배치되어 있으며 d는 유효깊이, c는 중립축깊이, 철근의 항복강도 $f_y = 400$ MPa이고, 「콘크리트구조기준(2012)」을 적용한다.)

① 0.65
② 0.70
③ 0.75
④ 0.85

◯TIP
$$\varepsilon_y = \frac{f_y}{E_s} = \frac{400}{(2 \times 10^5)} = 0.0020$$
$$\varepsilon_t = \frac{d_t - c}{c} \times 0.003 = \frac{0.0035}{0.003} \times 0.003 = 0.0035$$
$$\phi = 0.65 + (\varepsilon_t - \varepsilon_y) \times \frac{200}{3} = 0.65 + (0.0035 - 0.0020) \times \frac{200}{3} = 0.75$$

(논란의 여지가 있는 문제이다. 보의 최외단인장철근 변형률이 최소허용변형률 이상이어야 하나 문제에서 주어진 조건이 이를 만족하지 못한다.)

3 그림과 같은 정(+)의 휨모멘트가 작용하는 T형보를 설계할 때, 유효폭 b_e를 폭으로 하는 직사각형보로 해석할 수 있는 유효폭 b_e의 최솟값은? (단, f_{ck}=20MPa, f_y=400MPa이고, 「콘크리트구조기준(2012)」을 적용한다.)

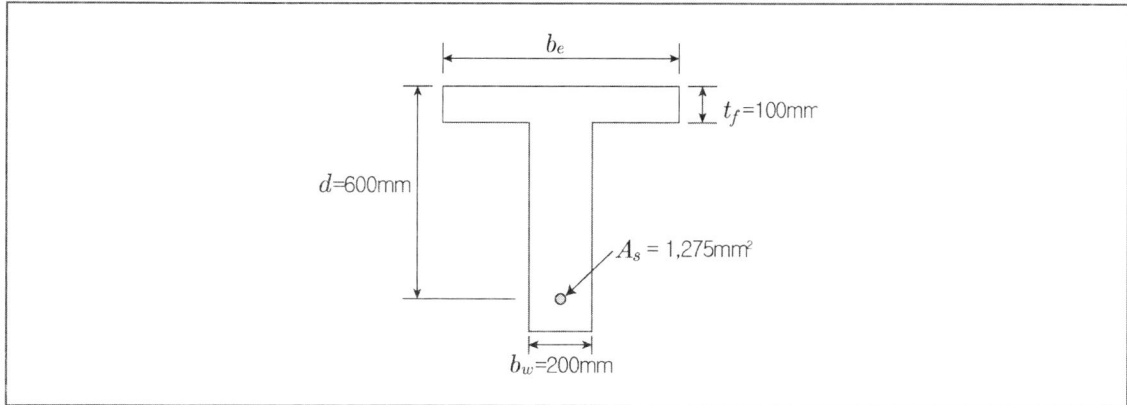

① 250mm ② 300mm
③ 350mm ④ 400mm

> **TIP** T형보 설계 시 직사각형보로 취급할 수 있는 경우는 $a = \dfrac{A_s f_y}{0.85 f_{ck} b} \leq t_f$ 이므로
>
> 이를 만족하는 b의 최솟값은 $b_{min} = \dfrac{A_s f_y}{0.85 f_{ck} \times t_f} = \dfrac{1,275 \times 400}{0.85 \times 20 \times 100} = 300 \text{[mm]}$

Answer 1.② 2.③ 3.②

4 철근콘크리트 압축부재의 장주설계에 대한 설명으로 가장 옳지 않은 것은? (단, 「콘크리트구조기준(2012)」을 적용한다.)

① 비횡구속 골조의 압축부재의 경우, $\dfrac{kl_u}{r} \leq 22$이면 장주효과를 무시할 수 있다.

② 횡구속 골조의 압축부재의 경우, $\dfrac{kl_u}{r} \leq 34 - 12(M_1/M_2)$이면 장주효과를 무시할 수 있다.

③ 압축부재의 비지지길이 l_u는 바닥슬래브, 보, 기타 고려하는 방향으로 횡지지할 수 있는 부재들 사이의 순길이로 한다.

④ 기둥머리나 헌치가 있는 경우의 비지지길이는 검토하고자 하는 면이 있는 기둥머리나 헌치의 최상단까지 측정된 거리로 한다.

> **TIP** 압축부재의 비지지길이는 다음에 따라 구할 수 있다.
> • 압축부재의 비지지길이는 바닥슬래브, 보, 기타 고려하는 방향으로 횡지지할 수 있는 부재들 사이의 순길이로 취하여야 한다.
> • 기둥머리나 헌치가 있는 경우의 비지지길이는 검토하고자 하는 면에 있는 기둥머리나 헌치의 최하단까지 측정된 거리로 하여야 한다.

5 RC복철근 직사각형 단면의 보에서 인장철근의 단면적은 그대로인 상태로 압축철근의 단면적만 2배로 증가시켰을 때, 단면의 응력 및 변형률 분포에 대한 설명으로 옳지 않은 것은? (단, 두 경우 모두 인장 및 압축철근은 항복한 것으로 가정한다.)

① 콘크리트의 등가 압축응력 블록 깊이가 감소한다.
② 콘크리트와 압축철근에 의한 압축 내력의 합이 증가한다.
③ 휨모멘트의 팔길이가 증가한다.
④ 압축철근의 변형률이 감소한다.

> **TIP** 압축철근의 단면적을 증가시킨다고 할 지라도 콘크리트와 압축철근에 의한 압축 내력의 합은 변함이 없다.

6 큰 처짐에 의해 손상되기 쉬운 칸막이벽이나 기타 구조물을 지지하지 않는 지간 5m의 1방향 슬래브가 단순 지지되어 있다. 처짐을 계산하지 않는 경우, 슬래브의 최소 두께는? (단, 부재는 보통중량 콘크리트와 설계기준항복강도 300MPa 철근을 사용한 리브가 없는 1방향 슬래브이고, 「콘크리트구조기준(2012)」을 적용한다.)

① 200mm　　　　　　　　　　② 215mm
③ 250mm　　　　　　　　　　④ 300mm

○TIP 문제에서 주어진 f_y가 400MPa 이외인 경우이므로 처짐을 계산하지 않는 경우의 최소두께에 h_{min}값에 $\left(0.43+\dfrac{f_y}{700}\right)$를 곱해야 한다.

단순지지이므로 $h_{min} = \dfrac{5,000}{20} = 250[mm]$이 산정되며 여기에 $0.43+\dfrac{f_y}{700}$ 을 곱하면 $250\left(0.43+\dfrac{300}{700}\right) = 214.6[mm]$

※ 부재의 처짐과 최소두께 ⋯ 처짐을 계산하지 않는 경우의 보 또는 1방향 슬래브의 최소두께는 다음과 같다. (L은 경간의 길이)

부재	최소 두께 또는 높이			
	단순지지	일단연속	양단연속	캔틸레버
1방향 슬래브	L/20	L/24	L/28	L/10
보	L/16	L/18.5	L/21	L/8

위의 표의 값은 보통콘크리트($m_c = 2,300kg/m^3$)와 설계기준항복강도 400MPa철근을 사용한 부재에 대한 값이며 다른 조건에 대해서는 그 값을 다음과 같이 수정해야 한다.

$1,500 \sim 2,000kg/m^3$범위의 단위질량을 갖는 구조용 경량콘크리트에 대해서는 계산된 h_{min}값에 $(1.65-0.00031 \cdot m_c)$를 곱해야 하나 1.09보다 작지 않아야 한다.

f_y가 400MPa 이외인 경우에는 계산된 h_{min}값에 $\left(0.43+\dfrac{f_y}{700}\right)$를 곱해야 한다.

※ 장기처짐 효과를 고려한 전체 처짐의 한계는 다음값 이하가 되도록 해야 한다.

부재의 종류	고려해야 할 처짐	처짐한계
과도한 처짐에 의해 손상되기 쉬운 비구조 요소를 지지 또는 부착하지 않은 평지붕구조(외부환경)	활하중 L에 의한 순간처짐	L/180
과도한 처짐에 의해 손상되기 쉬운 비구조 요소를 지지 또는 부착하지 않은 바닥구조(내부환경)	활하중 L에 의한 순간처짐	L/360
과도한 처짐에 의해 손상되기 쉬운 비구조 요소를 지지 또는 부착한 지붕 또는 바닥구조	전체 처짐 중에서 비구조 요소가 부착된 후에 발생하는 처짐부분(모든 지속하중에 의한 장기처짐과 추가적인 활하중에 의한 순간처짐의 합)	L/480
과도한 처짐에 의해 손상될 우려가 없는 비구조 요소를 지지 또는 부착한 지붕 또는 바닥구조		L/240

Answer 4.④ 5.② 6.②

7 프리텐션 부재에 프리스트레스를 도입하였을 때, 도입 직후 긴장재 도심 위치에서의 콘크리트 응력(f_{cs})이 7MPa로 산정되었다. 크리프 계수 C_u=2.0, 탄성계수 비 $n = E_p/E_c = 6$, 콘크리트 건조수축변형률 $\varepsilon_{sh} = 20 \times 10^{-5}$, 긴장재의 탄성계수 $E_p = 2.0 \times 10^5$ MPa일 때, 콘크리트의 크리프와 건조수축으로 인한 프리스트레스 손실량의 합은?

① 96MPa
② 112MPa
③ 124MPa
④ 138MPa

◎TIP $\triangle f_{pc} = C_u n f_{cs} = 2 \times 6 \times 7 = 84 [\text{MPa}]$
$\triangle f_{ps} = E_p \varepsilon_{sh} = (2.0 \times 10^5) \times (20 \times 10^{-5}) = 40 [\text{MPa}]$
$\triangle f_{pc} + \triangle f_{ps} = 84 + 40 = 124 [\text{MPa}]$

8 그림과 같은 철근콘크리트 내민보에 자중을 포함한 계수등분포하중(w_u)이 100kN/m로 작용할 때, 위험단면에서 전단보강철근이 부담해야 할 최소의 전단력(V_s)을 부담한다면 전단보강철근의 최대간격은 얼마 이하여야 하는가? (단, 보통중량 콘크리트를 사용하였으며, f_{ck}=36MPa, 전단철근의 단면적 A_v=400mm², f_{yt}=300MPa이며, 「콘크리트구조기준(2012)」을 적용한다.)

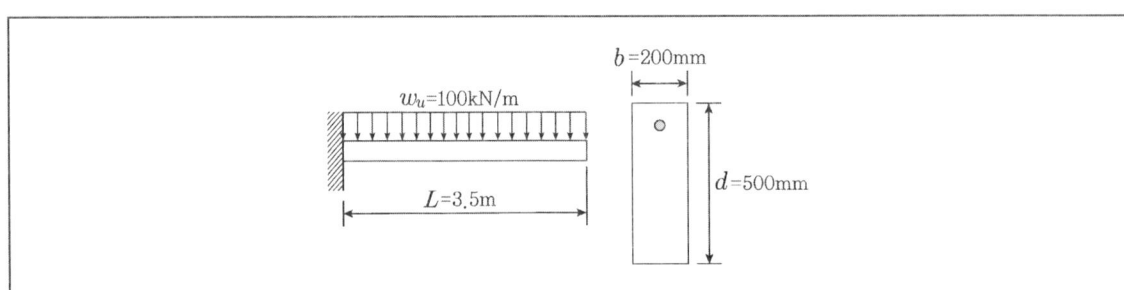

① 125mm
② 200mm
③ 250mm
④ 300mm

◎TIP $V_u = w_u(L-d) = 100 \times (3.5 - 0.5) = 300 [\text{kN}]$
$V_c = \frac{1}{6}\lambda\sqrt{f_{ck}}\,b_w d = \frac{1}{6} \times 1.0 \times \sqrt{36} \times 200 \times 500 = 100,000 [\text{N}] = 100 [\text{kN}]$
$V_s = \frac{V_u - \phi V_c}{\phi} = \frac{300 - 0.75 \times 100}{0.75} = 300 [\text{kN}]$
$s = \frac{A_v f_{yt} d}{V_s} = \frac{400 \times 300 \times 500}{(300 \times 10^3)} = 200 [\text{mm}]$
($s_{\max} = \frac{d}{4} \leq 300 [\text{mm}]$인 조건을 만족한다.)
∴ $S_{\max} = [200,\ 125,\ 300]_{\min} = 125 [\text{mm}]$

9 2방향 슬래브 구조를 해석하기 위한 근사적 방법인 직접설계법을 적용하기 위한 제한사항으로 옳지 않은 것은? (단, 「콘크리트구조기준(2012)」을 적용한다.)

① 연속한 기둥 중심선을 기준으로 기둥의 어긋남은 그 방향 경간의 10% 이하이어야 한다.
② 모든 하중은 슬래브 판 전체에 걸쳐 등분포된 연직 하중이어야 하며, 활하중은 고정하중의 2배 이하이어야 한다.
③ 각 방향으로 연속한 받침부 중심간 경간 길이의 차이는 긴 경간의 1/3 이하이어야 한다.
④ 슬래브 판들은 단변 경간에 대한 장변 경간의 비가 2 이상인 직사각형이어야 한다.

> **TIP** 슬래브 판들은 단변 경간에 대한 장변 경간의 비가 2 이하인 직사각형이어야 한다.
> ※ 2방향 슬래브의 직접설계법
> ㉠ 정의 : 직사각형 평면형상의 슬래브에 등분포하중이 작용시 이 등분포하중에 의해 발생하는 절대휨모멘트값인 전체 정적계수모멘트를 구한 후 이를 각 슬래브의 지지조건을 고려하여 정계수모멘트와 부계수모멘트로 분배하는 방법이다.
> ㉡ 직접설계법의 적용조건
> • 변장비가 2 이하여야 한다.
> • 각 방향으로 3경간 이상 연속되어야 한다.
> • 각 방향으로 연속한 경간 길이의 차가 긴 경간의 1/3 이내이어야 한다.
> • 등분포 하중이 작용하고 활하중이 고정하중의 2배 이내이어야 한다.
> • 기둥 중심축의 오차는 연속되는 기둥 중심축에서 경간길이의 1/10 이내이어야 한다.
> • 보가 모든 변에서 슬래브를 지지할 경우 직교하는 두 방향에서 $\dfrac{a_1 \times L_2^2}{a_2 \times L_1^2}$에 해당하는 보의 상대강성은 0.2 이상 0.5 이하여야 한다.
> ㉢ 직접설계법의 적용 순서
> • 슬래브 두께 산정
> • 정적계수모멘트 산정
> • 경간에 따른 계수모멘트 분배
> • 보와 슬래브의 휨강성비, 비틀림 강성비 산정
> • 주열대와 중간대의 모멘트 분배
> • 기둥과 벽체의 모멘트 산정

Answer 7.③ 8.① 9.④

10 그림과 같이 하중을 받은 무근콘크리트 내민보의 단면에서 휨균열이 발생하는 보의 최대 높이 h는? (단, 콘크리트는 보통중량 콘크리트, 설계기준강도 f_{ck}=36MPa, 「콘크리트구조기준(2012)」을 적용한다.)

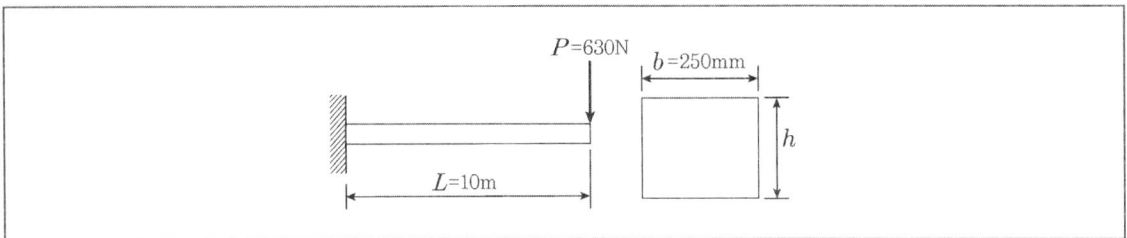

① 100mm

② 200mm

③ 300mm

④ 400mm

◯TIP $f_t = \dfrac{M_{max}}{Z} = \dfrac{PL}{\dfrac{bh^2}{6}} = \dfrac{6PL}{bh^2}$

$f_r = 0.63\lambda\sqrt{f_{ck}}$ 이며 $f_t \geq f_r$ 이므로

$h^2 \leq \dfrac{6PL}{bf_r} = \dfrac{6 \times 630 \times (10 \times 10^3)}{250 \times 0.63 \times 1 \times \sqrt{36}} = 40,000[\text{mm}^2]$

∴ $h = 200[\text{mm}]$

11 인장 이형철근 및 이형철선의 정착길이 l_d는 기본정착길이 l_{db}에 보정계수를 고려하는 방법이 적용될 수 있다. 〈보기〉는 기본정착길이 l_{db}를 구하기 위한 식이다. 이 식에 적용되는 보정계수 α, β, λ에 대한 설명 중 옳지 않은 것은?

〈보기〉
$$l_{db} = \frac{0.6 d_b f_y}{\lambda \sqrt{f_{ck}}}$$

① 철근배치 위치계수인 α는 정착길이 또는 겹침이음부 아래 300mm를 초과되게 굳지 않은 콘크리트를 친 수평철근일 경우 1.3이다.
② 철근 도막계수인 β는 피복두께가 $3d_b$ 미만 또는 순간격이 $6d_b$ 미만인 에폭시 도막철근 또는 철선일 경우 1.5이다.
③ 에폭시 도막철근이 상부철근인 경우에 상부철근의 위치계수 α와 철근 도막계수 β의 곱, $\alpha\beta$가 1.8보다 클 필요는 없다.
④ 경량콘크리트계수인 λ는 경량콘크리트 사용에 따른 영향을 반영하기 위하여 사용하는 보정계수이며 전경량 콘크리트의 경량콘크리트계수는 0.75이다.

O TIP 에폭시 도막철근이 상부철근인 경우에 상부철근의 위치계수 α와 철근 도막계수 β의 곱, $\alpha\beta$가 1.7보다 클 필요는 없다.

Answer 10.② 11.③

12 그림과 같은 정사각형 띠철근 기둥(단주)에 편심을 갖는 공칭 축하중 P_n이 작용하여 압축응력블록의 깊이 a가 255mm이라면 인장철근력 T의 크기는? (단, $f_{ck} = \dfrac{20}{0.85}\text{MPa}$, $a = 0.85 \times 300\text{mm}$, $A_s = A'_s = 1{,}000\text{mm}^2$, $f_y = 40\text{MPa}$, $E_s = 2 \times 10^5 \text{MPa}$이다.)

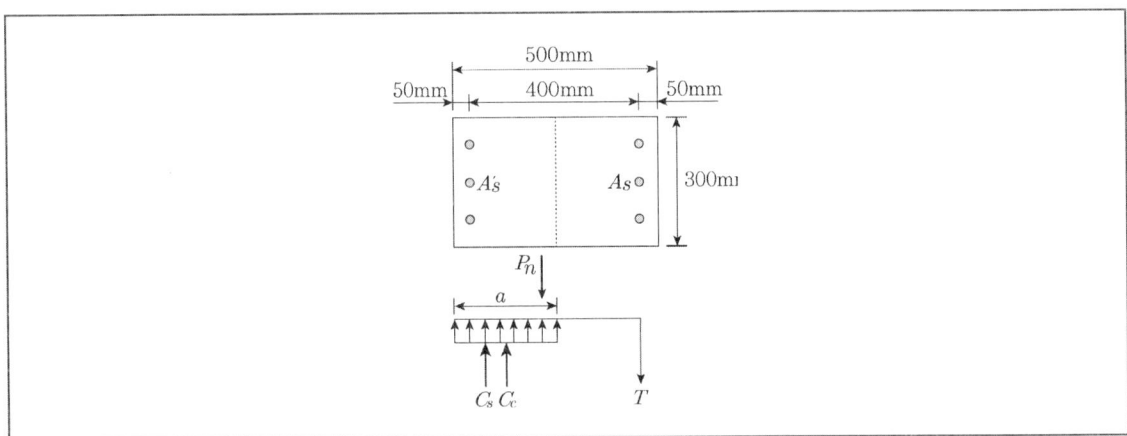

① 200kN
② 250kN
③ 300kN
④ 400kN

○TIP
$c = \dfrac{a}{\beta_1} = \dfrac{0.85 \times 300}{0.85} = 300[\text{mm}]$

$d = 50 + 400 = 450[\text{mm}]$

$\varepsilon_y = \dfrac{f_y}{E_s} = \dfrac{400}{(2 \times 10^5)} = 0.002$

$\varepsilon_s = \dfrac{d-c}{c} \times 0.003 = \dfrac{450-300}{300} \times 0.003 = 0.0015 < \varepsilon_y (= 0.002)$

$f_s = E_s \varepsilon_s = (2 \times 10^5) \times 0.0015 = 300[\text{MPa}]$

$T = A_s f_s = 1{,}000 \times 300 = 300{,}000[\text{N}] = 300[\text{kN}]$

13 그림과 같은 긴장재를 절곡 배치한 프리스트레스트 콘크리트 부재의 A-A 단면에서 프리스트레스 힘에 의해 작용하는 단면력이 옳은 것은?

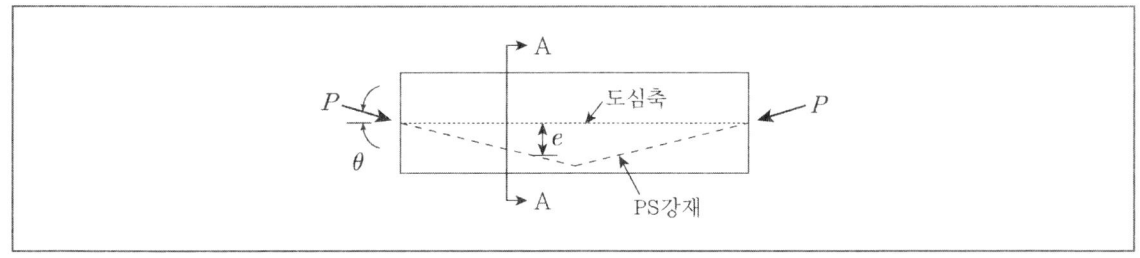

①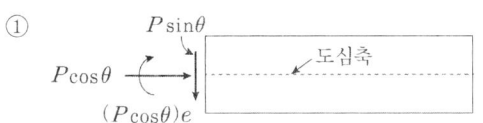

②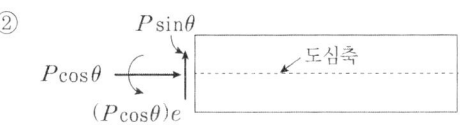

③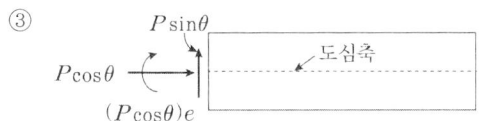

④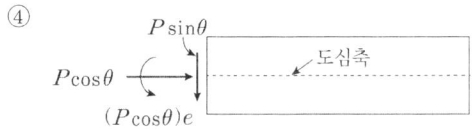

> **TIP** 강재를 절곡배치한 경우의 작용력은 다음과 같다.

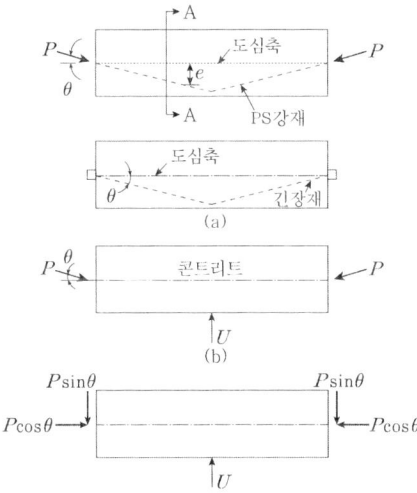

이 때 A-A단면의 작용력을 그려보면 다음과 같이 된다.

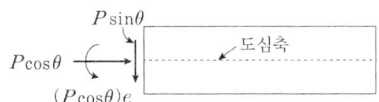

Answer 12.③ 13.④

14 그림과 같은 철근콘크리트 확대기초에서 긴변 방향의 위험단면에서 휨모멘트는? (단, 하중은 계수하중이다.)

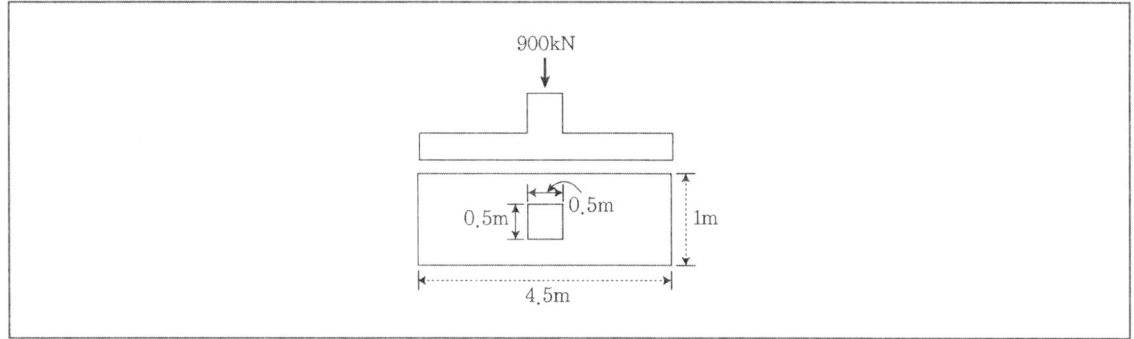

① 28kN · m
② 100kN · m
③ 400kN · m
④ 800kN · m

> **TIP** 위험단면에 작용하는 휨모멘트는 다음 식에 따라 산정한다.
>
> $$M_a = q_u \times \frac{1}{2}(L-t) \times S \times \frac{1}{4}(L-t) = \frac{1}{8} q_u \times S(L-t)^2$$
>
> $$q_u = \frac{P}{A} = \frac{P}{S \times L} = \frac{900[\text{kN}]}{1 \times 4.5[\text{m}^2]} = 200[\text{kN/m}^2]$$
>
> $$M_a = \frac{1}{8} q_u \times S(L-t)^2 = \frac{1}{8} \times 200[\text{kN/m}^2] \times 1 \times (4.5-0.5)^2 = 400[\text{kN} \cdot \text{m}]$$
>
> ※ 휨모멘트에 대한 위험단면
> - 최대 계수휨모멘트를 계산하기 위한 위험단면
> - 철근 콘크리트 기둥, 받침대 또는 벽체를 지지하는 확대기초는 기둥, 받침대 또는 벽체의 전면을 휨모멘트에 대한 위험단면으로 본다. 직사각형이 아닌 경우는 같은 면적을 가진 정사각형으로 고쳐 그 전면으로 한다.
> - 석공벽을 지지하는 확대기초는 벽의 중심선과 전면과의 중간선을 위험단면으로 본다.
> - 강철 저판을 갖는 기둥을 지지하는 확대기초는 강철 저판의 연단과 기둥 또는 받침대 전면의 중간선을 위험단면으로 본다.
>
>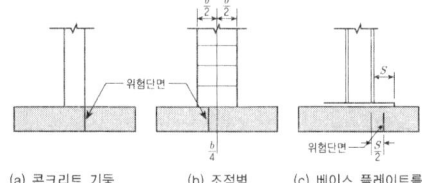
>
> (a) 콘크리트 기둥, 페데스탈 또는 벽 (b) 조적벽 (c) 베이스 플레이트를 갖는 기둥
>
> ※ 기초판의 휨모멘트 산정
>
>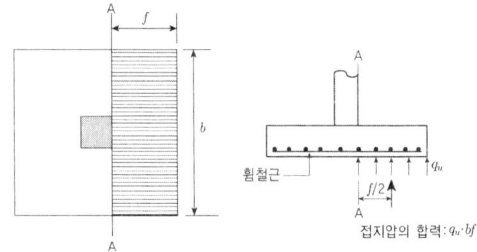
>
> (a) 모멘트 계산을 위한 분담면적 (b) 단면 A-A에 대한 모멘트
>
> 기초판의 휨모멘트 산정
>
> A-A 단면에 대한 휨모멘트 = 힘 × 거리 = 응력 × 단면적 × 도심까지의 거리
>
> $$M_a = q_u \times \frac{1}{2}(L-t) \times S \times \frac{1}{4}(L-t) = \frac{1}{8} q_u \times S(L-t)^2$$

15 옹벽 설계에 대한 설명으로 옳지 않은 것은? (단, 「콘크리트구조기준(2012)」을 적용한다.)

① 옹벽은 외력에 대하여 활동, 전도 및 지반침하에 대한 안정성을 가져야 하며, 이들 안정은 계수하중에 의하여 검토한다.
② 활동에 대한 저항력은 옹벽에 작용하는 수평력의 1.5배 이상이어야 한다.
③ 전도에 대한 저항 휨모멘트는 횡토압에 의한 전도 모멘트의 2.0배 이상이어야 한다.
④ 지반 침하에 대한 안정성 검토 시에 최대지반반력은 지반의 허용지지력 이하가 되도록 한다. 지반의 내부마찰각, 점착력 등과 같은 특성으로부터 지반의 극한지지력을 구할 수 있다. 다만, 이 경우에 허용지지력 q_a는 $q_u/3$이어야 한다.

> **TIP** • 옹벽은 외력에 대하여 활동, 전도 및 지반침하에 대한 안정성을 가져야 하며, 이들 안정은 사용하중에 의하여 검토하여야 한다.
> • 옹벽에 작용하는 외력은 옹벽 자체 및 뒷채움 흙의 사하중, 토압 및 지표면상에 작용하는 적재하중 등이 있으며 설계 시 이들 하중에 의한 활동, 전도 및 침하에 대한 안정이 검토가 되어야 한다.
> • 옹벽의 안전성 검사는 먼저 옹벽의 뒷채움 흙 및 기초지반을 포함한 전체에 대해 실시하고 옹벽의 활동, 전도 및 침하에 대한 소요의 안전도를 갖는지 조사한다.

16 프리스트레스트콘크리트 설계에 관한 설명으로 옳지 않은 것은? (단, 「콘크리트구조기준(2012)」을 적용한다.)

① 프리스트레스를 도입할 때, 사용하중이 작용할 때, 그리고 균열하중이 작용할 때의 응력계산은 선형탄성 이론을 따른다.
② 프리스트레스트콘크리트 휨부재는 미리 압축을 가한 인장구역에서 사용하중에 의한 인장연단응력 f_t에 따라 비균열등급, 부분균열등급, 완전균열등급으로 구분된다.
③ 2방향 프리스트레스트콘크리트 슬래브는 $f_t \leq 0.63\sqrt{f_{ck}}$를 만족하는 비균열등급 부재로 설계되어야 한다. (단, f_{ck}=콘크리트의 설계기준압축강도)
④ 휨부재의 설계휨강도 계산은 강도설계법에 따라야 하며, 이때 긴장재의 응력은 f_y 대신 f_{ps}를 사용한다. (단, f_y=철근의 설계기준항복강도, f_{ps}=긴장재의 인장응력)

> **TIP** 2방향 프리스트레스트콘크리트 슬래브는 $f_t \leq 0.5\sqrt{f_{ck}}$를 만족하는 비균열등급 부재로 설계되어야 한다. (단, f_{ck}=콘크리트의 설계기준압축강도)

Answer 14.③ 15.① 16.③

17 철근콘크리트 부재나 프리스트레스트 부재의 경우 〈보기〉의 식에 따라 최소 전단철근량을 산정하여야 한다. 최소 전단철근에 관한 설명 중 옳지 않은 것은?

〈보기〉

$$A_{v,\min} = 0.0625 \frac{b_w s}{f_{yt}}$$

---

① 계수전단력 V_u가 콘크리트에 의한 공칭전단강도 V_c의 1/2을 초과하는 모든 철근콘크리트 및 프리스트레스트콘크리트 휨부재에 최소 전단철근을 배치하여야 한다.
② 전체 깊이가 250mm 이하이거나 I형보, T형보에서 그 깊이가 플랜지 두께의 2.5배 또는 복부폭의 1/2 중 큰 값 이하인 보는 최소 전단철근을 배치하지 않아도 된다.
③ 교대 벽체 및 날개벽, 옹벽의 벽체, 암거 등과 같이 휨이 주거동인 판부재는 최소 전단철근을 배치하지 않아도 된다.
④ 최소 전단철근량은 $0.35 b_w s / f_{yt}$보다 작지 않아야 한다. 여기서, b_w와 s의 단위는 mm이다.

> **TIP** 계수전단력 V_u가 콘크리트에 의한 설계전단강도 ϕV_c의 1/2을 초과하는 모든 철근콘크리트 및 프리스트레스트콘크리트 휨부재에는 다음의 경우를 제외하고 최소 전단철근을 배치하여야 한다.
> • 슬래브와 기초판
> • 콘크리트 장선구조
> • 전체 깊이가 250mm 이하이거나 I형보, T형보에서 그 깊이가 플랜지 두께의 2.5배 또는 복부폭의 중 큰 값 이하인 보
> • 교대 벽체 및 날개벽, 옹벽의 벽체, 암거 등과 같이 휨이 주거동인 판부재
> • 순단면의 깊이가 315mm를 초과하지 않는 속빈 부재에 작용하는 계수전단력이 $0.5 \phi V_c$를 초과하지 않는 경우

18 단철근 직사각형보의 압축연단 콘크리트가 가정된 극한변형률인 0.003에 도달할 때 최외단 인장철근의 순인장변형률 ϵ_t가 인장지배한계변형률 한계 이상인 단면을 유지할 수 있는 최대철근비 ρ_t는 균형철근비 ρ_b의 몇 배인가? (단, f_y=600MPa, f_{ck}=25MPa, 「콘크리트구조기준(2012)」을 적용한다.)

① $\dfrac{3}{4}$ ② $\dfrac{4}{7}$

③ $\dfrac{5}{9}$ ④ $\dfrac{5}{7}$

> **TIP**
> $$\varepsilon_y = \frac{f_y}{E_s} = \frac{600}{(2 \times 10^5)} = 0.003$$
> $$\varepsilon_{t,tcl} = 2.5 \varepsilon_y = 2.5 \times 0.003 = 0.0075$$
> $$\frac{\rho_t}{\rho_b} = \frac{0.003 + \varepsilon_y}{0.003 + \varepsilon_{t,tcl}} = \frac{0.003 + 0.003}{0.003 + 0.0075} = \frac{60}{105} = \frac{4}{7}$$

19 그림과 같은 보에서 4개의 종방향 인장철근 중 2개를 절단할 수 있는 이론적인 절단점의 길이 x는? (단, 인장철근이 2개인 단면의 설계휨모멘트 ϕM_n =100kN · m)

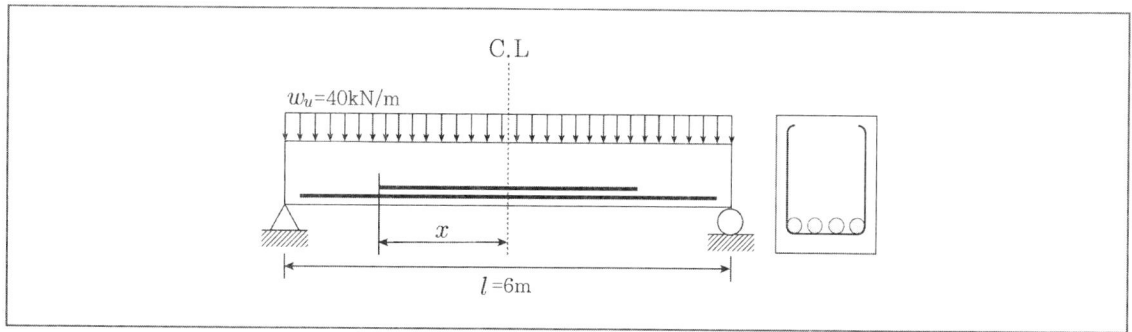

① 1,000mm
② 1,200mm
③ 1,600mm
④ 2,000mm

○**TIP** $M = \dfrac{wab}{2} = \dfrac{wa(l-a)}{2} = \dfrac{40a(6-a)}{2} = 120a - 20a^2$

$M = \phi M_n$ 이므로 $120a - 20a^2 = 100$이 된다.

$a^2 - 6a - 5 = 0$이므로 $(a-1)(a-5) = 0$

이를 만족하는 $a = 1[m]$가 되므로 $x = \dfrac{l}{2} - a = \dfrac{6}{2} - 1 = 2[m]$

20 「도로교 설계기준(2015)」에 제시된 콘크리트 교량구조의 한계상태에 대한 설명으로 가장 옳지 않은 것은?

① 사용한계상태는 사용자의 안전을 위험하게 하는 구조적 손상 또는 파괴에 관련된 것이다.
② 극한한계상태를 부재의 정역학적 평형 손실 한계상태 등에 대하여 검토한다.
③ 한계상태는 설계에서 요구하는 성능을 더 이상 발휘할 수 없는 한계이다.
④ 피로한계상태는 교량의 사용 수명 동안 작용하는 활하중에 의한 교번응력에 대하여 검토한다.

○**TIP** 사용한계상태는 정상적 사용 중에 구조적 기능과 사용자의 안녕, 그리고 구조물의 외관에 관련된 특정한 사용성 요구 성능을 더 이상 만족시키지 않는 한계상태이다. 사용자의 안전을 위험하게 하는 구조적 손상이나 파괴는 극한한계상태로 볼 수 있다.

Answer 17.① 18.② 19.④ 20.①

토목설계   2020. 7. 11. 인사혁신처 시행

1 철근콘크리트 휨부재의 강도설계법에 대한 기본적인 요구사항을 옳게 표시한 것은? (단, M_n은 공칭휨강도, M_d는 설계휨강도, M_u는 계수휨모멘트, ϕ는 강도감소계수이며, KDS 14 20 10 및 KDS 14 20 20을 따른다)

① $M_d \leq M_u(=\phi M_n)$
② $M_d \leq M_n(=\phi M_u)$
③ $M_u \leq M_n(=\phi M_d)$
④ $M_u \leq M_d(=\phi M_n)$

○TIP 강도설계법의 조건은 설계휨강도가 계수하중보다 더 커야 한다는 것이며 이를 식으로 나타내면 $M_u \leq M_d(=\phi M_n)$가 된다.

2 그림과 같은 단철근 철근콘크리트 직사각형 보가 균형변형률 상태에 있을 때, 압축연단에서 중립축까지 거리 c [mm]는? (단, 콘크리트 압축연단의 극한변형률 ε_{cu} =0.003, 철근의 설계기준항복강도 f_y =400 MPa, 철근의 탄성계수 E_s =200,000 MPa, A_s는 인장철근 단면적이며, KDS 14 20 20을 따른다)

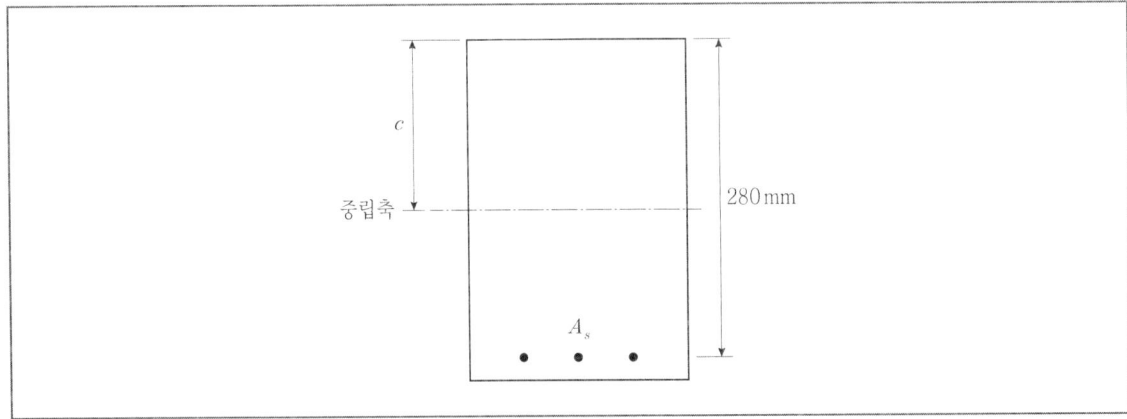

① 168
② 180
③ 192
④ 204

○TIP $c_b = \dfrac{600}{600+f_y}d = \dfrac{600}{600+400} \times 280 = 168 [\text{mm}]$

3 그림과 같은 볼트구멍이 있는 강판에 인장력 T가 작용할 때, 순단면적[mm²]은? (단, 볼트구멍의 직경 $d=25$mm, 강판의 두께 $t=10$mm이며, KDS 14 31 10을 따른다)

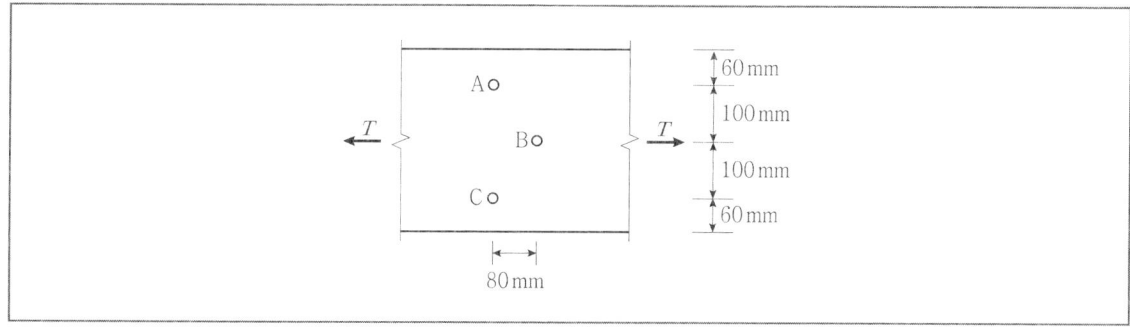

① 2,450
② 2,700
③ 2,770
④ 3,075

○ TIP $b_g = 60 + 100 + 100 + 60 = 320 [\text{mm}]$
$b_{n2} = b_g - 2d_h = 320 - 2 \times 25 = 270 [\text{mm}]$
$b_{n3} = b_g - 3d_h + \dfrac{p^2}{4g} \times 2 = 320 - 3 \times 25 + \dfrac{80^2}{4 \times 100} \times 2 = 277 [\text{mm}]$
$b_n = [b_{n2},\ b_{n3}]_{\min} = 270 [\text{mm}]$
$A_n = b_n \times t = 270 \times 10 = 2,700 [\text{mm}^2]$

※ 엇모배치의 경우 다음의 식으로 순단면적을 산정한다.

$$A_n = A_g - n \times d \times t + \sum \dfrac{s^2}{4g} \times t$$

볼트가 다음의 그림과 같이 엇모배치로 되어 있는 경우에는 4가지 파단선을 생각해볼 수 있다. 이들 각 경우에 대한 순단면적을 구하면 다음과 같다.

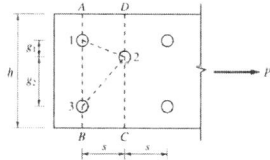

파단선 A-1-3-B : $A_g = (h - 2d) \times t$

파단선 A-1-2-3-B : $A_g = \left(h - 3d + \dfrac{s^2}{4g_1} + \dfrac{s^2}{4g_s}\right) \times t$

파단선 A-1-2-C : $A_n = \left(h - 2d + \dfrac{s^2}{4g_1}\right) \times t$

파단선 D-2-3-B : $A_n = \left(h - 2d + \dfrac{s^2}{4g_2}\right) \times t$

이 중 순단면적의 크기가 가장 작은 경우가 실제로 파괴가 일어나게 되는 파단선이며 인장재의 순단면적이 된다. 위의 4가지 파단선 중 A-1-2-C와 D-2-3-B의 순단면적은 파단선 A-1-3-B의 경우보다 항상 크게 되므로 파단선 A-1-2-C와 D-2-3-B의 경우는 처음부터 고려할 필요가 없음을 알 수 있다.

Answer 1.④ 2.① 3.②

4 그림과 같은 자중을 포함한 등분포하중 w가 작용하는 단순 지지된 프리스트레스트 콘크리트 보의 경간 중앙에서 단면 하단의 콘크리트 응력을 0이 되게 하는 프리스트레스 힘 P [kN]는? (단, 긴장재는 콘크리트 보의 단면도심에 배치되어 있으며, 콘크리트 보의 단면적은 긴장재를 무시한 총단면적을 사용한다)

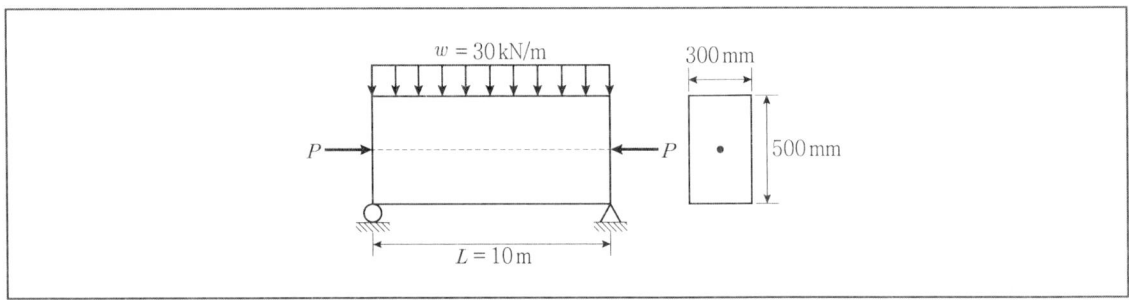

① 3,000
② 3,500
③ 4,500
④ 6,000

◎ TIP 강도개념을 적용하면 손쉽게 풀 수 있는 문제이다.

단면 하단의 콘크리트 응력이 0이 되려면 $z = e_p + \dfrac{h}{6} = 0 + \dfrac{0.5}{6} = \dfrac{1}{12}$[m]이어야 한다.

응력이 0이 되려면 작용모멘트와 저항모멘트가 서로 같아야 하므로 $\dfrac{wl^2}{8} = P \times z$를 만족해야 하므로 $P = \dfrac{wl^2}{8z}$이다.

따라서 $P = \dfrac{30 \times 10^2}{8 \times \dfrac{1}{12}} = 4,500$[kN]

5 필릿용접에 대한 설명으로 옳지 않은 것은? (단, KDS 14 31 25를 따른다)

① 유효면적은 유효길이에 유효목두께를 곱한 것으로 한다.
② 유효길이는 필릿용접의 총길이에서 용접치수의 3배를 공제한 값으로 한다.
③ 유효목두께는 용접치수의 0.7배로 한다.
④ 단속 필릿용접의 한 세그멘트 길이는 용접치수의 4배 이상이며 최소 40mm이어야 한다.

◎ TIP 유효길이는 필릿용접의 총길이에서 용접치수의 2배를 공제한 값으로 한다.

6 옹벽의 설계에 대한 설명으로 옳지 않은 것은? (단, KDS 14 20 72 및 KDS 14 20 74를 따른다)

① 부벽식 옹벽의 전면벽은 3변 지지된 2방향 슬래브로 설계할 수 있다.
② 저판의 뒷굽판은 뒷굽판 상부에 재하되는 모든 하중을 지지하도록 설계한다.
③ 캔틸레버식 옹벽의 전면벽은 저판에 지지된 캔틸레버로 설계할 수 있다.
④ 벽체에 배근되는 수직 및 수평철근의 간격은 벽두께의 4배와 500mm 중 큰 값으로 한다.

　TIP 벽체에 배근되는 수직 및 수평철근의 간격은 벽두께의 3배와 450mm 중 작은 값으로 한다.

7 철근콘크리트 기초판 설계에 대한 설명으로 옳지 않은 것은? (단, KDS 14 20 70을 따른다)

① 기초판은 계수하중과 그에 의해 발생되는 반력에 견디도록 설계하여야 한다.
② 기초판의 밑면적은 기초판에 의해 지반에 전달되는 계수하중과 지반의 극한지지력을 사용하여 산정하여야 한다.
③ 기초판에서 휨모멘트, 전단력에 대한 위험단면의 위치를 정할 경우, 원형 또는 정다각형인 콘크리트 기둥은 같은 면적의 정사각형 부재로 취급할 수 있다.
④ 말뚝기초의 기초판 설계에서 말뚝의 반력은 각 말뚝의 중심에 집중된다고 가정하여 휨모멘트와 전단력을 계산할 수 있다.

　TIP 기초판의 밑면적은 기초판에 의해 지반에 전달되는 사용하중과 지반의 허용지지력을 사용하여 산정하여야 한다.

Answer　4.③　5.②　6.④　7.②

8 1방향 철근콘크리트 슬래브의 수축·온도철근에 대한 설명으로 옳지 않은 것은? (단, KDS 14 20 50을 따른다)

① 수축·온도철근으로 배치되는 이형철근의 철근비는 어떠한 경우에도 0.0014 이상이어야 한다.

② 수축·온도철근의 간격은 슬래브 두께의 5배 이하, 또한 450mm 이하로 하여야 한다.

③ 설계기준항복강도 f_y가 400MPa 이하인 이형철근을 사용한 슬래브의 수축·온도철근의 철근비는 0.002 $\times \dfrac{200}{f_y}$ 이상이어야 한다.

④ 수축·온도철근은 설계기준항복강도 f_y를 발휘할 수 있도록 정착되어야 한다.

○**TIP** 설계기준항복강도 f_y가 400MPa 이하인 이형철근을 사용한 슬래브의 수축·온도철근의 철근비는 0.002 이상이어야 한다.

9 단순 지지된 철근콘크리트 직사각형 보에 자중을 포함한 계수등분포하중 w_u =40kN/m가 작용한다. 콘크리트가 부담하는 공칭전단강도 V_c =160kN일 때, 전단에 대한 위험단면에서 전단설계에 대한 설명으로 옳은 것은? (단, 보의 유효깊이 d =500mm, 보의 받침부 내면 사이의 경간 길이는 8m이며, KDS 14 20 22를 따른다)

① 전단철근을 배치할 필요가 없다.

② 최소 전단철근을 배치해야 한다.

③ 계수전단력 V_u = 160kN이다.

④ 계수전단력 V_u 는 콘크리트의 설계전단강도를 초과한다.

○**TIP** $V_u = w_w\left(\dfrac{l}{2}-d\right) = 40 \times \left(\dfrac{8}{2}-0.5\right) = 140[\text{kN}]$

$\phi V_c = 0.75 \times 160 = 120[\text{kN}]$

따라서 $V_u = 140[\text{kN}] > \phi V_c = 120[\text{kN}]$이므로 전단철근을 배치해야만 한다.

10 그림과 같은 KS F 2408에 규정된 콘크리트의 휨강도시험에서, 재하하중 P=22.5kN일 때 콘크리트 공시체가 BC 구간에서 파괴될 경우, 공시체의 휨강도[MPa]는?

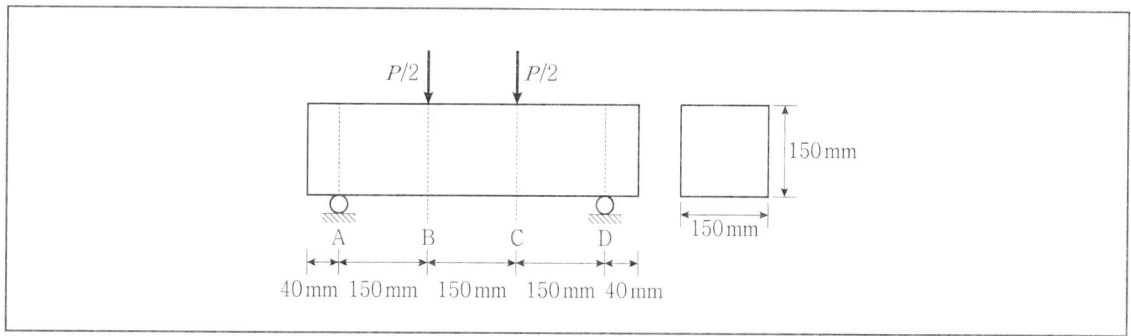

① 2
② 3
③ 4
④ 5

> **TIP**
> $f_r = \dfrac{M}{I}y = \dfrac{\dfrac{P}{2} \times \dfrac{L}{3}}{\dfrac{bd^3}{12}} \times \dfrac{d}{2} = \dfrac{PL}{bd^2}$ 이므로
>
> $f_r = \dfrac{PL}{bd^2} = \dfrac{(22.5 \times 10^3) \times 450}{150 \times 150^2} = 3[\text{MPa}]$

11 그림과 같은 단철근 철근콘크리트 직사각형 보에서 인장철근의 응력 f_s [MPa]는? (단, 콘크리트의 설계기준압축강도 f_{ck} =21MPa, 철근의 설계기준항복강도 f_y =400MPa, 철근의 탄성계수 E_s = 200,000MPa, ε_{cu} 는 콘크리트 압축연단의 극한변형률, ε_s 는 인장철근의 변형률이며, KDS 14 20 20을 따른다)

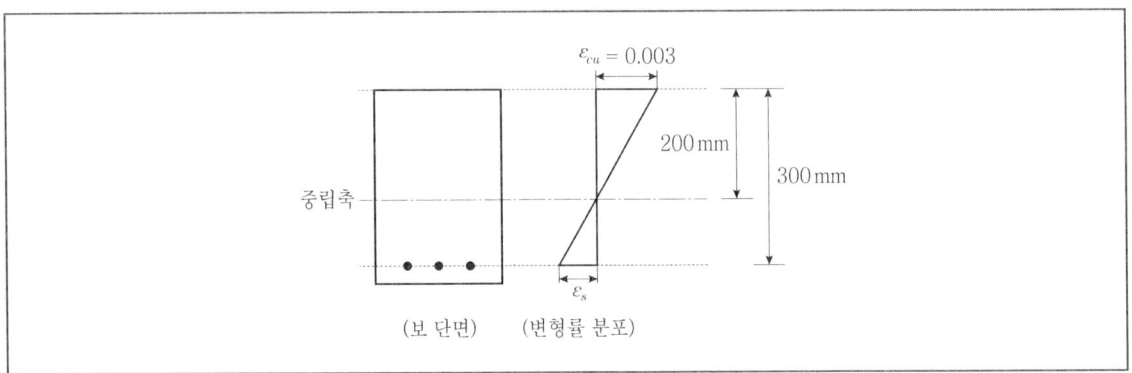

① 300
② 350
③ 400
④ 450

OTIP
$\varepsilon_y = \dfrac{f_y}{E_s} = \dfrac{400}{200,000} = 0.002$

$\varepsilon_s = \dfrac{d-c}{c} \times 0.003 = \dfrac{300-200}{200} \times 0.003 = 0.0015$

$\varepsilon_s = 0.0015 < \varepsilon_y = 0.002$ 이므로 $f_s = E_s \varepsilon_s = 200,000 \times 0.0015 = 300 [\text{MPa}]$

12 보통중량콘크리트를 사용한 철근콘크리트 직사각형 보에서 상세한 계산을 하지 않는 경우 콘크리트의 공칭전단강도 V_c [kN]는? (단, 보의 폭 b =400mm, 유효깊이 d =600mm, 콘크리트의 설계기준압축강도 f_{ck} =36MPa이며, KDS 14 20 22를 따른다)

① 120
② 240
③ 360
④ 480

OTIP $V_c = \dfrac{1}{6} \lambda \sqrt{f_{ck}} b_w d = \dfrac{1}{6} \times 1 \times \sqrt{36} \times 400 \times 600 = 240 [\text{kN}]$

13 철근콘크리트 비횡구속 골조의 압축부재에서 장주효과를 무시할 수 있는 회전반지름 r의 최솟값[mm]은? (단, 압축부재의 유효좌굴길이 kl_u =3.3m이며, KDS 14 20 20을 따른다)

① 50　　　　　　　　　　　　② 100
③ 150　　　　　　　　　　　　④ 200

TIP 비횡구속 골조인 경우 장주효과를 무시할 수 있는 경우는 $\lambda = \dfrac{k \times l_u}{r} \leq 22$인 경우이다.

따라서 $r \geq \dfrac{kl_u}{22} = \dfrac{3.3 \times 10^3}{22} = 150[\text{mm}]$

※ 단주와 장주의 구분

세장비 $\lambda = \dfrac{k \times l_u}{r}$ 가 다음 값보다 작으면 장주로 인한 영향을 무시해서 단주로 해석할 수 있다.

• 비횡구속 골조 : $\lambda = \dfrac{k \times l_u}{r} \leq 22$

• 횡구속 골조 : $\lambda = \dfrac{k \times l_u}{r} \leq 34 - 12 \times \left(\dfrac{M_1}{M_2}\right) \leq 40$

M_1 : 1차 탄성해석에 의해 구한 단모멘트 중 작은 값
M_2 : 1차 탄성해석에 의해 구한 단모멘트 중 큰 값
M_1/M_2 : 단곡률(−), 복곡률(+)이며 −0.5 이상의 값이어야 한다.

• 비횡구속 골조란 횡방향 상대변위가 방지되어 있지 않은 압축부재이다.

14 단철근 철근콘크리트 직사각형 보의 단면이 인장지배단면이고, 극한상태에서 단면에 발생하는 압축력이 1,190kN일 때, 보의 공칭휨강도 M_n[kN·m]은? (단, 보의 폭 b =400mm, 유효깊이 d =550mm, 콘크리트의 설계기준압축강도 f_{ck} =35MPa이며, KDS 14 20 20을 따른다)

① 595　　　　　　　　　　　　② 645
③ 695　　　　　　　　　　　　④ 745

TIP $C = 0.85 f_{ck} ab = T = A_s f_y$ 를 충족시켜야 하므로

$a = \dfrac{A_s f_y}{0.85 f_{ck} b} = \dfrac{C}{0.85 f_{ck} b} = \dfrac{1,190 \times 10^3}{0.85 \times 35 \times 400} = 100[\text{mm}]$

$M_n = C \times z = C \times \left(d - \dfrac{a}{2}\right) = 1,190 \times \left(550 - \dfrac{100}{2}\right) = 595[\text{kN} \cdot \text{m}]$

Answer 11.① 12.② 13.③ 14.①

15 단철근 철근콘크리트 직사각형 보의 폭 b =400mm, 유효깊이 d =400mm, 콘크리트의 설계기준압축강도 f_{ck} =24MPa, 철근의 설계기준항복강도 f_y =400MPa, 인장철근 단면적 A_s =2,040mm²일 때, 보의 공칭휨강도 M_n[kN · m]은? (단, KDS 14 20 20을 따른다)

① 240.6
② 264.2
③ 285.6
④ 359.4

OTIP
$$a = \frac{A_s f_y}{0.85 f_{ck} b} = \frac{2,040 \times 400}{0.85 \times 24 \times 400} = 100 [\text{mm}]$$
$$M_n = A_s f_y \left(d - \frac{a}{2}\right) = 2,040 \times 400 \times \left(400 - \frac{100}{2}\right) = 285.6 [\text{kN} \cdot \text{m}]$$

16 단순 지지된 철근콘크리트 직사각형 보에서 자중을 포함한 계수등분포하중 w_u =48kN/m가 작용할 때, 전단에 대한 위험단면에서 계수전단력 V_u[kN]는? (단, 보의 유효깊이 d =500mm, 보의 받침부 내면 사이의 경간 길이는 6m이며, KDS 14 20 22를 따른다)

① 108
② 120
③ 132
④ 144

OTIP
$$V_u = w_u \left(\frac{l}{2} - d\right) = 48 \times \left(\frac{6}{2} - 0.5\right) = 120 [\text{kN}]$$

17 처짐량을 계산해 보지 않아도 되는 경우에 해당하는 단순 지지된 철근콘크리트 보의 최소 두께[mm]는? (단, 보의 길이 $l=3.2m$, 보통중량콘크리트와 설계기준항복강도 $f_y=350MPa$인 철근을 사용하며, 보는 큰 처짐에 의하여 손상되기 쉬운 칸막이벽이나 기타 구조물을 지지하지 않는 부재이며, KDS 14 20 30을 따른다)

① 149
② 160
③ 186
④ 200

○TIP f_y가 400MPa 이외인 경우에는 계산된 h_{min}값에 $\left(0.43+\dfrac{f_y}{700}\right)$를 곱해야 한다.

따라서 $h_{min} = \dfrac{l}{16}\left(0.43+\dfrac{f_y}{700}\right) = \dfrac{3,200}{16}\left(0.43+\dfrac{350}{700}\right) = 200 \times 0.93 = 186[mm]$

※ 처짐의 제한
 ㉠ 부재의 처짐과 최소두께: 처짐을 계산하지 않는 경우의 보 또는 1방향 슬래브의 최소두께는 다음과 같다. (L은 경간의 길이)

부재	최소 두께 또는 높이			
	단순지지	일단연속	양단연속	캔틸레버
1방향 슬래브	$L/20$	$L/24$	$L/28$	$L/10$
보	$L/16$	$L/18.5$	$L/21$	$L/8$

 ㉡ 위의 표의 값은 보통콘크리트($m_c = 2,300 kg/m^3$)와 설계기준항복강도 400MPa철근을 사용한 부재에 대한 값이며 다른 조건에 대해서는 그 값을 다음과 같이 수정해야 한다.
  $1,500 \sim 2,000 kg/m^3$ 범위의 단위질량을 갖는 구조용 경량콘크리트에 대해서는 계산된 h_{min}값에 $(1.65 - 0.00031 \times m_c)$를 곱해야 하나 1.09보다 작지 않아야 한다.

Answer 15.③ 16.② 17.③

18 그림과 같은 복철근 철근콘크리트 직사각형 보가 극한상태에서 인장철근과 압축철근이 모두 항복할 때, 압축연단에서 중립축까지 거리 c[mm]는? (단, 철근의 설계기준항복강도 f_y =400MPa, 콘크리트의 설계기준압축강도 f_{ck} =20MPa, A_s는 인장철근 단면적, $A_s{'}$은 압축철근 단면적이며, KDS 14 20 20을 따른다)

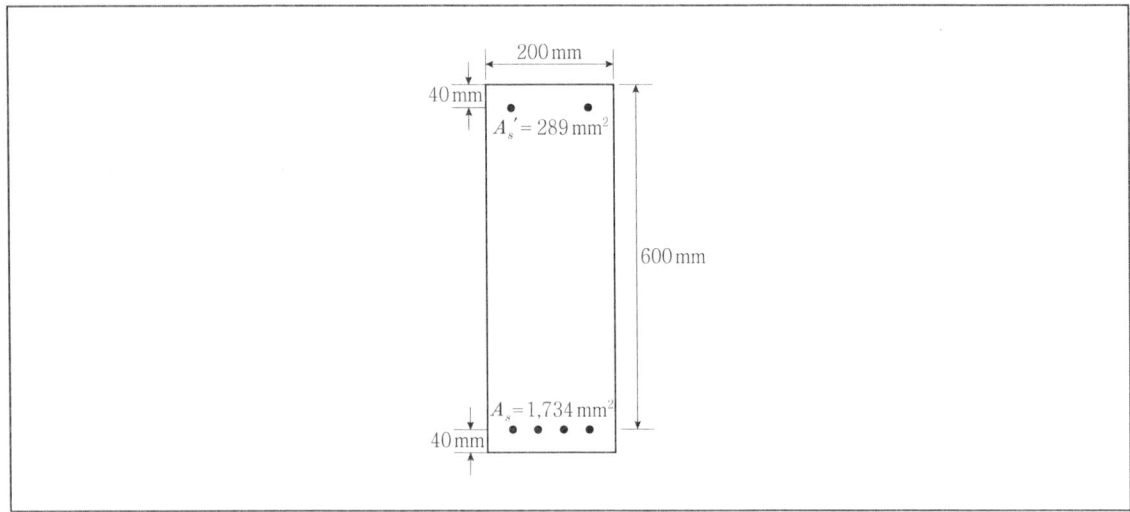

① 140
② 160
③ 180
④ 200

○ TIP $a = \dfrac{(A_s - A_s{'})f_y}{0.85 f_{ck} b} = \dfrac{(1,734 - 289) \times 400}{0.85 \times 20 \times 200} = 170[\text{mm}]$

$f_{ck} \leq 28[\text{MPa}]$인 경우 $\beta_1 = 0.85$이므로

$c = \dfrac{a}{\beta_1} = \dfrac{170}{0.85} = 200[\text{mm}]$

19 연속보 형식의 프리스트레스트 콘크리트 교량의 공법에 대한 설명으로 옳지 않은 것은?

① 캔틸레버 공법(FCM)에는 현장타설 콘크리트 공법과 프리캐스트 세그멘탈 공법을 적용할 수 있다.
② 이동식 비계공법(MSS)은 가설 중의 상부구조 중량을 이동식 비계를 통해서 지반에 직접 전달하는 공법이다.
③ 경간단위 공법(SSM)은 프리캐스트 콘크리트 세그먼트를 한 경간 단위로 가설을 진행하여 연속보를 완공하는 공법이다.
④ 연속압출공법(ILM)은 부재를 압출하는 방법으로 부재를 당기는 형식, 또는 들고 미는 형식을 사용한다.

○ TIP 이동식 비계공법(MSS)은 가설 중의 상부구조 중량을 이동식 비계를 통해서 교각으로 전달하는 공법이다.

20 그림과 같은 긴장재를 편심 배치한 프리스트레스트 콘크리트 보에 자중을 포함한 등분포하중 w가 작용한다. 내력개념에 기초하여 해석할 때, 경간 중앙 위치에서 보 단면의 도심과 단면 내 압축력 C의 작용점 사이의 거리 e' [mm] 및 하단 수직응력 f_{bot} [MPa]는? (단, 프리스트레스 힘 P=1,000kN이고, 콘크리트 보의 단면적은 긴장재를 무시한 총단면적을 사용한다)

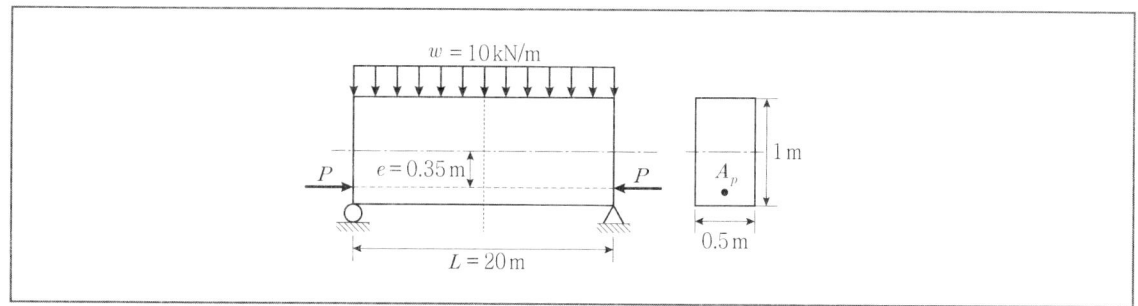

	e'	f_{bot}
①	150	0.2(압축)
②	150	3.8(압축)
③	350	−0.2(인장)
④	350	−3.8(인장)

TIP
$M = \dfrac{wL^2}{8} = \dfrac{10 \times 20^2}{8} = 500 [\text{kN}]$

$z = \dfrac{M}{P} = \dfrac{500}{1,000} = 0.5[\text{m}] = 500[\text{mm}]$

$e' = z - e_p = 500 - 350 = 150[\text{mm}]$

$f_{하연} = \dfrac{C}{A} - \dfrac{Ce'}{I}y = \dfrac{C}{A}\left(1 - \dfrac{6e'}{h}\right) = \dfrac{1,000 \times 10^3}{500 \times 1,000}\left(1 - \dfrac{6 \times 150}{1,000}\right) = 0.2[\text{MPa}]$

※ 강도개념(내력모멘트개념)
프리스트레스트 콘크리트 해석 시 압축력은 콘크리트가 받고 인장력은 긴장재가 받도록 하여 두 힘에 의한 우력이 외력모멘트에 저항한다는 개념이다.

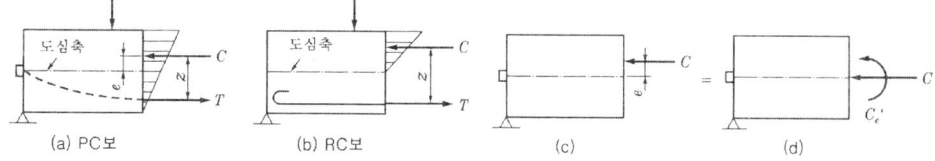

(a) PC보　(b) RC보　(c)　(d)

휨모멘트 $M = Cz = Tz$

강재에 작용하는 인장력을 P라고 하면 $f_c = \dfrac{C}{A} \pm \dfrac{C \times e'}{A}y = \dfrac{P}{A} \pm \dfrac{P \times e'}{I}y$

토목설계 2020. 6. 13. 제1회 지방직 시행

1 그림과 같이 높이(h)가 800mm이고, 길이(L)가 20m인 PSC 단순보에서, 긴장력(P) 8,000kN을 작용시켰을 때, 긴장력에 의한 등가등분포 상향력 U [kN/m]는? (단, 중앙부 편심(e) 300mm, 양 단부 편심(e) 0mm로 2차 포물선으로 긴장재가 배치되어 있으며, 자중 및 긴장력 손실은 무시한다)

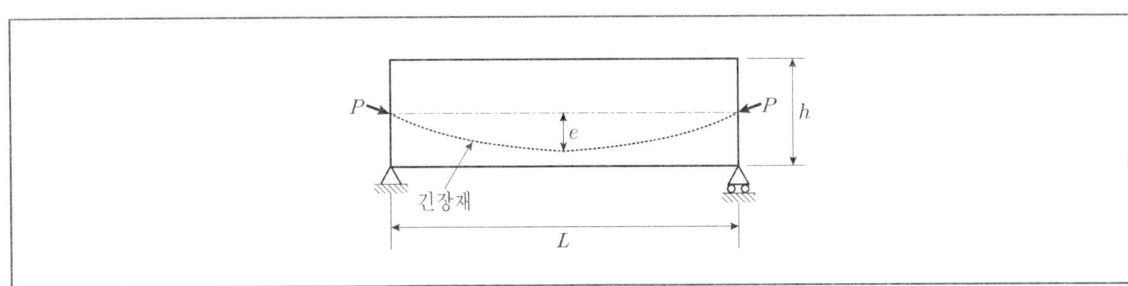

① 48
② 34
③ 20
④ 16

TIP $U = \dfrac{8Ps}{L^2} = \dfrac{8 \times 8,000 \times 0.3}{20^2} = 48 [\text{kN/m}]$

2 그림과 같이 기둥의 단부 조건이 양단 힌지이며, 비지지길이가 l_u 인 기둥의 좌굴하중은? (단, E는 탄성계수, I는 단면 2차 모멘트이며, 탄성 좌굴로 거동한다)

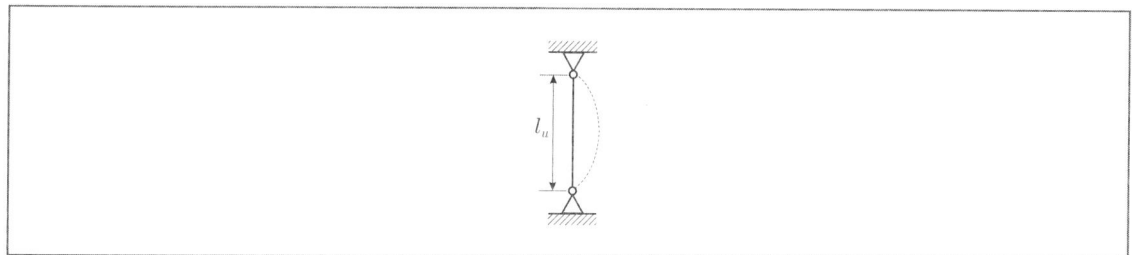

① $\dfrac{0.25\pi^2 EI}{(l_u)^2}$

② $\dfrac{\pi^2 EI}{(l_u)^2}$

③ $\dfrac{2.04\pi^2 EI}{(l_u)^2}$

④ $\dfrac{4\pi^2 EI}{(l_u)^2}$

O TIP 기둥의 단부 조건이 양단 힌지이며, 비지지길이가 l_u 인 기둥의 좌굴하중은 $\dfrac{\pi^2 EI}{(l_u)^2}$ 이 된다.

(양단이 힌지로 되어 있으므로 유효길이계수값(K)은 1.0이 되므로 $l_k = K l_u = l_u$ 가 된다.)

탄성좌굴하중 $P_{cr} = \dfrac{\pi^2 EI_{\min}}{(KL)^2} = \dfrac{n \cdot \pi^2 EI_{\min}}{L^2} = \dfrac{\pi^2 EA}{\lambda^2}$

좌굴응력 $f_{cr} = \dfrac{P_{cr}}{A} = \dfrac{\pi^2 EI_{\min}}{(KL)^2 \cdot A} = \dfrac{\pi^2 E \cdot r_{\min}^2}{(KL)^2} = \dfrac{\pi^2 E}{\lambda^2}$

유효좌굴길이 $L_k = K \cdot L$ (K: 좌굴계수, L: 부재길이)

단부구속조건	양단 고정단	1단 힌지단 타단 고정단	양단 힌지단	1단 자유단 타단 고정단
좌굴계수	0.50	0.70	1.0	2.0

Answer 1.① 2.②

3 그림과 같은 복철근 직사각형보의 공칭휨강도 M_n 및 등가직사각형 응력블록의 깊이 a를 구하는 식은? (단, 인장철근 및 압축철근은 항복하였고, 콘크리트 설계기준압축강도는 f_{ck}, 철근의 설계기준항복강도는 f_y이며, 콘크리트구조 휨 및 압축 설계기준(KDS 14 20 20: 2016)을 따른다)

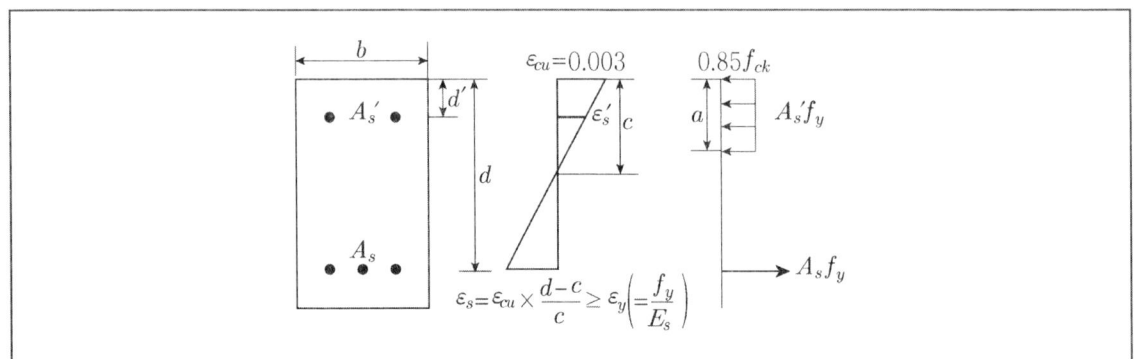

	M_n	a
①	$A_s'f_y(d-d') + (A_s - A_s')f_y\left(d - \dfrac{a}{2}\right)$	$\dfrac{(A_s - A_s')f_y}{0.85f_{ck}}$
②	$A_s'f_y(d-d') + (A_s - A_s')f_y\left(d - \dfrac{a}{2}\right)$	$\dfrac{(A_s - A_s')f_{ck}}{0.85f_y b}$
③	$A_s f_y(d-c) + (A_s - A_s')f_y\left(d - \dfrac{a}{2}\right)$	$\dfrac{(A_s - A_s')f_y}{0.85f_{ck} b}$
④	$A_s'f_y(d-d') + (A_s - A_s')f_y\left(d - \dfrac{a}{2}\right)$	$\dfrac{(A_s - A_s')f_y}{0.85f_{ck} b}$

○TIP 복철근보의 휨모멘트 산정식

$$M_n = A_s'f_y(d-d') + (A_s - A_s')f_y\left(d - \dfrac{a}{2}\right)$$

$$a = \dfrac{(A_s - A_s')f_y}{0.85f_{ck}b}$$

[복잡해 보이는 식이지만 필히 암기하고 있어야 한다. 이를 묻는 문제가 최근 몇 년 사이 빈번히 출제되고 있다.]

4 포스트텐션에 의한 프리스트레스를 도입할 때 발생 가능한 즉시 손실의 원인만을 모두 고르면?

> ㉠ 정착장치의 활동
> ㉡ 콘크리트 크리프
> ㉢ 콘크리트 탄성변형
> ㉣ 콘크리트 건조수축
> ㉤ PS강재의 릴렉세이션
> ㉥ PS강재와 쉬스 사이의 마찰

① ㉠, ㉡, ㉤
② ㉠, ㉢, ㉥
③ ㉡, ㉢, ㉣
④ ㉡, ㉢, ㉥

○**TIP** 프리스트레스의 손실 원인
　㉠ 도입 시 발생하는 손실 : PS강재의 마찰, 콘크리트 탄성변형, 정착장치의 활동
　㉡ 도입 후 손실 : 콘크리트의 건조수축, PS강재의 릴렉세이션, 콘크리트의 크리프

5 편심이 없는 중심 축하중만을 받는 I형 단면을 가진 강재 기둥 설계에 대한 설명으로 옳지 않은 것은? (단, 자중 및 국부좌굴은 고려하지 않는다)

① 하중이 임계좌굴하중에 도달하면 기둥은 세장비가 가장 작은 주축에 대해 좌굴이 발생한다.
② 지점조건, 비지지길이, 단면적이 모두 일정할 때 단면의 회전반경이 증가하면 좌굴하중은 증가한다.
③ 탄성좌굴을 유발하는 평균압축응력은 세장비의 제곱에 반비례한다.
④ 좌굴응력이 비례한계보다 작은 경우, 탄성상태에서 좌굴이 발생한다.

○**TIP** 하중이 임계좌굴하중에 도달하면 기둥은 세장비가 가장 큰 축에 대해 좌굴이 발생한다.

Answer 3.④ 4.② 5.①

6 그림과 같이 슬래브와 보를 일체로 타설한 경간이 20m인 단순지지된 철근콘크리트 보가 있다. 빗금친 T형 단면에 대한 내용으로 옳은 것은? (단, 콘크리트구조 해석과 설계 원칙(KDS 14 20 10: 2016)을 따른다)

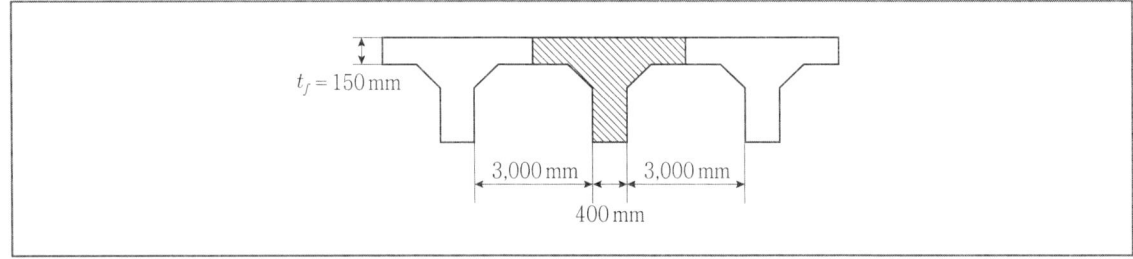

① t_f를 180mm로 증가시키면 빗금친 T형 단면의 유효폭(b)은 증가한다.
② 경간 중앙의 T형 단면에서 종방향 휨모멘트에 의해 슬래브 콘크리트 전체 단면이 종방향 인장응력을 받는다.
③ 등가직사각형 응력블록 깊이(a)가 t_f보다 크면 직사각형 단면으로 간주하여 해석한다.
④ 빗금친 T형 단면의 유효폭(b)은 3,000mm이다.

OTIP ② 경간 중앙의 T형 단면에서 종방향 휨모멘트에 의해 중립축 위쪽은 압축력을 받고 중립축 아래쪽은 인장력을 받게 된다.
③ 정(+)의 모멘트를 받고 있으며 등가직사각형 응력블록 깊이(a)가 t_f보다 크면(즉, 중립축이 플랜지 외부에 위치한 경우) T형보로 설계해야 한다.
※ T형보 해석의 기본원칙

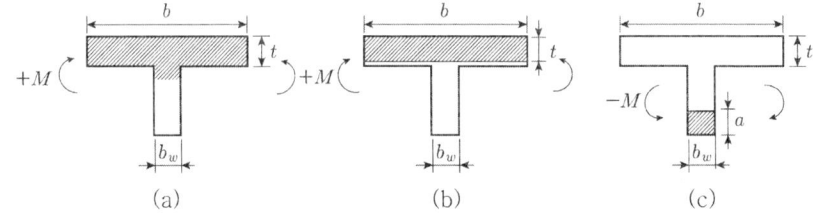

(a) : 정(+)의 모멘트를 받고 있으며 중립축이 플랜지 외부에 위치한 경우 T형보로 설계한다.
(b) : 정(+)의 모멘트를 받고 있으며 중립축이 플랜지 내부에 위치한 경우 폭을 b로 하는 직사각형보로 설계한다.
(c) : 부(-)의 모멘트를 받고 있으며 중립축이 플랜지 외부에 위치한 경우 폭을 b_w로 하는 직사각형보로 설계한다.
④ 빗금친 T형 단면의 유효폭(b)은 2,800mm이다.
※ T형보의 유효폭(다음 중 최솟값으로 한다.)
• 슬래브 두께의 16배+복부폭 : $16 \times 150 + 400 = 2,800$
• 양쪽 슬래브의 중심거리 : $3,000 + 400 = 3,400$
• 보의 경간의 1/4 : $20,000/4 = 5,000$

7 단면이 두꺼운 매스콘크리트 교량 확대기초 시공 시 온도균열의 방지나 제어를 위해 고려하는 방안으로 적절하지 않은 것은?

① 프리쿨링 또는 파이프쿨링을 적절히 적용한다.
② 1종 시멘트를 조강 시멘트로 대체하여 사용한다.
③ 1회당 콘크리트 타설 높이를 적절하게 나누어 시공한다.
④ 1종 시멘트 대신 중용열 시멘트 또는 저발열 시멘트를 사용한다.

> **TIP** 조강 시멘트는 급결이 되어 매스콘크리트 내부의 온도차가 많이 난 상태에서 굳어진 부분과 그렇지 않은 부분들이 서로 응력 차이가 발생하게 되어 온도에 의한 균열을 유발시키므로 매스콘크리트 등의 대형 콘크리트 구조물에는 적합하지 않다. 일반적으로 매스콘크리트는 중용열 시멘트로 제작된 콘크리트로 시공한다.

8 암거와 라멘 구조물의 설계에 대한 설명으로 옳은 것은?

① 토압이 작용하는 경우 측벽에 작용하는 토압은 깊이에 따라 일정한 직사각형 분포로 고려한다.
② 상자암거 설계에서 활하중을 고려하지 않는다.
③ 매설된 경우에 매설깊이는 고려할 필요가 없다.
④ 라멘 구조물의 경우 일반적으로 수평부재와 연직부재가 만나는 절점부에서 모멘트에 대한 수평부재의 위험단면은 연직부재의 전면으로 볼 수 있다.

> **TIP** ① 토압이 작용하는 경우 측벽에 작용하는 토압은 사다리꼴로 분포하고 수압은 깊이에 따라 직선적으로 증가하는 직각삼각형 분포로 고려한다.
> ② 상자암거 설계에서 활하중을 필히 고려해야 한다.
> ③ 매설된 경우에 매설깊이를 필히 고려해야 한다.

Answer 6.① 7.② 8.④

9 휨모멘트와 축력을 받는 철근콘크리트 부재의 설계를 위한 일반 가정으로 옳지 않은 것은? (단, 콘크리트구조 휨 및 압축 설계기준(KDS 14 20 20 : 2016)을 따른다)

① 인장철근이 설계기준항복강도 f_y에 대응하는 변형률에 도달하고 동시에 압축연단 콘크리트가 가정된 극한변형률인 0.003에 도달할 때, 그 단면이 균형변형률 상태에 있다고 본다.
② 압축연단 콘크리트가 가정된 극한변형률인 0.003에 도달할 때 최외단 인장철근의 순인장변형률 ϵ_t가 압축지배변형률 한계 이하인 단면을 압축지배단면이라고 한다.
③ 휨부재의 강도를 증가시키기 위하여 추가 인장철근과 이에 대응하는 압축철근을 사용할 수 있다.
④ 압축연단 콘크리트가 가정된 극한변형률인 0.003에 도달할 때 최외단 인장철근의 순인장변형률 ϵ_t가 0.003인 단면은 인장지배단면으로 분류된다.

> **TIP** 압축연단 콘크리트가 가정된 극한변형률인 0.003에 도달할 때 최외단 인장철근의 순인장변형률이 0.005의 인장지배변형률 한계 이상인 단면을 인장지배단면이라고 한다.

10 그림과 같은 단면을 가진 T형보에 정모멘트가 작용할 때 극한상태에서의 등가직사각형 응력블록의 깊이 a가 200mm라면 콘크리트에 작용하는 압축력의 크기[kN]는? (단, f_{ck} =24MPa, f_y =400MPa이며, 콘크리트구조 휨 및 압축 설계기준(KDS 14 20 20 : 2016)을 따른다)

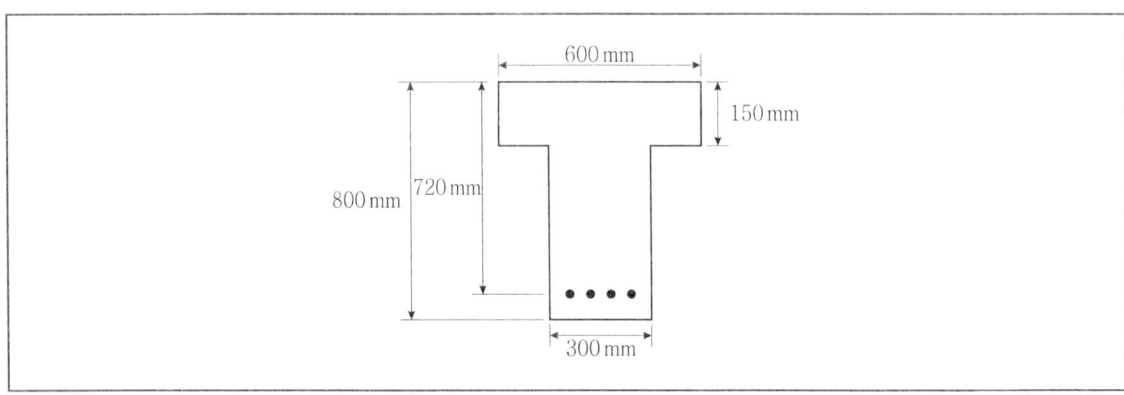

① 2,142
② 2,448
③ 2,520
④ 2,880

> **TIP** T형보이므로 중립축 위쪽은 압축, 아래쪽은 인장을 받게 된다. 따라서 압축력은 웨브에 가해지는 압축력과 플랜지에 가해지는 압축력의 합이 된다.
> $C_w = 0.85 f_{ck} a b_w = 0.85 \times 24 \times 200 \times 300 = 1,224$
> $C_f = 0.85 f_{ck} \times t_f (b - b_w) = 0.85 \times 24 \times 150(600 - 300) = 918$
> 이 둘의 합은 2,142[kN]이 된다.

11 전단철근이 부담해야 할 전단력 V_s =500kN일 때, 전단철근(수직스터럽)의 간격 s를 240mm로 하면 직사각형 단면에서 필요한 최소 유효깊이 d[mm]는? (단, 보통중량콘크리트이며 f_{ck} =36MPa, f_y =400MPa, b =400mm, 전단철근의 면적 A_v =500mm²이고, 콘크리트구조 전단 및 비틀림 설계기준(KDS 14 20 22 : 2016)을 따른다. 또한, 전단철근 최대간격 기준을 만족한다)

① 550
② 600
③ 650
④ 700

TIP 전단철근의 설계 시 전단철근이 감당할 수 있는 힘은 전단철근이 부담해야 하는 전단력 이상이어야 한다.
$V_s = \dfrac{A_s f_{yt} \times d}{s}$ 식에서 $d = \dfrac{V_s \times s}{A_v f_{yt}}$ 이 도출되며

유효깊이 d가 최솟값을 갖는 경우 유효깊이는
$d_{min} = \dfrac{V_s \times s}{A_v f_{yt}} = \dfrac{(500 \times 10^3) \times 240}{500 \times 400} = 600$mm이 된다.

Answer 9.④ 10.① 11.②

12 그림과 같이 기초에 편심하중이 작용할 때 기초 저면에 생기는 응력 분포 형상은? (단, 단위폭으로 고려하고, e =100mm, 지반 조건은 균일하며, 자중은 무시한다)

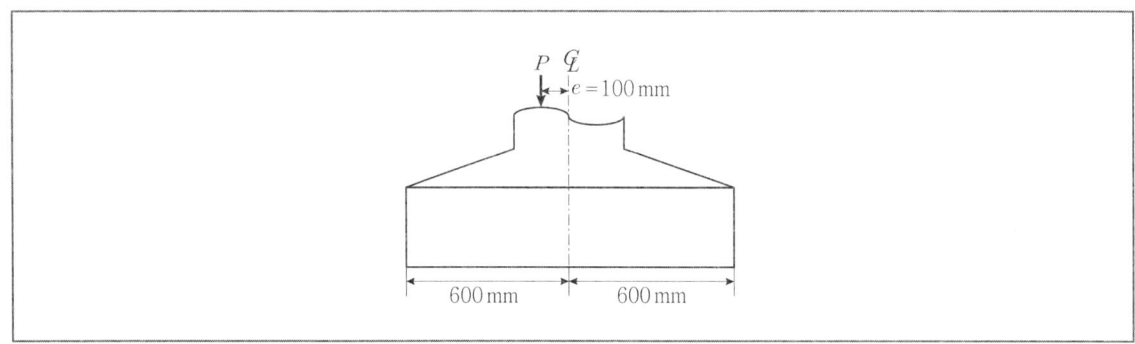

①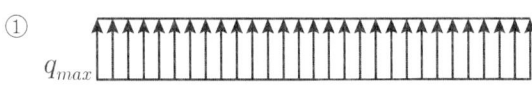

②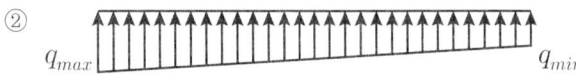

③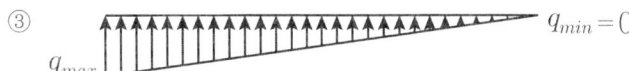

④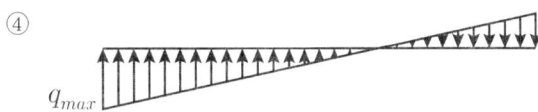

○**TIP** 직관적으로 ②와 같은 응력분포를 이루고 있음을 알 수 있다.
  우선 하중이 핵거리 이내에 위치하고 있으므로 인장응력이 발생하지는 않는다.
  ③과 같은 형상이 만들어지려면 $\frac{M}{P} = \frac{B}{6}$을 만족시켜야 하나 $\frac{M}{P} = e = 100$이고, $\frac{B}{6} = \frac{1,200}{6} = 200$이므로 이를 만족시키지 못한다. 그러므로 ②가 정답이 된다.

13 그림과 같이 중립축으로부터 편심거리 e 만큼 떨어진 지점에 긴장력 P를 작용시킨 프리스트레스트 콘크리트(PSC) 보의 중앙 단면에서의 응력 분포로 적절한 것은? (단, PSC 보의 프리스트레스만을 고려하고 자중은 무시하며, (+)는 압축응력, (−)는 인장응력으로 정의한다. 단면은 직사각형이며, 이외 다른 조건은 고려하지 않는다)

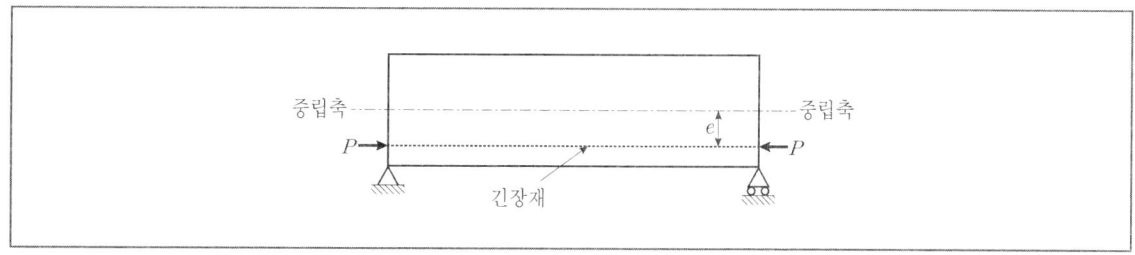

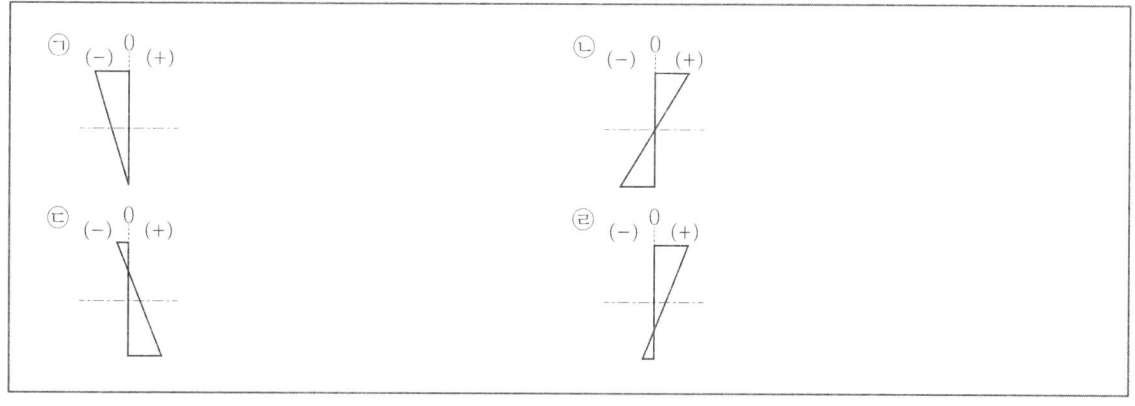

① ㉠
② ㉡
③ ㉢
④ ㉣

> **TIP** 이는 직관적으로 바로 정답을 맞출 수 있는 문제이다.
> 프리스트레스에 의해 보부재 하부에는 압축력이 가해지게 되며 보의 자중을 무시하였으므로 ㉢과 같은 응력분포가 이루어지게 된다.

Answer 12.② 13.③

14 그림과 같이 1방향 슬래브 단면에 주철근으로 D13 철근을 200mm 간격으로 보강하여 휨설계를 하고자 할 때, 등가직사각형 응력블록의 깊이 a[mm]는? (단, D13 철근 하나의 공칭단면적은 126mm²로 하고, 유효깊이 d =170mm, f_{ck} =21MPa, f_y =340MPa이며, 콘크리트구조 휨 및 압축 설계기준(KDS 14 20 20 : 2016)을 따른다)

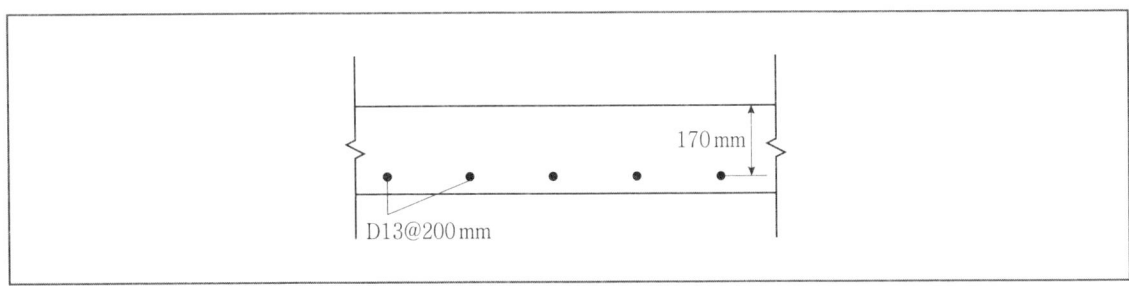

① 9.0
② 10.5
③ 12.0
④ 12.6

◯TIP $a = \dfrac{A_s f_y}{0.85 f_{ck} b} = \dfrac{630 \times 340}{0.85 \times 21 \times 1,000} = 12.0$

15 철근콘크리트 구조물에서 부착 철근의 중심 간격이 $5(c_c + d_b/2)$ 이하인 경우, 설계 균열폭을 감소시킬 수 있는 방법으로 옳지 않은 것은? (단, c_c는 최외단 인장철근의 최소피복두께, d_b는 철근 공칭지름을 의미하며, 콘크리트구조 사용성 설계기준(KDS 14 20 30 : 2016)을 따른다)

① 원형철근 대신 이형철근을 사용한다.
② 철근의 순피복 두께를 크게 한다.
③ 동일한 철근비에 대해 지름이 작은 철근을 사용한다.
④ 동일한 철근 지름에 대해 철근비를 크게 한다.

◯TIP 철근의 순피복 두께를 크게 하면 설계 균열폭이 오히려 증가하게 될 수 있다.

16 휨부재에서 f_{ck} =25MPa, f_y =500MPa일 때 인장이형철근(D25)의 겹침이음 길이[mm]는? (단, 콘크리트구조 정착 및 이음 설계기준(KDS 14 20 52 : 2016)을 따르며, λ =1.0, d_b =25mm, (배근철근량/소요철근량)=1.5로 한다)

① 1,500 ② 1,650
③ 1,800 ④ 1,950

TIP 인장이형철근의 정착길이를 계산을 하면
$$l_d = \frac{0.6 d_b f_y}{\lambda \sqrt{f_{ck}}} = \frac{0.6 \times 25 \times 500}{1.0 \sqrt{25}} = 1,500$$
문제에서 주어진 겹침이음의 경우 (배근 철근량/소요 철근량)=1.5로서 2.0보다 작은 값이므로 B급 철근이음이며 이러한 B급 철근이음일 때는 정착길이의 1.3배값이 겹침이음길이가 되므로 $1,500 \times 1.3 = 1,950$[mm]가 된다.
A급 이음의 이음길이는 $1.0 l_d$, B급 이음의 이음길이는 $1.3 l_d$이다.

배치된 철근량을 소요철근량으로 나눈 값	소요 겹침이음 길이 내의 이음된 철근의 단면적의 최대(%)	
	50 이하	50 초과
2 이상	A급	B급
2 미만	B급	B급

17 폭이 400mm, 높이가 400mm인 철근콘크리트 보에 대해 비틀림의 영향을 무시할 수 없는 계수 비틀림 모멘트의 최솟값[kN·m]은? (단, f_{ck} =36MPa인 보통중량콘크리트 보이며, 콘크리트구조 전단 및 비틀림 설계기준(KDS 14 20 22 : 2016)을 따르고, 비틀림모멘트만을 고려한다)

① 4 ② 6
③ 8 ④ 10

TIP $T_{cr} = \frac{1}{3} \lambda \sqrt{f_{ck}} \times \frac{A_{cp}^2}{P_{cp}} = \frac{1}{3} \times 1.0 \times \sqrt{36} \times \frac{(400^2)^2}{1,600} = 32[\text{kN} \cdot \text{m}]$

$\phi T_{cr} = 0.75 \times 32 = 24[\text{kN} \cdot \text{m}]$

$T_u < \frac{\phi T_{cr}}{4} = \frac{24}{4} = 6[\text{kN} \cdot \text{m}]$

T_u : 계수 비틀림 모멘트
T_{cr} : 균열 비틀림 모멘트
p_{cp} : 단면의 외부둘레길이
A_{cp} : 콘크리트 단면의 바깥 둘레로 둘러싸인 단면적으로서 뚫린 단면의 경우 뚫린 면적을 포함한다.

Answer 14.③ 15.② 16.④ 17.②

18 그림은 철근콘크리트 단순보에서 철근 배근을 표현한 것이다. 자중의 영향만을 고려할 때 전단철근과 지간 중앙에서의 압축철근을 바르게 연결한 것은? (단, 왼쪽 하단에 지점으로 지지되어 있다)

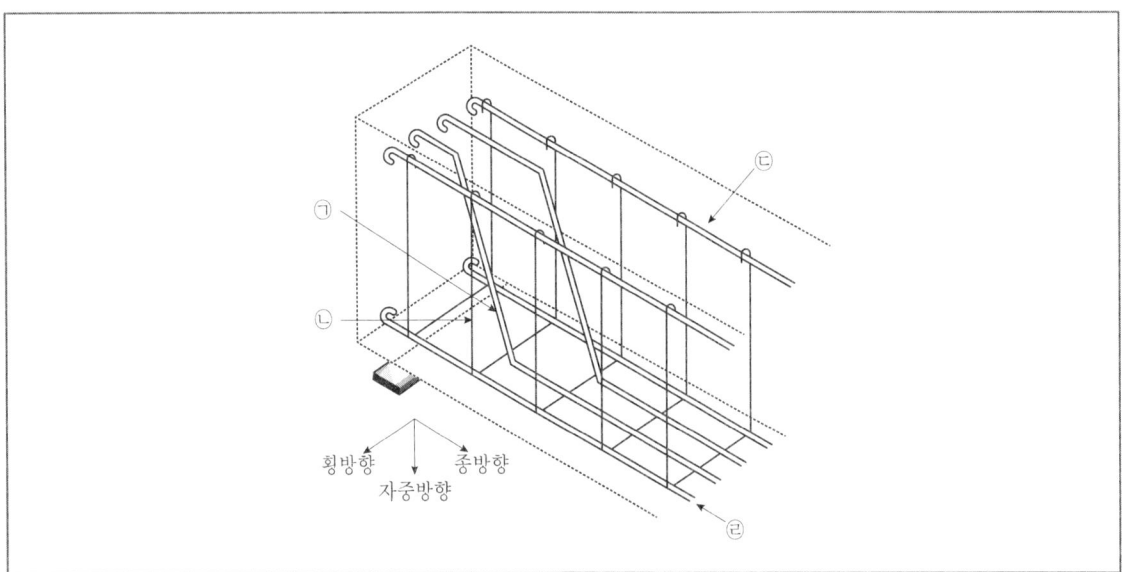

	전단철근	압축철근
①	㉠, ㉡	㉢
②	㉠, ㉡	㉣
③	㉡, ㉣	㉠
④	㉡, ㉣	㉢

> **TIP** ㉠은 굽힘철근으로서 전단철근의 역할을 한다.
> ㉡은 스터럽으로서 전단철근의 역할을 한다.
> ㉢은 압축철근이며 ㉣은 인장철근이다.

19 그림과 같은 동일 재질의 강재로 만들어진 직사각형 단면에 대해 $x-x$ 축에 대한 소성단면계수[×10^6 mm^3]는? (단, 좌굴은 고려하지 않는다)

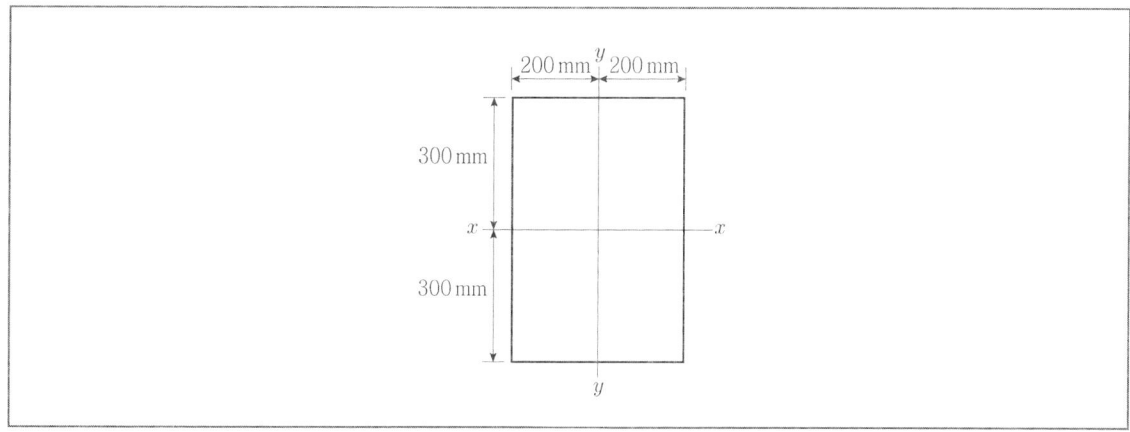

① 6
② 12
③ 24
④ 36

> **TIP** 직사각형 단면의 탄성단면계수 : $\dfrac{bh^2}{6}$
>
> 직사각형 단면의 소성단면계수 : $\dfrac{bh^2}{4}$
>
> 따라서 위의 식에 문제에서 주어진 조건을 대입하면
> $\dfrac{bh^2}{4} = \dfrac{400 \times 600^2}{4} = 36 \times 10^6 [\text{mm}^3]$

20 토목 철근콘크리트 구조물의 설계 방법에 대한 설명으로 옳지 않은 것은?

① 허용응력설계법은 구조물을 안전하게 설계하기 위해 하중에 의해 부재에 유발된 응력이 허용응력을 초과하였는지를 검증한다.
② 한계상태설계법은 하중과 재료에 대하여 각각 하중계수와 재료계수를 사용하여 이들의 특성을 설계에 합리적으로 반영한다.
③ 설계법은 이론, 재료, 설계 및 시공 기술 등의 발전과 더불어 강도설계법 → 허용응력설계법 → 한계상태설계법 순서로 발전되었다.
④ 강도설계법은 기본적으로 부재의 파괴상태 또는 파괴에 가까운 상태에 기초를 둔 설계법이다.

> **TIP** 설계법은 이론, 재료, 설계 및 시공 기술 등의 발전과 더불어 허용응력설계법 → 강도설계법 → 한계상태설계법 순서로 발전되었다.

Answer 18.① 19.④ 20.③

토목설계 2021. 4. 17. 인사혁신처 시행

1 보 또는 슬래브에서 부(-)모멘트에 의해 생긴 인장응력에 대하여 배치하는 철근은?

① 정철근
② 부철근
③ 전단철근
④ 옵셋굽힘철근

> **TIP** ① 정철근: 보 또는 슬래브에서 정(+)모멘트에 의해 생긴 인장응력에 대하여 배치하는 철근
> ② 부철근: 보 또는 슬래브에서 부(-)모멘트에 의해 생긴 인장응력에 대하여 배치하는 철근
> ④ 옵셋굽힘철근: 상하 기둥 연결부에서 단면치수가 변하는 경우에 배치되는 구부린 주철근

2 철근콘크리트 휨부재를 설계할 경우, 인장철근에 대한 최소 허용변형률 규정을 두는 이유는? (단, KDS 14 20 20 : 2021을 따른다)

① 균열발생을 억제하여 내구성을 증대하기 위함이다.
② 처짐감소를 통해 구조물의 사용성을 증대하기 위함이다.
③ 연성파괴를 유도하여 구조물의 안전성을 증대하기 위함이다.
④ 콘크리트 압축변형률을 증가시켜 보의 휨강도를 증대하기 위함이다.

> **TIP** 철근콘크리트 휨부재를 설계할 경우, 인장철근에 대한 최소 허용변형률 규정을 두는 이유는 휨부재의 연성을 확보하여 연성파괴를 유도함으로써 구조물의 안전성을 증대하기 위함이다.

3 구조부재의 단면에 작용하는 부재 내력과 응력에 관한 사항으로 옳지 않은 것은?

① 도심축에 작용하는 인장력은 단면 전체에 균일한 인장응력을 발생시킨다.
② 도심축에 작용하는 압축력은 단면 전체에 균일한 압축응력을 발생시킨다.
③ 보에 작용하는 휨모멘트는 단면의 상하에서 압축력과 인장력을 발생시킨다.
④ 단면에 평행하게 작용하는 전단력은 단면 전체에 균일한 전단응력을 발생시킨다.

> **TIP** 단면에 평행하게 작용하는 전단력은 중앙부에서 최댓값이 되며 양 끝단에서 0이 된다.

4 철근의 부착에 영향을 주는 요인에 대한 설명으로 옳지 않은 것은?

① 콘크리트의 강도가 클수록 부착에 유리하다.
② 콘크리트의 다지기가 불충분하면 부착강도가 저하된다.
③ 동일한 철근량을 사용할 경우 지름이 큰 철근을 사용하는 것이 부착에 유리하다.
④ 철근의 피복두께가 충분히 확보되어야 부착강도가 제대로 발휘될 수 있으며, 피복두께가 부족하면 콘크리트의 할렬로 부착 파괴가 유발될 수 있다.

TIP 동일한 철근량을 사용할 경우 지름이 작은 철근 여러 개를 사용하는 것이 부착에 유리하다.

5 그림과 같은 복철근 단순보의 지간 중앙 단면에서 발생한 지속하중에 의한 순간처짐이 15mm로 측정되었다. 6년 후 지속하중에 의한 추가 장기처짐량[mm]은? (단, A_s = 1,800 mm^2, A_s' = 600mm^2, KDS 14 20 30 : 2021을 따른다)

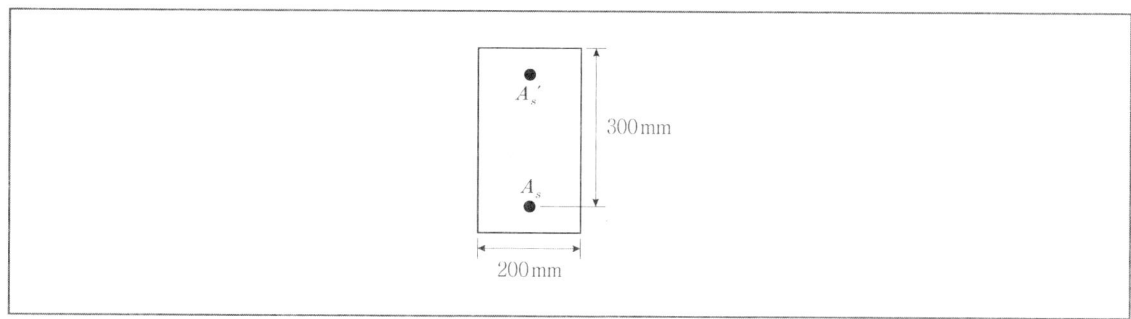

① 14
② 15
③ 20
④ 25

TIP 압축철근비 $\rho' = \dfrac{600}{200 \times 300} = 0.01$

$\lambda = \dfrac{\xi}{1+50\rho'} = \dfrac{2.0}{1+50 \times 0.01} = \dfrac{4}{3}$

장기처짐 산정식 : 장기처짐 = 지속하중에 의한 탄성처짐 $\times \lambda$ 이므로 $15 \times \dfrac{4}{3} = 20$

추가 장기처짐량은 20[mm]

$\lambda = \dfrac{\xi}{1+50\rho'}$ (ξ : 시간경과계수, $\rho' = \dfrac{A_s'}{bd}$: 압축철근비)

시간 경과	3개월	6개월	12개월	2년 이상
시간경과계수 ξ	1.0	1.2	1.4	2.0

Answer 1.② 2.③ 3.④ 4.③ 5.③

6 합력의 연직성분 ΣW = 300kN이 편심거리가 $\dfrac{B}{6}$인 위치에 작용할 때 B = 3m인 기초 저판에 발생되는 지지력분포는 그림과 같다. 최대 지반 지지력(p_{max})의 크기[kN/m²]는? (단, 단위폭으로 고려하고, 지반조건은 균일하며, 자중은 무시한다)

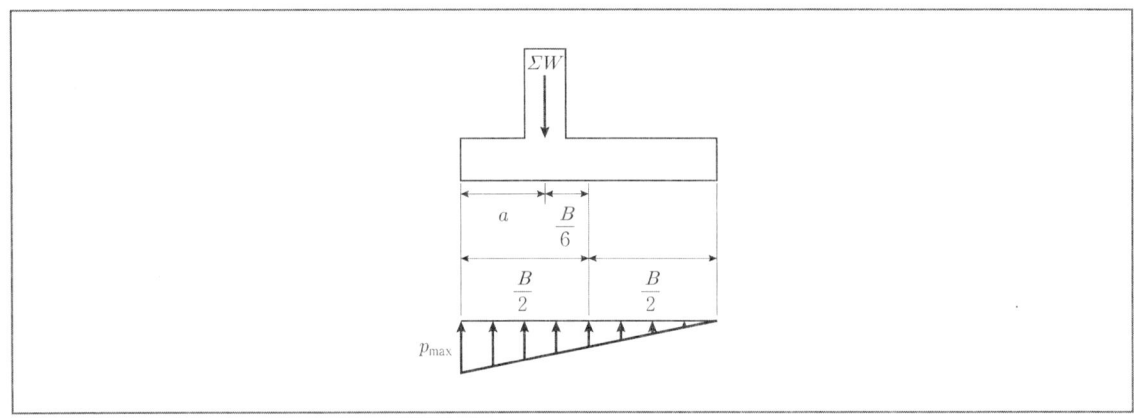

① 185　　　　　　　　　　　　　② 190
③ 195　　　　　　　　　　　　　④ 200

> **TIP** 삼각형 면적의 합이 300[kN]이 되어야 한다는 조건을 통해서 풀 수 있다.
>
> 삼각형의 면적 $\dfrac{1}{2} \times B \times p_{max} = 300$이어야 하므로
>
> $\dfrac{1}{2} \times 3 \times p_{max} = 300$을 만족하는 $p_{max} = 200$

7 프리텐션 방식의 프리스트레스트 콘크리트(PSC)보 제작과정에서 측정한 손실값이 표와 같다. 초기 프리스트레스 힘 P_i = 720kN인 경우의 유효율 R[%]은?

〈프리스트레스의 손실값 측정치〉

	감소 원인	손실값(kN)
도입 중	콘크리트의 탄성수축 손실	27.0
도입 후	콘크리트의 건조수축 손실	34.0
	콘크리트의 크리프 손실	49.0
	강재의 릴랙세이션 손실	25.0

① 81.3　　　　　　　　　　　　　② 85.0
③ 86.0　　　　　　　　　　　　　④ 88.1

◎TIP P_i는 초기 프리스트레싱, $\triangle P$는 시간손실이며 유효율은

$$\frac{P_i - \triangle P}{P_i} \times 100\% = \frac{720 - (34+49+25)}{720} \times 100\% = \frac{17}{20} \times 100 = 85[\%]$$

8 그림과 같은 단철근 직사각형 단순보에서 전단철근의 배근이 필요 없는 구간 a의 길이[m]는? (단, 보의 단면에서 콘크리트가 부담하는 공칭 전단강도 V_c = 120kN, 자중을 포함한 계수등분포하중 w_u = 45 kN/m, L = 6m, KDS 14 20 22 : 2021을 따른다)

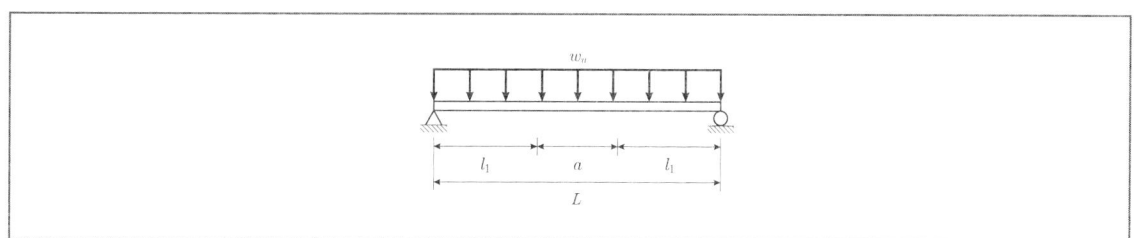

① 2.0　　　　　　　　　　　　　② 2.2
③ 2.4　　　　　　　　　　　　　④ 2.6

◎TIP 전단보강철근을 배치할 필요가 없는 구간은 $V_u \leq \frac{1}{2}\phi V_c$인 구간이다.

좌측지점부터 x만큼 떨어진 곳의 전단응력과 휨모멘트는

$$V_x = \frac{w_u 6}{2} - w_u x = w_u(3-x),\ M_x = \int_0^x V_x dx = \int_0^x \left(\frac{w_u L}{2} - wx\right)dx = \frac{w_u L}{2}x - \frac{w}{2}x^2$$

$V_x \leq \frac{1}{2}\phi V_c = \frac{1}{2} \times 0.75 \times 120 = 45[\text{kN}]$인 구간에서 철근을 배치할 필요가 없다.

$V_x = w_u(3-x) = 45(3-x) = 45$를 만족하는 위치에서부터 전단철근을 배치하지 않아도 되므로 $x = 2[\text{m}]$가 된다. 따라서 좌측으로부터 2[m] 떨어진 곳에서 우측으로부터 2[m] 떨어진 곳까지가 전단철근을 배치하지 않아도 되는 영역이므로 전단철근을 배치할 필요가 없는 구간은 2[m]가 된다.

※ 콘크리트구조 전단 및 비틀림 설계기준 중 전단강도

소요전단강도	$V_u \leq \frac{1}{2}\phi V_c$	$\frac{1}{2} < V_u \leq \phi V_c$	$\phi V_c < V_u$	$V_s > \frac{2}{3}\sqrt{f_{ck}}b_w d$
전단보강 철근 배치	콘크리트가 모두 부담할 수 있는 범위로서 계산이 필요 없음		계산상 필요량 배치	전단보강철근의 배치만으로는 부족하며 단면을 늘려야 한다.
	안전상 필요 없음	안전상 최소 철근량 배치	V_s	
전단보강 철근 간격	수직 스터럽 사용	$d/2$ 이하 600mm 이하	$V_s > \frac{1}{3}\sqrt{f_{ck}}b_w d$	
			$d/4$ 이하 400mm 이하	
		일반부재설계 시	내진부재설계 시	

Answer 6.④　7.②　8.①

9 축방향 철근량이 50,000mm²이고, 정사각형 500mm × 500mm 단면을 가지는 띠철근 기둥에서, 편심이 없는 순수 축하중을 받는 압축재의 설계축강도 P_d의 최대 크기[kN]는? (단, 콘크리트 설계기준강도 f_{ck} = 30MPa, 철근의 항복강도 f_y = 400MPa이고, KDS 14 20 20 : 2021을 따른다)

① 12,048

② 13,052

③ 13,868

④ 14,056

◯ TIP $P_{d\max} = \phi P_{n(\max)} = \alpha \phi P_o = 0.80 \times 0.65 \times [0.85 f_{ck}(A_g - A_{st}) + f_y A_{st}]$
   $= 0.80 \times 0.65 \times [0.85 \times 30 \times (500^2 - 50,000) + 400 \times 50,000] = 13,052[\text{kN}]$

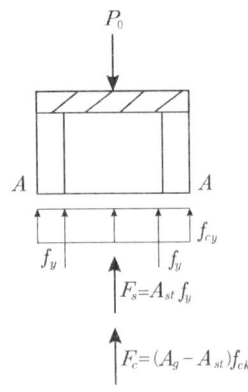

10 한계상태설계법에 의한 교각 기둥부 내진설계의 심부구속 횡방향철근상세 기준으로 옳지 않은 것은? (단, KDS 24 17 11 : 2018을 따른다)

① 소성힌지구간에서 나선철근의 연결은 완전용접이음이나 기계적 연결이 허용되지 않는다.

② 기둥과 기초 사이에 설치되는 첫 번째 심부구속 횡방향철근은 경계면에서 띠철근 간격의 $\frac{1}{2}$ 위치에 배근한다.

③ 사각형 연속띠철근 형태는 양단에 띠철근 지름의 6배와 80mm 중 큰 값 이상의 연장길이를 갖는 135° 갈고리를 가져야 하며, 이 갈고리는 축방향철근에 걸리게 하여야 한다.

④ 사각형 심부구속 횡방향철근으로는 하나의 사각형 후프띠철근 또는 중복된 사각형 폐합띠철근을 사용할 수 있으며, 보강띠철근은 후프띠철근과 유사한 크기를 사용하여야 한다.

◯ TIP 소성힌지구간에서 나선철근의 연결은 완전용접이음이나 기계적 연결이 허용된다.

11 표준트럭하중이 강합성 거더 교량에 작용할 때, 하중이 전달되는 순서로 옳은 것은?

① 바닥판 → 거더 → 전단연결재 → 받침
② 받침 → 거더 → 전단연결재 → 바닥판
③ 거더 → 받침 → 전단연결재 → 바닥판
④ 바닥판 → 전단연결재 → 거더 → 받침

> **TIP** 표준트럭하중이 강합성 거더 교량에 작용할 때, 하중이 전달되는 순서 … 바닥판 → 전단연결재 → 거더 → 받침

12 복철근 직사각형보에서 압축철근을 배근하는 이유로 옳지 않은 것은?

① 사용하중 하에서 강성을 감소시킨다.
② 지속하중으로 인한 처짐을 감소시킨다.
③ 콘크리트 압축파괴 시 연성을 증가시킨다.
④ 전단철근의 배근 시 지지하는 역할을 하여 시공성을 향상시킨다.

> **TIP** 압축철근을 사용하면 사용된 압축철근이 지지하는 압축력만큼 인장철근이 지지하는 인장력과 평형을 이루므로 콘크리트의 압축측과 평형을 이루는 인장철근의 철근비를 낮출수 있고, 따라서 인장철근비를 최대철근비 이하로 유지하면서 설계강도를 높일 수 있다.
> ※ 압축철근의 배근으로 인한 구조적 장점
> ㉠ 장기처짐의 감소: 압축철근이 압축측 콘크리트의 건조수축 및 크리프 등이 일어나는 것을 제약하므로 결과적으로 지속하중에 의한 장기처짐이 감소한다.
> ㉡ 연성의 증진: 콘크리트의 압축응력블럭깊이가 줄어들고 인장철근의 변형도가 증가하여 보의 연성이 증가하게 된다. 이러한 연성의 증가는 내진구조나 모멘트의 재분배가 일어나는 경우 구조체의 안전성을 높이는데 매우 중요한 기능을 한다.
> ㉢ 철근조립의 편리: 전단철근, 압축철근, 인장철근 배근 시 철근을 지지해주는 역할을 하여 철근조립이 간편해진다.

13 그림과 같이 맞대기용접연결된 강판에 전단력 $P = 360\text{kN}$이 작용할 때, 용접 이음부의 전단응력 크기 [MPa]는?

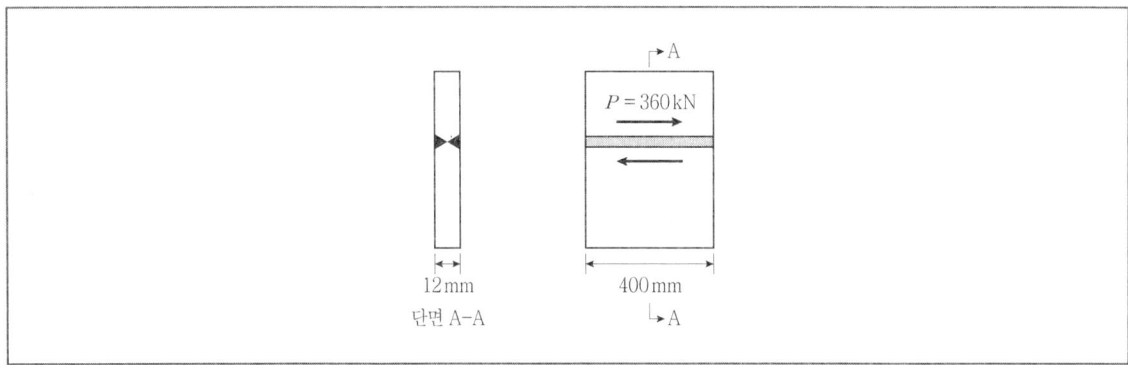

① $\dfrac{37.5}{\sqrt{2}}$

② $\dfrac{75}{\sqrt{2}}$

③ 37.5

④ 75

○**TIP** 용접이음부의 전단응력은
$\tau = \dfrac{V}{A} = \dfrac{360 \times 10^3}{12 \times 400} = 75[\text{MPa}]$

14 그림과 같은 깊은 보의 스트럿-타이모델에서 F가 200kN인 경우, 경사 스트럿 AB의 부재력(㉠)과 수평 타이 BC의 부재력(㉡)을 바르게 연결한 것은? (단, 자중은 무시한다)

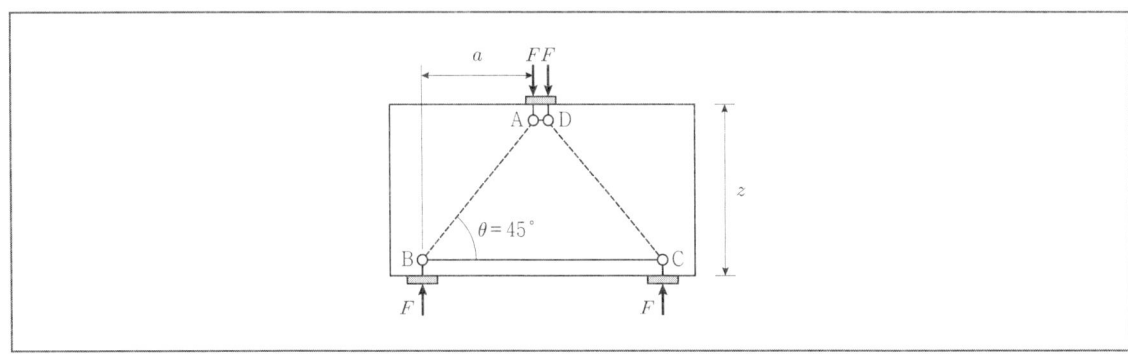

	㉠	㉡
①	200kN(압축)	200kN(인장)
②	200kN(인장)	$200\sqrt{2}$ kN(인장)
③	$200\sqrt{2}$ kN(압축)	200kN(인장)
④	$200\sqrt{2}$ kN(인장)	$200\sqrt{2}$ kN(인장)

○**TIP** 직관적으로 바로 맞출 수 있는 문제이다. 힘의 평형법칙을 적용하면 AB부재는 F의 $\sqrt{2}$ 배가 되며 BC부재에 가해지는 힘은 AB부재에 가해지는 힘의 $\frac{1}{\sqrt{2}}$ 배가 되므로 200[kN]이 된다. 따라서 AB부재에는 $200\sqrt{2}$ kN(압축)이 작용하고 BC부재에는 200kN(인장)이 작용한다.

15 그림과 같이 곡선 배치 된 PSC 단순보에 프리스트레스 힘 P = 2,500kN이 작용할 때, 부재에 작용하는 하중 w와 평형을 이루는 지간 중앙에서의 최대편심($e_{\max}$) 거리[m]는? (단, 자중과 프리스트레스 손실은 무시한다)

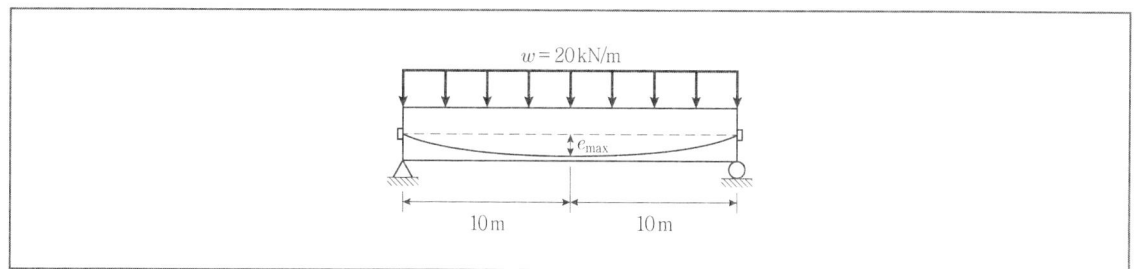

① 0.40
② 0.45
③ 0.55
④ 0.60

○**TIP** $P \cdot e_{\max} = \dfrac{wL^2}{8}$ 가 성립해야 한다. 따라서

$2,500 \cdot e_{\max} = \dfrac{20 \times 20^2}{8}$ 를 만족하는 $e_{\max} = 0.40$

Answer 13.④ 14.③ 15.①

16 프리스트레스트 콘크리트 부재의 설계에 대한 설명으로 옳지 않은 것은? (단, KDS 14 20 60 : 2021과 KDS 24 14 20 : 2016을 따른다)

① 설계에서는 프리스트레스에 의하여 발생하는 응력집중을 고려하여야 한다.
② 완전균열단면 휨부재의 사용하중에 의한 응력은 균열환산단면을 사용하여 계산하여야 한다.
③ 긴장재가 그라우팅으로 부착된 후의 단면 특성을 계산할 경우 덕트로 인한 단면적의 손실을 고려하여야 한다.
④ 프리스트레스트 콘크리트 부재의 설계는 프리스트레스를 도입할 때부터 구조물의 수명기간 동안에 모든 재하단계의 강도 및 사용조건에 따른 거동에 근거하여야 한다.

○**TIP** 긴장재가 그라우팅으로 부착된 후의 단면 특성을 계산할 경우 일체화가 되었으므로 덕트로 인한 단면적의 손실을 고려하지 않는다.

17 고장력볼트 마찰접합의 설계미끄럼강도에 영향을 미치는 요인으로 옳지 않은 것은? (단, KDS 14 31 25 : 2021을 따른다)

① 설계볼트장력
② 볼트구멍의 종류
③ 마찰면 미끄럼 계수
④ 피접합재의 공칭인장강도

○**TIP** 고장력볼트 마찰접합의 설계미끄럼강도 산정 시 피접합재의 공칭인장강도는 고려하지 않는다.

18 그림과 같은 직사각형 균질단면에서 x축에 대한 회전반경(r_x), 탄성단면계수(S_x), 소성단면계수(Z_x), 형상계수(f)를 각각 계산한 결과로 옳은 것은?

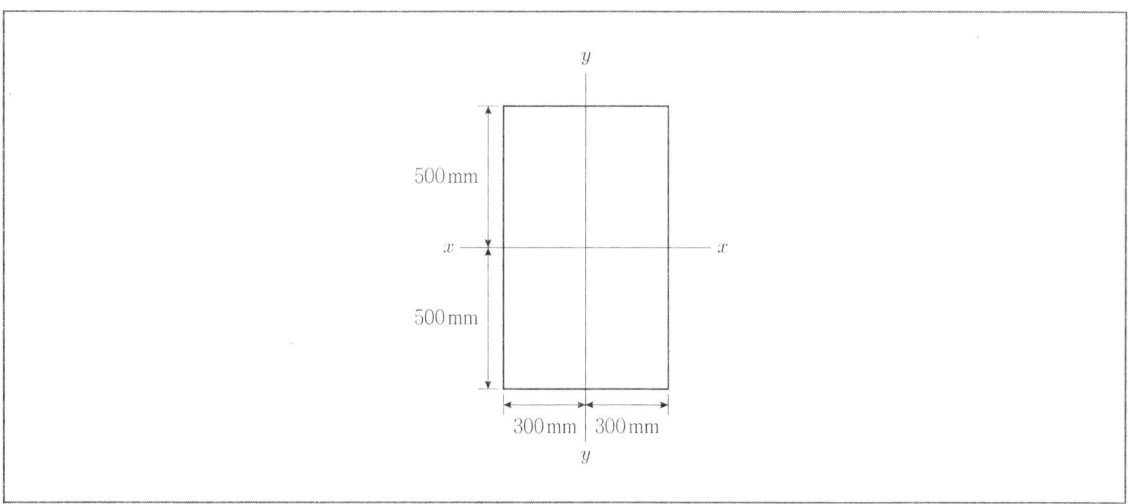

① 회전반경(r_x) = $500\sqrt{3}$ mm

② 탄성단면계수(S_x) = 10^9 mm^3

③ 소성단면계수(Z_x) = 1.5×10^8 mm^3

④ 형상계수(f) = 0.85

> **TIP** 단면적 $A = 1,000 \times 600 = 600,000 [\text{mm}^2]$
>
> 단면 2차 모멘트 $I = \dfrac{600 \times 1,000^3}{12} = 5 \times 10^{10} [\text{mm}^4]$
>
> 탄성단면계수 $\dfrac{bh^2}{6} = \dfrac{600 \times 1,000^2}{6} = 1 \times 10^8 [\text{mm}^3]$
>
> 직사각형 단면의 소성단면계수는 탄성단면계수의 1.5배이므로 1.5×10^8 mm^3
> 형상계수는 소성단면계수를 탄성단면계수로 나눈 값이므로 1.5가 된다.
>
> 회전반경은 $r_x = \sqrt{\dfrac{I}{A}} = \sqrt{\dfrac{5 \times 10^{10}}{600,000}} \fallingdotseq 288.67 [\text{mm}]$

Answer 16.③ 17.④ 18.③

19 그림과 같이 높이 6m인 중력식 옹벽의 상부에 상재하중 q = 10kN/m²이 작용할 때, 옹벽의 외적 안정 검토를 위한 옹벽의 전면 하부(O점)에 작용하는 전도모멘트의 크기[kN·m/m]는? (단, 주동토압계수 $k_a = \dfrac{1}{3}$, 흙의 단위중량 γ_s = 18kN/m³이고, 지하수위 영향은 무시하며, KDS 11 80 05 : 2020을 따른다)

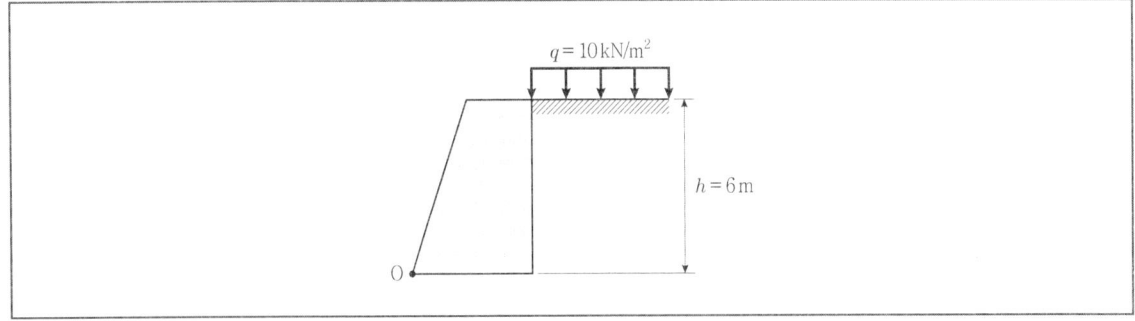

① 216
② 276
③ 316
④ 356

TIP

$P_1 = qK_A h$이며 $h_1 = \dfrac{h}{2}$, $M_1 = P_1 \cdot h_1 = \dfrac{qK_A h^2}{2}$

$M_1 = \dfrac{10 \times \dfrac{1}{3} \times 6^2}{2} = 60[\text{kN/m}]$

$P_2 = \dfrac{1}{2} K_A \gamma_s h^2$이며 $h_2 = \dfrac{h}{3}$, $M_2 = P_2 \times h_2 = \dfrac{K_A \gamma_s h^2}{6}$

$M_2 = \dfrac{18 \times \dfrac{1}{3} \times 6^3}{6} = 216[\text{kN/m}]$

$M_o = M_1 + M_2 = 60 + 216 = 276[\text{kN} \cdot \text{m/m}]$

20 그림과 같은 기둥의 축력과 휨모멘트의 상관곡선($P-M$ 상관도)에 대한 설명으로 옳지 않은 것은? (단, P_o는 축방향 압축강도, e_b는 균형편심, e는 휨모멘트와 축력의 비, $e_{\min}$은 최소편심거리, P_d는 설계압축강도, M_d는 설계휨강도이고, KDS 14 20 10 및 KDS 14 20 20 : 2021을 따른다)

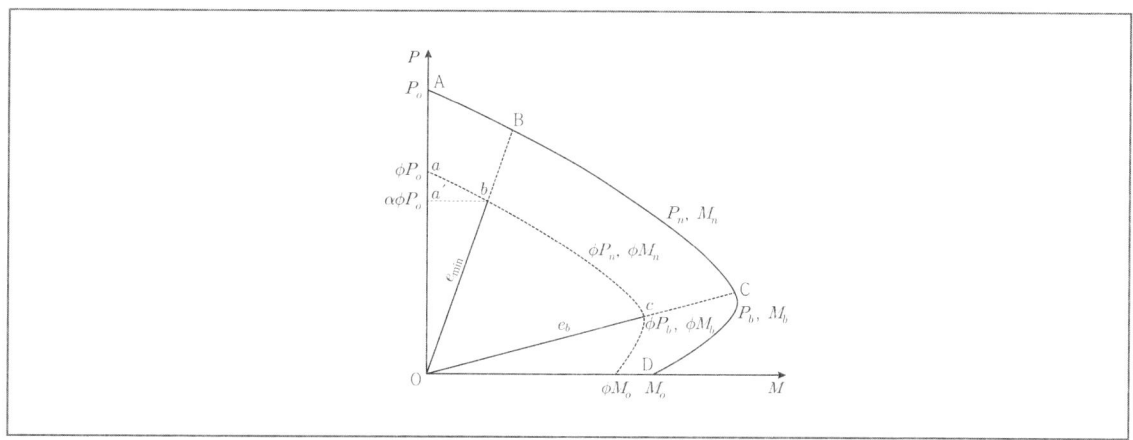

① $e<e_{\min}$구간에서의 띠철근 기둥의 설계축하중강도는 $0.80 \times 0.7 \times P_o$이다.

② $e<e_{\min}$ 구간에서의 나선철근 기둥의 설계축하중강도는 $0.85 \times 0.7 \times P_o$이다.

③ $e>e_b$이면, P_d와 M_d 조합하중에 대해 설계해야 되지만, 이때의 부재강도는 철근의 강도(인장)로 지배된다.

④ 편심거리 e가 $e_{\min}<e<e_b$인 경우, 기둥에 작용하는 P_d과 M_d의 조합하중으로 설계해야 하며, 부재의 강도는 콘크리트의 강도(압축)로 지배된다.

TIP $e<e_{\min}$구간에서의 띠철근 기둥의 설계축하중강도는 $0.80 \times 0.65 \times P_o$이다.

토목설계 / 2021. 6. 5. 제1회 지방직 시행

1 철근콘크리트 구조와 비교할 때 프리스트레스트 콘크리트 구조의 장점으로 옳지 않은 것은?

① 내구성 및 수밀성이 좋다.
② 내화성이 우수하고 날씬한 구조가 가능하다.
③ 긴장재를 절곡해서 배치할 경우, 단면의 전단력이 감소된다.
④ 탄성적이고 복원성이 우수하다.

> **TIP** 프리스트레스트 콘크리트는 화재에 약하므로 이에 대한 대책이 요구된다.
> ※ **프리스트레스트 콘크리트의 특징**
> ㉠ 장스팬의 구조가 가능하고 균열발생이 거의 없다.
> ㉡ 균열이 거의 발생되지 않기에 강재의 부식위험이 적고 내구성이 좋다.
> ㉢ 과다한 하중으로 일시적인 균열이 발생해도 하중을 제거하면 다시 복원이 되므로 탄력성과 복원성이 우수하다.
> ㉣ 콘크리트의 전단면을 유효하게 이용할 수 있다.
> ㉤ 구조물의 자중이 경감되며 부재단면을 줄일 수 있다.
> ㉥ 고강도 강재를 사용한다.
> ㉦ 프리캐스트 공법을 적용할 경우 시공성이 좋다.
> ㉧ 내수성, 복원성이 크고 공기단축이 가능하다.
> ㉨ 항복점 이상에서 진동, 충격에 약하다.
> ㉩ 화재에 약하여 5cm 이상의 내화피복이 요구된다.
> ㉪ 공정이 복잡하며 고도의 품질관리가 요구된다.
> ㉫ 단가가 비싸고 보조재료가 많이 사용되므로 공사비가 많이 든다.

2 철근콘크리트 보의 휨파괴 유형에 대한 설명으로 옳지 않은 것은?

① 연성파괴는 과소철근보로 설계되어 인장철근이 먼저 항복하여 파괴되는 유형이다.
② 취성파괴는 과다철근보로 설계되어 압축연단 콘크리트의 변형률이 극한변형률에 먼저 도달하여 파괴되는 유형이다.
③ 균형파괴는 인장철근이 항복함과 동시에 콘크리트가 압축파괴되는 유형이다.
④ 취성파괴는 철근콘크리트 보의 바람직한 파괴 유형이다.

> **TIP** 취성파괴는 철근콘크리트 보에서 피해야 할 유형이며 연성파괴가 일어나도록 해야 한다.

3 프리텐션 방식의 PSC보에서 발생되는 손실의 요인으로 옳지 않은 것은?

① 콘크리트의 탄성수축

② 콘크리트의 크리프

③ 콘크리트의 건조수축

④ 긴장재와 덕트 사이의 마찰

> **TIP** 덕트는 포스트텐션방식에서 사용되며 프리텐션 방식에서는 사용되지 않는다.
> ※ 프리스트레스의 손실 분류
> ㉠ 프리스트레스를 도입할 때 일어나는 손실원인(즉시손실)
> • 콘크리트의 탄성변형
> • 강재와 시스의 마찰
> • 정착단의 활동
> ㉡ 프리스트레스를 도입한 후의 손실원인(시간적 손실)
> • 콘크리트의 건조수축
> • 콘크리트의 크리프
> • 강재의 릴렉세이션

4 철근콘크리트 보의 휨 거동단계 순서로 옳은 것은?

① 탄성거동 단계 → 파괴상태 단계 → 균열발생 단계

② 균열발생 단계 → 파괴상태 단계 → 탄성거동 단계

③ 탄성거동 단계 → 균열발생 단계 → 파괴상태 단계

④ 균열발생 단계 → 탄성거동 단계 → 파괴상태 단계

> **TIP** 철근콘크리트 보의 휨 거동단계는 탄성거동 단계 → 균열발생 단계 → 파괴상태 단계 순으로 이루어진다.

Answer 1.② 2.④ 3.④ 4.③

5 단변 : 장변 경간의 비가 2 : 3인 4변 단순지지 2방향 슬래브의 중앙점에 연직집중하중 P가 작용할 때, 단경간이 부담하는 하중은?

① $\dfrac{3}{5}P$ ② $\dfrac{9}{13}P$

③ $\dfrac{27}{35}P$ ④ $\dfrac{81}{97}P$

TIP $P_S = \dfrac{L^3}{L^3+S^3}P = \dfrac{3^3}{3^3+2^3}P = \dfrac{27}{35}P$

2방향 슬래브의 하중분담은 다음과 같다.

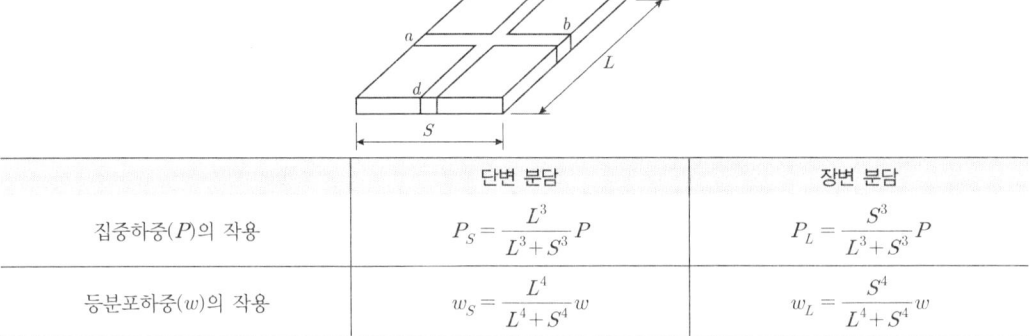

	단변 분담	장변 분담
집중하중(P)의 작용	$P_S = \dfrac{L^3}{L^3+S^3}P$	$P_L = \dfrac{S^3}{L^3+S^3}P$
등분포하중(w)의 작용	$w_S = \dfrac{L^4}{L^4+S^4}w$	$w_L = \dfrac{S^4}{L^4+S^4}w$

6 그림과 같은 단면을 갖는 나선철근 기둥의 최소 나선철근비[%]는? (단, 나선철근의 설계기준항복강도 f_{yt} = 500MPa, 콘크리트의 설계기준압축강도 f_{ck} = 25MPa, KDS 14 20 20 : 2021을 따른다)

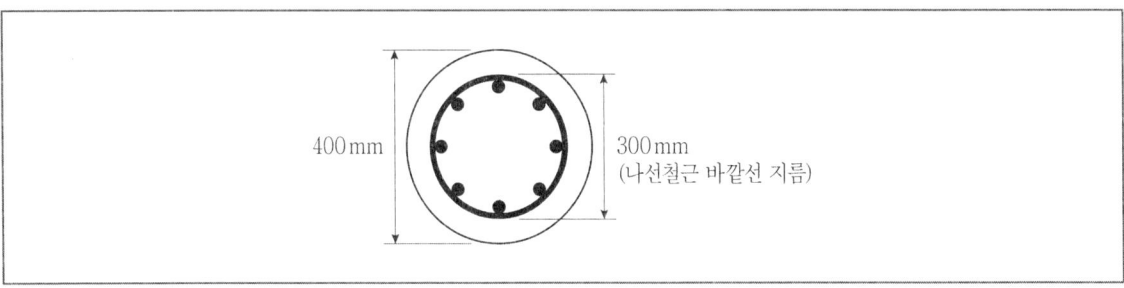

① 1.65
② 1.75
③ 1.85
④ 1.95

◯ TIP

$$0.45\left(\frac{A_g}{A_{ch}}-1\right)\frac{f_{ck}}{f_{yt}} = 0.45\left(\frac{\frac{\pi \times 400^2}{4}}{\frac{\pi \times 300^2}{4}}-1\right) \times \frac{25}{500} \times 100\% = 1.75$$

(A_{ch}는 나선철근으로 둘러싼 면적)

※ 띠(나선)철근의 구조제한

구분	띠철근 기둥	나선철근 기둥
지름	주철근 ≤ D32일 때 : D10 이상 주철근 ≥ D35일 때 : D13 이상	10mm 이상
간격	주철근의 16배 이하 띠철근 지름의 48배 이하 기둥 단면의 최소치수 이하 (위의 값 중 최솟값)	25mm~75mm
철근비	—	$0.45\left(\frac{A_g}{A_{ch}}-1\right)\frac{f_{ck}}{f_{yt}}$ 이상

7 기둥으로부터 전달되는 사용 고정하중 1,100kN과 사용 활하중 700kN을 지지할 수 있는 정사각형 독립 확대기초를 설계할 때, 정사각형 기초판의 한 변 길이의 최솟값[m]은? (단, 지반의 허용지지력 q_a = 0.2 MPa이고 기초판의 자중은 무시하며, KDS 14 20 70 : 2021을 따른다)

① 2.0
② 2.5
③ 3.0
④ 3.5

◯ TIP 기초설계 시에는 사용하중을 적용하여 기초판의 크기를 결정한다. 따라서 정사각형 독립확대 기초의 최소 필요면적은
$A = \frac{(1,100+700)[\text{kN}]}{0.2[\text{MPa}]} = 9,000[\text{kN/MPa}] = 9.0[\text{m}^2]$이므로 정사각형 기초판의 한 변 길이의 최솟값은 3.0[m]가 된다.

Answer 5.③ 6.② 7.③

8 그림과 같은 철근콘크리트 보에 정모멘트가 작용할 때, 등가 직사각형 압축응력블록을 사용하여 계산한 단면의 설계휨강도 M_d[kN·m]는? (단, 콘크리트의 설계기준압축강도 f_{ck} = 20MPa, 철근의 설계기준 항복강도 f_y = 400MPa, 인장철근 단면적 A_s = 1,275mm², KDS 14 20 10 : 2021 및 KDS 14 20 20 : 2021을 따른다)

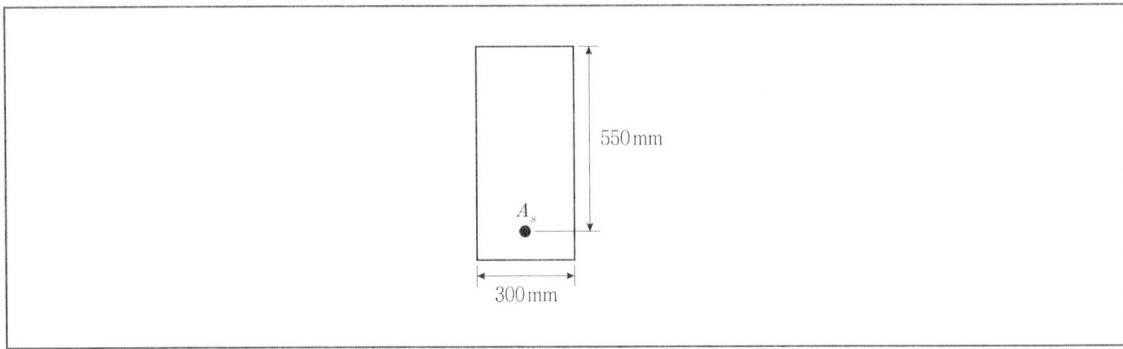

① 216.75
② 310.75
③ 375.75
④ 391.75

◯TIP 설계휨강도(M_d): 공칭휨강도에 강도감소계수를 곱한 값이다.
공칭휨강도를 구하면 다음과 같다.
$M_n = A_s f_y \left(d - \dfrac{a}{2}\right) = 1,275 \times 400 \times \left(550 - \dfrac{100}{2}\right) = 255$[kN·m]
$a = \dfrac{A_s f_y}{0.85 f_{ck} b} = -- = 100$[mm]이며 $c = \dfrac{a}{\beta} = \dfrac{100}{0.8} = 125$
$\varepsilon_t = \dfrac{d_t - c}{c} \times 0.0033 ≒ 0.011$이며 인장지배한계 0.005보다 큰 값이다.
공칭휨강도에 강도감소계수 0.85를 곱한 값이 설계휨강도이므로 216.75[kN·m]이 된다.

9 그림과 같이 긴장재를 절곡하여 배치한 PSC보에서 프리스트레스 힘만에 의한 중앙단면의 솟음값은? (단, $\sin\theta \cong \tan\theta$이고, EI는 단면의 휨강성이다)

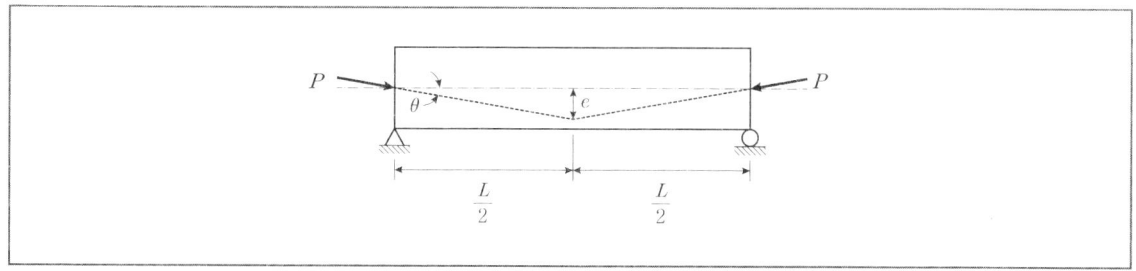

① $\dfrac{1}{8}\dfrac{PeL^2}{EI}$

② $\dfrac{1}{12}\dfrac{PeL^2}{EI}$

③ $\dfrac{1}{48}\dfrac{PeL^2}{EI}$

④ $\dfrac{1}{53}\dfrac{PeL^2}{EI}$

◎TIP $U = 2P\sin\theta = 2P\tan\theta = 2P \cdot \dfrac{e}{\dfrac{L}{2}} = \dfrac{4Pe}{L}$ 이므로

$\delta = \dfrac{\left(\dfrac{4Pe}{L}\right)L^3}{48EI} = \dfrac{1}{12}\dfrac{PeL^2}{EI}$

10 강구조연결설계기준(하중저항계수설계법)에서 제시된 이음부의 설계세칙으로 옳지 않은 것은? (단, KDS 14 31 25 : 2017을 따른다)

① 응력을 전달하는 필릿용접의 최소유효길이는 공칭용접치수의 10배 이상 또한 30mm 이상을 원칙으로 한다.

② 응력을 전달하는 겹침이음은 2열 이상의 필릿용접을 원칙으로 하고, 겹침길이는 얇은쪽 판 두께의 5배 이상 또한 20mm 이상으로 한다.

③ 고장력볼트의 구멍중심 간의 거리는 공칭직경의 2.5배를 최소거리로 하고 3배를 표준거리로 한다.

④ 고장력볼트의 구멍중심에서 볼트머리 또는 너트가 접하는 부재의 연단까지의 최대거리는 판 두께의 16배 이하 또한 200mm 이하로 한다.

◎TIP 고장력볼트의 구멍중심에서 볼트머리 또는 너트가 접하는 부재의 연단까지의 최대거리는 판 두께의 12배 이하 또한 150mm 이하로 한다.

Answer 8.① 9.② 10.④

11 강도설계법에서 P-M 상관도를 이용한 기둥설계에 대한 설명으로 옳지 않은 것은? (단, e_{min}은 최소편심이고, e_b는 균형편심이다)

① $e_{min} < e < e_b$인 경우, 부재의 강도는 철근의 압축으로 지배된다.

② $e > e_b$인 경우, 부재의 강도는 철근의 인장으로 지배된다.

③ 균형편심 e_b는 부재의 압축지배와 인장지배를 구분하는 기준이 된다.

④ $e < e_{min}$인 경우, 중심 축하중을 받는 기둥으로 설계한다.

O TIP $e_{min} < e < e_b$인 경우, 부재의 강도는 콘크리트의 압축으로 지배된다.

※ $P-M$ 상관도 … 기둥이 받을 수 있는 최대 축력과 모멘트를 표시한 그래프이다. 이 선도 안쪽은 안전하나 밖은 파괴가 일어난다.

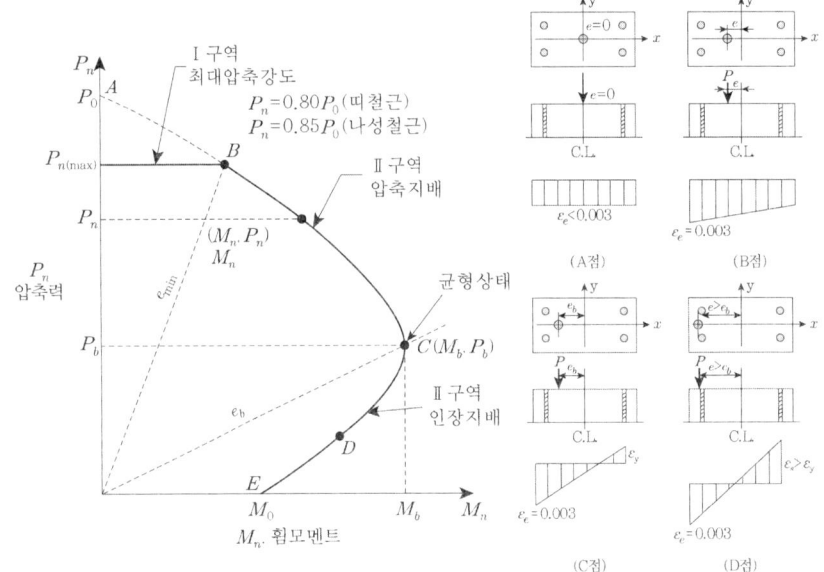

㉠ A점: 최대압축강도 발휘지점. 축하중이 기둥단면 도심에 작용하는 경우로 PM상관도에서 최대압축강도를 발휘하는 영역이다.
㉡ B점: 압축지배구역. 축하중이 기둥단면 도심을 벗어나 편심이 작용하는 경우로 압축측 콘크리트가 파괴변형률 0.003에 도달하는 경우이다. 그러나 여전히 전체 단면은 압축응력이 작용하고 있다.
㉢ C점: 균형상태. 하중이 편심을 계속 증가시키면 인장측 철근이 항복변형률($f_y = 400MPa$인 경우 0.002)에 도달할 때 압축측 콘크리트가 파괴변형률 0.003에 도달하는 경우로 균형파괴를 유발하는 하중재하위치의 지점이다.
㉣ D점: 인장파괴. 균형파괴를 유발하는 하중작용점을 지나 계속 편심을 증가시키면 인장측 철근은 항복변형률보다 큰 극한변형률에 도달하여 인장측 철근이 파괴되는 형태를 보이는 구간이다. 기둥에 인장이 지배하는 구역이다.
㉤ E점: 순수휨파괴. 축하중은 0이 되고 모든 하중은 휨모멘트에 의해 작용하므로 파괴는 보가 휨만을 받을 때와 동일하게 된다.

12 콘크리트구조 설계(강도설계법)에서 고려되는 강도감소계수(ϕ)에 대한 설명으로 옳지 않은 것은? (단, KDS 14 20 10 : 2021을 따른다)

① 휨모멘트와 축력을 받는 부재에 대하여 인장지배단면의 강도감소계수는 0.85이다.
② 포스트텐션 정착구역의 강도감소계수는 0.65이다.
③ 전단력과 비틀림모멘트를 받는 부재의 강도감소계수는 0.75이다.
④ 휨모멘트와 축력을 받는 부재에 대하여 나선철근으로 보강된 압축지배단면의 강도감소계수는 0.70이다.

> **TIP** 포스트텐션 정착구역의 강도감소계수는 0.85이다.
> ※ 강도감소 계수

부재 또는 하중의 종류	강도감소계수
인장지배단면	0.85
압축지배단면-나선철근부재	0.70
압축지배단면-스터럽 또는 띠철근부재	0.65
전단력과 비틀림모멘트	0.75
콘크리트의 지압력	0.65
포스트텐션 정착구역	0.85
스트럿타이-스트럿, 절점부 및 지압부	0.75
스트럿타이-타이	0.85
무근콘크리트의 휨모멘트, 압축력, 전단력, 지압력	0.55

13 옹벽의 안정에 대한 설명으로 옳지 않은 것은? (단, KDS 14 20 74 : 2021을 따른다)

① 전도에 대한 저항 휨모멘트는 횡토압에 의한 전도모멘트의 1.5배 이상이어야 한다.
② 지반에 유발되는 최대 지반반력은 지반의 허용지지력을 초과할 수 없다.
③ 활동에 대한 저항력은 옹벽에 작용하는 수평력의 1.5배 이상이어야 한다.
④ 지반반력의 분포경사가 비교적 작은 경우에는 최대 지반반력이 지반의 허용지지력 이하가 되도록 하여야 한다.

> **TIP** 전도에 대한 저항 휨모멘트는 횡토압에 의한 전도모멘트의 2.0배 이상이어야 한다.

Answer 11.① 12.② 13.①

14 휨모멘트와 축력을 받는 철근콘크리트 부재의 강도설계에 포함된 기본 가정으로 옳지 않은 것은? (단, KDS 14 20 20 : 2021을 따른다)

① 콘크리트의 인장강도는 철근콘크리트 부재 단면의 축강도와 휨강도 계산에서 무시할 수 있다.
② 콘크리트 압축응력의 분포와 콘크리트 변형률 사이의 관계는 직사각형, 사다리꼴, 포물선형 또는 강도의 예측에서 광범위한 실험의 결과와 실질적으로 일치하는 어떤 형상으로도 가정할 수 있다.
③ 철근과 콘크리트의 변형률은 중립축으로부터 거리에 비례하는 것으로 가정할 수 있으며, 깊은 보는 비선형 변형률 분포를 고려하여야 한다.
④ 철근의 응력이 설계기준항복강도를 초과할 때 철근의 응력은 그 변형률에 탄성계수를 곱한 값으로 한다.

> **TIP** 철근의 응력이 설계기준항복강도를 초과할 때 철근의 응력은 설계기준항복강도로 한다.

15 휨모멘트와 전단력을 받는 직사각형 철근콘크리트 보에서 폭 b = 400mm이고 유효깊이 d = 600mm인 경우, 콘크리트에 의한 공칭전단강도 V_c [kN]는? (단, 보통중량콘크리트의 설계기준압축강도 f_{ck} = 25MPa, KDS 14 20 22 : 2021을 따른다)

① 100
② 150
③ 167
④ 200

> **TIP** 콘크리트에 의한 공칭전단강도는
> $$V_c = \frac{1}{6}\sqrt{f_{ck}}\,b_w d = \frac{1}{6}\sqrt{25}\times 400 \times 600 = 200,000 = 200[\text{kN}]$$

16 폭 b = 200mm, 높이 h = 300mm인 직사각형 철근콘크리트 보 단면에서 휨균열을 일으키는 휨모멘트 M_{cr} [kN·m]은? (단, 보통중량콘크리트의 설계기준압축강도 f_{ck} = 25MPa, KDS 14 20 30 : 2021을 따른다)

① 8.50
② 8.75
③ 9.00
④ 9.45

> **TIP** 균열모멘트 $M_{cr} = \dfrac{f_r \cdot I_g}{y_t}$ (f_r: 파괴계수($0.63\sqrt{f_{ck}}$, y_t: 도심에서 인장측 외단까지의 거리, I_g: 보의 전체 단면에 대한 단면2차 모멘트)
>
> $$M_{cr} = 0.63\lambda\sqrt{f_{ck}} \times \frac{bh^2}{6} = 0.63 \times \sqrt{25} \times \frac{200 \times 300^2}{6} = 9,450,000[\text{N}\cdot\text{mm}] = 9.45[\text{kN}\cdot\text{m}]$$

17 그림과 같은 리벳 접합의 허용전단력[kN]은? (단, 리벳의 허용전단응력은 120MPa, 허용지압응력은 170MPa 이다)

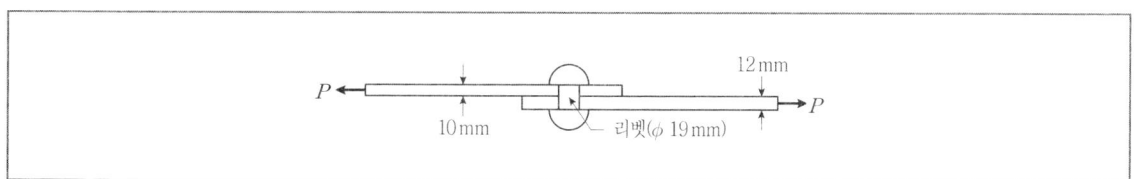

① 32.3
② 34.0
③ 38.7
④ 40.0

◎TIP
리벳의 전단강도 $V = v_a \times A_{단면} = 120 \times \dfrac{\pi \times 19^2}{4} ≒ 34[\text{kN}]$

리벳의 지압강도 $P_b = f_a \cdot A_{단면} = 170 \times (19 \times 10) = 32.3[\text{kN}]$

리벳의 강도는 리벳의 전단강도와 지압강도 중 작은 값으로 하므로 32.3[kN]이 된다.

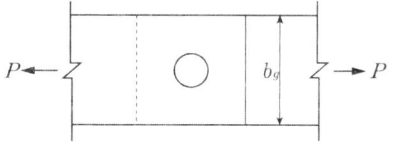

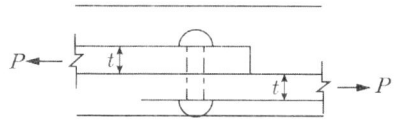

1면 전단의 경우	2면 전단의 경우
전단응력 $v = \dfrac{P}{A_1} = \dfrac{4P}{\pi d^2}$	전단응력 $v = \dfrac{P}{2A_1} = \dfrac{2P}{\pi d^2}$
지압응력 $f_b = \dfrac{P}{A_2} = \dfrac{P}{dt}$	지압응력 $f_{b1} = \dfrac{P}{A_2} = \dfrac{P}{dt_1}$, $f_{b2} = \dfrac{P}{A_2} = \dfrac{P}{dt_2}$

Answer 14.④ 15.④ 16.④ 17.①

18 휨모멘트와 전단력을 받는 직사각형 철근콘크리트 보에서 전단철근을 사용하지 않고 보통중량콘크리트만으로 계수전단력 V_u를 지지하고자 할 때, 필요한 보의 최소단면적(bd)은? (단, f_{ck}는 콘크리트의 설계기준압축강도, b는 보의 폭, d는 유효깊이, KDS 14 20 22 : 2021을 따른다)

① $\dfrac{10 V_u}{\sqrt{f_{ck}}}$ 　　　② $\dfrac{12 V_u}{\sqrt{f_{ck}}}$

③ $\dfrac{16 V_u}{\sqrt{f_{ck}}}$ 　　　④ $\dfrac{20 V_u}{\sqrt{f_{ck}}}$

TIP 휨모멘트와 전단력을 받는 직사각형 철근콘크리트 보에서 전단철근을 사용하지 않고 보통중량콘크리트만으로 계수전단력 V_u를 지지하는 경우는 $V_u \leq \dfrac{1}{2}\phi V_C = \dfrac{1}{2} \times \dfrac{3}{4} \times \dfrac{1}{6} \times 1 \times \sqrt{f_{ck}}\,bd = \dfrac{\sqrt{f_{ck}}\,bd}{16}$ 이 성립해야 한다.

따라서 이 때 필요한 보의 최소단면적(bd)은 $\dfrac{16 V_u}{\sqrt{f_{ck}}}$ 가 된다.

19 인장 이형철근 D32(직경 d_b = 31.8mm)의 기본정착길이 l_{db} [mm]는? (단, 보통중량콘크리트의 설계기준압축강도 f_{ck} = 25MPa, 철근의 설계기준항복강도 f_y = 400MPa, KDS 14 20 52 : 2021을 따른다)

① 1,276.4 　　　② 1,336.4

③ 1,456.4 　　　④ 1,526.4

TIP 인장이형철근의 기본정착길이(약산식)는 $l_{db} = \dfrac{0.6 d_b f_y}{\lambda \sqrt{f_{ck}}}$ 이며, λ은 경량콘크리트 계수(보통중량콘크리트인 경우 1.0)이며, 주어진 조건을 식에 대입하면

$l_{db} = \dfrac{0.6\ d_b f_y}{\lambda \sqrt{f_{ck}}} = \dfrac{0.6 \times 31.8[\text{mm}] \times 400[\text{MPa}]}{1.0\sqrt{25}} = 1{,}526.4[\text{mm}]$

20 그림과 같은 T형 보에 정모멘트가 작용할 때, 등가 직사각형 압축응력블록을 사용하여 계산한 단면의 공칭휨강도 M_n[kN · m]은? (단, 콘크리트의 설계기준압축강도 f_{ck} = 20MPa, 철근의 설계기준항복강도 f_y = 400MPa, 인장철근 단면적 A_s = 3,400mm², KDS 14 20 20 : 2021을 따른다)

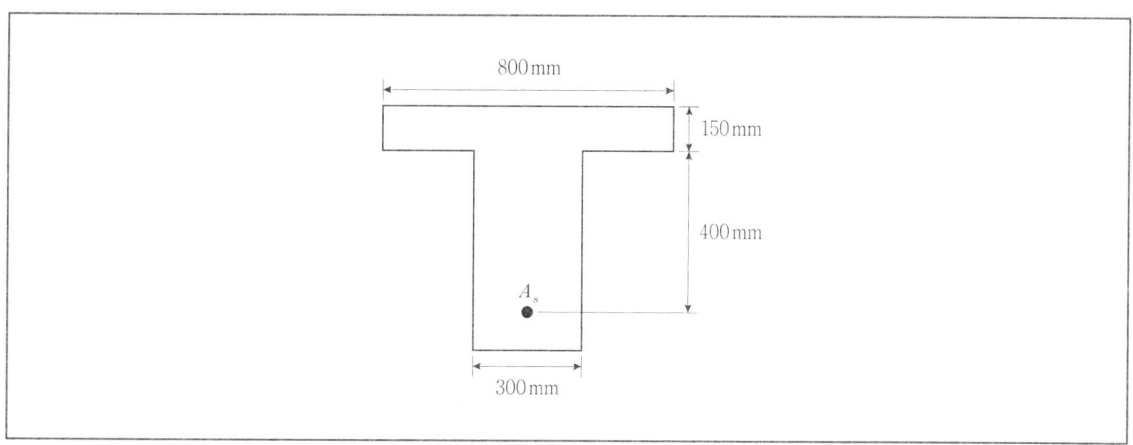

① 620
② 680
③ 720
④ 780

TIP T형보 판별을 우선 해야 하므로 $a = \dfrac{A_s f_y}{0.85 f_{ck} b} = \dfrac{3,400 \times 400}{0.85 \times 20 \times 800} = 100 \text{[mm]}$

a는 플랜지의 두께 150mm보다 작은 값이므로 폭이 b인 직사각형 보로 설계해야 한다.

따라서 $M_n = A_{sf} f_y \left(d - \dfrac{a}{2}\right) = 3,400 \times 400 \times \left(550 - \dfrac{100}{2}\right) = 680 \text{[kN · m]}$

Answer 18.③ 19.④ 20.②

토목설계

2022. 4. 2. 인사혁신처 시행

1 콘크리트의 건조수축에 대한 설명으로 옳은 것은?

① 습윤양생하에서 건조수축량은 증가한다.
② 물-시멘트비가 클수록 건조수축량은 감소한다.
③ 대기 중의 습도가 증가하면 건조수축량은 감소한다.
④ 콘크리트 타설 시 다짐을 잘하면 건조수축량은 증가한다.

> **TIP** ① 습윤양생하에서 건조수축량은 감소한다.
> ② 물-시멘트비가 클수록 건조수축량은 증가한다.
> ④ 콘크리트 타설 시 다짐을 잘하면 건조수축량은 감소한다.

2 콘크리트의 압축강도에 대한 설명으로 옳지 않은 것은?

① 골재의 강도가 커질수록 콘크리트의 압축강도는 증가한다.
② 물-시멘트비가 작을수록 콘크리트의 압축강도는 증가한다.
③ 콘크리트를 건조양생하면 습윤양생에 비해 압축강도가 더 증가한다.
④ 콘크리트의 압축강도는 전이영역(transition zone)의 강도와 밀접한 관련이 있다.

> **TIP** 콘크리트를 습윤양생하면 건조양생에 비해 압축강도가 더 증가한다.

3 그림과 같은 직사각형 철근콘크리트 단면의 공칭휨강도 M_n[kN·m]은? (단, 콘크리트의 설계기준압축강도 f_{ck} = 20MPa, 철근의 항복강도 f_y = 300MPa, A_s = 1,700mm²이고, KDS 14 20 20 : 2022를 따른다)

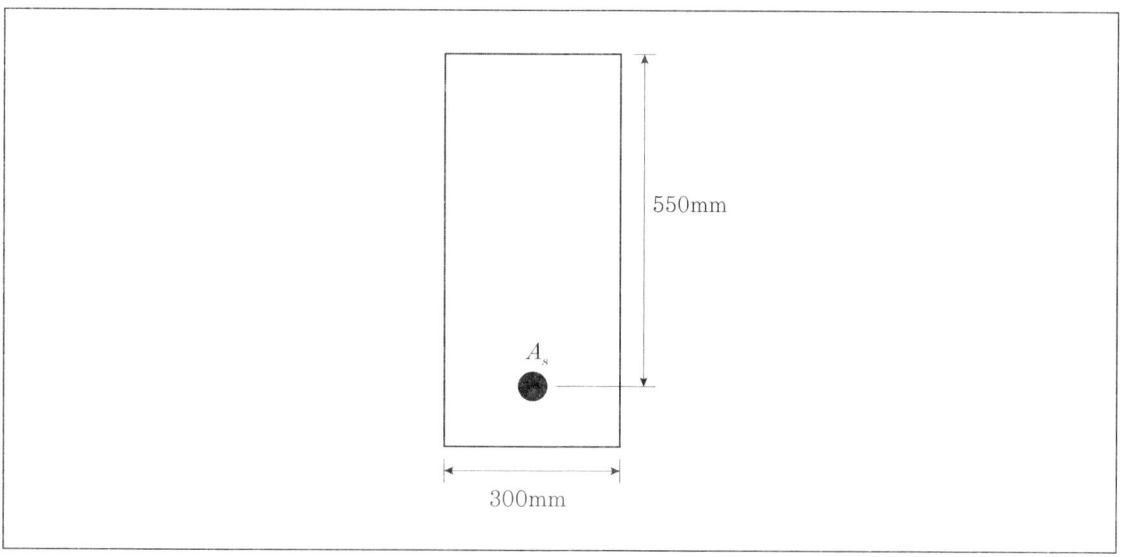

① 200
② 255
③ 295
④ 315

○TIP $a = \dfrac{A_s f_y}{\eta(0.85 f_{ck})b} = \dfrac{1,700 \cdot 300}{1 \cdot (0.85 \cdot 20) \cdot 300} = 100[\text{mm}]$

$M_n = A_s f_y \left(d - \dfrac{a}{2}\right) = 1,700 \cdot 300 \cdot \left(550 - \dfrac{100}{2}\right) = 255 \cdot 10^6 [\text{N} \cdot \text{mm}] = 255[\text{kNm}]$

Answer 1.③ 2.③ 3.②

4 슬래브와 보를 일체로 친 대칭 T형보의 플랜지 유효폭을 결정하는 기준에 해당하지 않는 것은? (단, t_f = 플랜지의 두께, b_w = 복부의 폭, KDS 14 20 10 : 2021을 따른다)

① $8b_w$
② $16t_f + b_w$
③ 보의 경간의 $\frac{1}{4}$
④ 양쪽 슬래브의 중심 간 거리

> **TIP** 슬래브와 보를 일체로 친 대칭 T형보의 플랜지 유효폭은 다음의 값 중 최소인 값으로 한다. (단, t_f = 플랜지의 두께, b_w = 복부의 폭)
> • $16t_f + b_w$
> • 보의 경간의 $\frac{1}{4}$
> • 양쪽 슬래브의 중심 간 거리

5 복철근 직사각형보에서 압축철근을 배근하는 이유로 옳지 않은 것은?

① 전단철근 등 철근의 조립이 편리하다.
② 파괴 시 중립축의 깊이가 감소하며 부재의 연성이 증가한다.
③ 인장철근의 변형률 증가를 억제함으로써 탄성처짐을 감소시킨다.
④ 지진하중과 같이 하중의 작용 방향이 달라질 경우에 압축철근이 인장철근의 역할을 할 수 있다.

> **TIP** 복철근보의 압축철근은 인장철근의 변형률 증가를 억제하지 않는다.

6 철근콘크리트 휨부재에서 철근의 항복강도 f_y = 500MPa일 때, 인장지배변형률의 한계값(㉠)과 최소허용인장변형률의 값(㉡)을 바르게 연결한 것은? (단, KDS 14 20 20 : 2022를 따른다)

	㉠	㉡
①	0.005	0.004
②	0.00625	0.004
③	0.005	0.005
④	0.00625	0.005

> **TIP** 철근이 SD500이므로 인장지배변형률 한계와 최소허용인장변형률은
> $$\varepsilon_y = \frac{f_y}{E_s} = \frac{500}{2 \cdot 10^5} = 0.0025$$
> $$\varepsilon_{t,tcl} = 2.5\varepsilon_y = 2.5 \cdot 0.0025 = 0.00625$$
> $$\varepsilon_{\min} = 2.0\varepsilon_y = 2.0 \cdot 0.0025 = 0.005$$

	압축지배변형률 한계	최소허용변형률	인장지배변형률 한계
SD400이하	ε_y	0.004	0.005
SD400초과	ε_y	$2.0\varepsilon_y$	$2.5\varepsilon_y$

7 그림과 같이 휨모멘트를 받는 복철근 직사각형보의 콘크리트 압축연단이 극한변형률에 도달할 때, 압축철근의 변형률 ϵ_s'에 대한 인장철근의 변형률 ϵ_s의 비[ϵ_s/ϵ_s']는? (단, 콘크리트의 설계기준압축강도 f_{ck} = 30MPa, 철근의 항복강도 f_y = 400MPa, A_s' = 420mm², A_s = 4,500mm²이고, KDS 14 20 20 : 2022를 따른다)

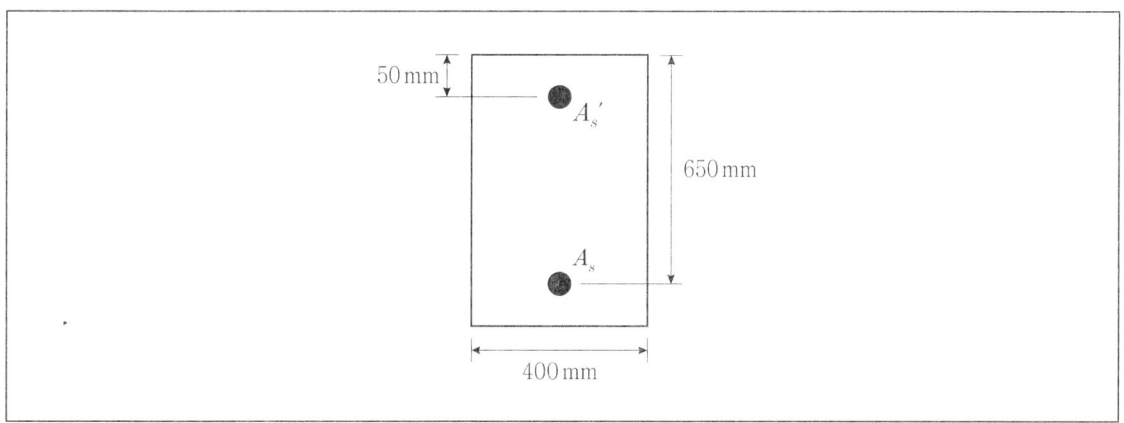

① 1.5
② 2.0
③ 2.5
④ 3.0

TIP 접근하기가 어렵고 시간이 많이 소요되는 문제로서 과감히 넘어갈 것을 권한다.

$\varepsilon_{cu} = 0.0033$, $\beta_1 = 0.80$, $\eta = 1.00$

$$a = \frac{(A_s - A_s')f_y}{\eta(0.85f_{ck})b} = \frac{(4,500 - 420)400}{1(0.85 \cdot 30)400} = 160[\text{mm}]$$

$$c = \frac{a}{\beta_1} = \frac{160}{0.80} = 200[\text{mm}]$$

$$\frac{\varepsilon_s}{\varepsilon_s'} = \frac{\frac{d-c}{c} \cdot \varepsilon_{cu}}{\frac{c-d'}{c} \cdot \varepsilon_{cu}} = \frac{d-c}{c-d'} = \frac{650-200}{200-50} = \frac{450}{150} = 3.0$$

Answer 4.① 5.③ 6.④ 7.④

8 철근의 정착에 대한 설명으로 옳지 않은 것은? (단, KDS 14 20 52 : 2022를 따른다)

① 확대머리 이형철근은 경량콘크리트에 적용할 수 없다.

② 인장 이형철근의 정착길이는 공칭지름이 클수록 길어진다.

③ 인장 이형철근의 표준 갈고리는 압축을 받는 경우 철근 정착에 유효하지 않은 것으로 본다.

④ 동일한 철근과 콘크리트에 대해, 압축 이형철근이 인장 이형철근보다 더 큰 기본정착길이를 가진다.

O TIP 동일한 철근과 콘크리트에 대해, 압축 이형철근이 인장 이형철근보다 짧은 기본정착길이를 가진다.

9 직사각형 철근콘크리트 단면의 계수전단력 V_u = 350kN일 때, 수직 배근된 전단철근의 최대간격 s [mm]는? (단, 단면폭 b = 400mm, 유효깊이 d = 600mm, 보통중량 콘크리트를 사용하였고, 콘크리트의 설계기준압축강도 f_{ck} = 25MPa, 전단철근의 항복강도 f_y = 400MPa, 전단철근의 단면적 A_v = 200mm²이며, KDS 14 20 22 : 2022를 따른다)

① 120

② 180

③ 240

④ 300

O TIP $V_C = \dfrac{1}{6}\lambda\sqrt{f_{ck}}\,b_w d = \dfrac{1}{6}\cdot 1\cdot\sqrt{25}\cdot 400\cdot 600 = 200,000[N] = 200[\text{kN}]$

$V_S = \dfrac{V_u - \phi V_C}{V_S} = \dfrac{200\cdot 400\cdot 600}{\dfrac{800}{3}\cdot 10^3} = 180[\text{mm}]$

$V_s = \dfrac{800}{3} \leq 2V_C = 400[kN]$ 이므로 전단철근의 최대간격 $s = \dfrac{d}{2} \leq 600[\text{mm}]$

따라서 $s_{\max} = \left[180, \dfrac{600}{2}, 600\right]_{\min} = 180[\text{mm}]$

10 그림과 같이 사질토로 뒷채움된 철근콘크리트 옹벽의 A점에서의 전도 안전율은? (단, 흙의 내부마찰각 $\phi = 30°$, 흙의 단위중량 $\gamma = 18\,\text{kN/m}^3$, 철근콘크리트의 단위중량 $m_c = 25\,\text{kN/m}^3$이다)

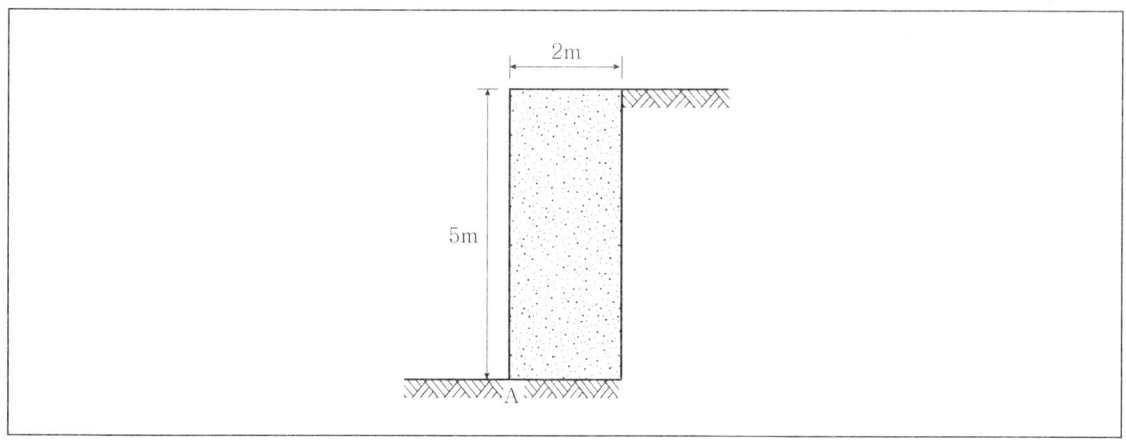

① 2.0
② 2.5
③ 3.0
④ 3.5

TIP

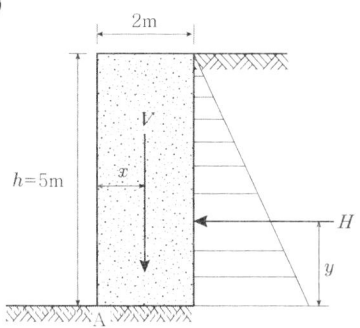

$$K_a = \frac{1-\sin\phi}{1+\sin\phi} = \frac{1-\sin30°}{1+\sin30°} = \frac{1}{3}$$

$$H = \frac{1}{2}K_a\gamma h^2 = \frac{1}{2} \cdot \frac{1}{3} \cdot 18 \cdot 5^2 = 75\,[\text{kN/m}]$$

$$y = \frac{h}{3} = \frac{5}{3}\,[m]$$

$$V = m_c A = 25 \cdot 2 \cdot 5 = 250\,[\text{kN/m}]$$

$$x = \frac{b}{2} = \frac{2}{2} = 1\,[m]$$

전도에 대한 안전율은 복원모멘트를 전도모멘트로 나눈 값이므로

$$\frac{\text{복원모멘트}}{\text{전도모멘트}} = \frac{V \cdot x}{H \cdot y} = \frac{250 \cdot 1}{75 \cdot \frac{5}{3}} = 2.0$$

Answer 8.④ 9.② 10.①

11 프리스트레스를 가하지 않은 나선철근 기둥의 최대 설계축강도 $\phi P_{n(\max)} = \phi_o \times \phi[0.85 f_{ck}(A_g - A_{st}) + f_y A_{st}]$에서 최소 편심에 대한 계수 ϕ_o의 값은? (단, A_{st} = 축방향 철근량, A_g = 기둥의 전체 단면적, f_{ck} = 콘크리트의 설계기준압축강도, f_y = 철근의 항복강도, ϕ = 강도감소계수이고, KDS 14 20 20 : 2022를 따른다)

① 0.75　　　　　　　　　　② 0.80
③ 0.85　　　　　　　　　　④ 0.90

　　TIP 나선철근의 최소 편심에 대한 계수는 0.85이며 띠철근의 최소 편심에 대한 계수는 0.80이다.

12 구조용 강재의 장점으로 옳지 않은 것은?

① 내화성이 우수하다.
② 급속시공이 가능하다.
③ 에너지 흡수능력이나 연성이 우수하다.
④ 단위체적당 비강성 및 비강도가 매우 크기 때문에 대규모 구조물에 적합하다.

　　TIP 강재는 내화성이 약하므로 이에 대하여 주의를 기울여야 한다.

13 프리스트레스의 시간적 손실 원인으로 옳지 않은 것은?

① 콘크리트의 크리프
② 콘크리트의 건조수축
③ 긴장재 응력의 릴랙세이션
④ 포스트텐션 긴장재와 덕트 사이의 마찰

　　TIP 포스트텐션 긴장재와 덕트 사이의 마찰은 프리스트레스 도입 직후 발생하는 손실이다.

14 처짐을 계산하지 않는 경우, 단순지지된 리브가 없는 1방향 슬래브의 최소두께[mm]는? (단, 큰 처짐에 의해 손상되기 쉬운 칸막이벽이나 기타 구조물을 지지 또는 부착하지 않고, 부재의 길이 l = 8m, 보통중량 콘크리트와 설계기준항복강도 f_y = 400MPa 철근을 사용하며, KDS 14 20 30 : 2021을 따른다)

① 286　　　　　　　　　　② 333
③ 400　　　　　　　　　　④ 500

　　TIP 단순지지된 리브가 없는 1방향 슬래브의 두께가 L/20 이상인 경우 처짐을 계산하지 않아도 된다. L=8m이므로 처짐을 계산하지 않으려면 두께는 최소 400mm 이상이어야 한다.

15 그림과 같이 맞댐용접을 한 두께 12mm의 강재판에 축방향 인장력 P = 300kN이 작용할 때, 용접부에 발생하는 인장응력[MPa]은? (단, 용접 시점 및 종점부의 크레이터 영향은 무시하고, KDS 14 30 25 : 2019를 따른다)

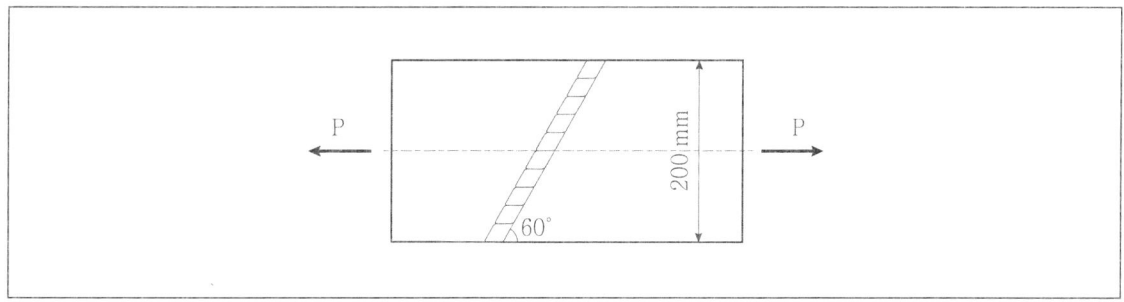

① 110　　　　　　　　　　　　　② 115
③ 120　　　　　　　　　　　　　④ 125

> **TIP** $\sigma_t = \dfrac{P}{\Sigma aL} = \dfrac{300[\text{kN}]}{12[\text{mm}] \cdot 200[\text{mm}]} = 125[\text{MPa}]$

16 프리스트레스트 콘크리트용 그라우트에 대한 설명으로 옳지 않은 것은? (단, KCS 14 20 53 : 2022를 따른다)

① 그라우트의 물-결합재비는 45% 이하로 한다.
② 사용 혼화제는 블리딩 발생이 없는 타입을 표준으로 한다.
③ 부재 콘크리트와 긴장재를 일체화시키는 부착강도는 재령 28일 인장강도로 설정할 수 있다.
④ 부식성 물질의 함유로 인한 강재 부식이 구조물의 소요 성능에 손상을 일으키지 않도록 하여야 한다.

> **TIP** 부재 콘크리트와 긴장재를 일체화시키는 부착강도는 재령 28일의 압축강도로 대신하여 설정할 수 있다. 압축강도는 KS F 2426에 준하여 구한 시험값에 의해 설정하며, 비팽창성 그라우트의 경우는 30MPa 이상, 팽창성 그라우트의 경우는 20MPa 이상을 표준으로 한다.

Answer　11.③　12.①　13.④　14.③　15.④　16.③

17 그림과 같은 프리스트레스트 콘크리트 단순보의 지간 중앙에서 프리스트레스 힘 P = 500kN에 의한 상향력과 평형을 이루는 등분포하중 w[kN/m]는? (단, 자중과 프리스트레스 손실은 무시한다)

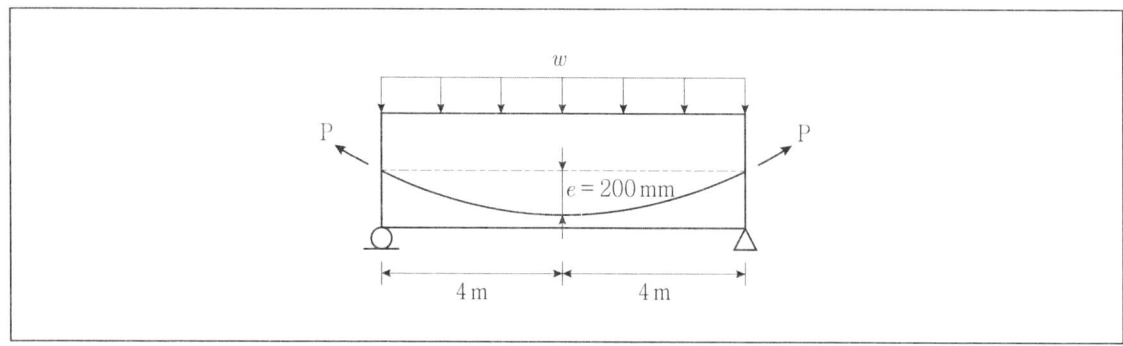

① 12.5
② 13.0
③ 13.5
④ 14.0

> **TIP** $\dfrac{wl^2}{8} = P \cdot s$ 이어야 하므로 $\dfrac{wl^2}{8} = \dfrac{w(8[\text{m}])^2}{8} = P \cdot s = 500[\text{kN}] \cdot 0.2[\text{m}]$
> 이를 만족하는 w의 값은 12.5[kN/m]이 된다.

18 계수전단력 V_u = 50kN이 작용하는 직사각형 단면의 철근콘크리트 휨부재에서 전단철근을 배근하지 않아도 되는 단면의 최소폭[mm]은? (단, 보통중량 콘크리트를 사용하였고, 콘크리트의 설계기준압축강도 f_{ck} = 25MPa, 단면의 유효깊이 d = 500mm이며, KDS 14 20 22 : 2022를 따른다)

① 160
② 320
③ 380
④ 480

> **TIP** 전단철근을 배근하지 않아도 되는 조건 : $V_u \leq \dfrac{1}{2}\phi V_C$
> $\dfrac{1}{2}\phi V_C = \dfrac{1}{2} \cdot \dfrac{3}{4}\left(\dfrac{1}{6} \cdot 1.0 \cdot \sqrt{25} \cdot b \cdot 500\right) = \dfrac{625b}{4}$
> $V_u = 50,000[N] \leq \dfrac{1}{2}\phi V_C = \dfrac{625b}{4}$ 이므로
> $b \geq \dfrac{50,000 \cdot 4}{625} = 320[\text{mm}]$

19 정사각형 독립기초의 상부기둥에 축방향으로 고정하중 D = 1,000kN, 활하중 L = 500kN이 작용하고 있으며, 기초의 자중이 300kN일 때, 독립기초 한 변의 최소길이[m]는? (단, 기초 밑면의 허용지지력 q_a = 200kN/m²이다)

① 2.4
② 3.0
③ 3.4
④ 4.0

> **TIP** 고정하중+활하중+기초의 자중을 독립기초의 면적으로 나눈 값이 200 이하여야 하므로 (1,000+500+300)/A의 값이 200 이하여야 한다. 이를 만족하는 A의 최대값은 9m³이므로 독립기초 한 변의 최소길이는 3m가 된다.

20 중심 축하중만을 받는 철근콘크리트 단주의 역학적 거동에 대한 설명으로 옳지 않은 것은?

① 띠철근 기둥은 나선철근 기둥에 비해 횡구속이 크지 않다.
② 나선철근 기둥은 지진구역과 같이 연성의 증가가 필요한 곳에 주로 사용된다.
③ 나선철근 기둥의 나선철근량이 작고, 간격이 크면 취성파괴가 일어날 수도 있다.
④ 띠철근 기둥은 심부(core)콘크리트 파괴, 피복 콘크리트 탈락, 주철근 좌굴 순으로 파괴된다.

> **TIP** 수직균열 파괴가 콘크리트 기둥의 외각에서 발생하고 이 콘크리트가 깨어진다. 띠철근 기둥에서 이러한 현상이 발생하면 콘크리트 기둥심부의 여유강도는 하중보다 적게 되어 콘크리트 기둥 심부(core)는 부스러지며, 축방향 철근은 띠철근 사이의 외부로 나오면서 좌굴된다. 여기서 갑작스럽게 경고 없이 취성파괴(brittle failure)가 발생한다.
> • 띠철근 기둥의 파괴형태: 콘크리트는 쪼개지고, 축방향 철근은 띠철근 사이에서 좌굴하며, 갑자기 파괴가 일어난다.
> • 나선철근 기둥의 파괴형태: 항복하면서 완전히 파괴될 때까지 변형이 길게 일어나고, 그 다음에 바깥의 콘크리트 덮개가 깨어진다. 갑작스런 파괴는 일어나지 않는다.

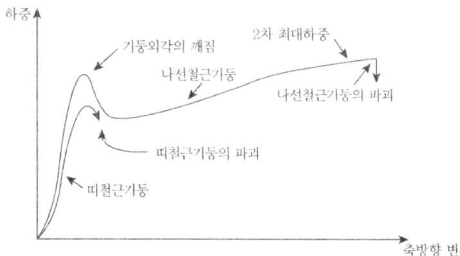

> 축하중을 받는 기둥의 역학적 거동은 초기에는 띠철근 기둥과 나선철근기둥이 유사한 거동을 보인다. 그러나 최대 하중에 도달하면, 띠철근기둥은 수직균열 파괴가 콘크리트 기둥의 외각에서 발생하고 이 콘크리트가 깨어진다. 띠철근 기둥에서 이러한 현상이 발생하면 콘크리트 기둥심부의 여유강도는 하중보다 적게 되어 콘크리트 기둥 심부(core)는 부스러지며, 축방향 철근은 띠철근 사이의 외부로 나오면서 좌굴된다. 여기서 갑작스럽게 경고 없이 취성파괴(brittle failure)가 발생한다.
> 그러나 나선철근기둥에서는 외각 콘크리트가 떨어져 나갈 때 콘크리트 기둥 심부가 나선철근의 효과로 3축응력 상태에 놓이므로 큰 변형이 기둥에서 생기고 점진적으로 두 번째 최대 하중에 도달하고 나선철근이 항복하여 기둥이 붕괴된다. 이와 같은 나선철근의 파괴는 띠철근 기둥에 비해 보다 많은 연성을 주며, 다른 부재로의 하중 재분배와 함께 파괴에 대하여 서서히 경고를 주게 된다.

Answer 17.① 18.② 19.② 20.④

토목설계 / 2022. 6. 18. 제1회 지방직 시행

※ 건설기준코드-구조설계기준 : KDS 14 00 00, 교량설계기준 : KDS 24 00 00, 지반설계기준 : 11 00 00 - 기준

1 철근콘크리트 옹벽의 안정해석에서 평상시 전도에 대한 기준 안전율은?

① 3.5
② 3.0
③ 2.5
④ 2.0

> **TIP** 옹벽의 안전율 … 전도에 대한 안전율(저항모멘트를 전도모멘트로 나눈 값)은 2.0 이상, 활동에 대한 안전율(수평저항력을 수평력으로 나눈 값)은 1.5 이상, 지반의 지지력에 대한 안전율(지반의 허용지지력을 지반에 작용하는 최대하중으로 나눈 값)은 1.0 이상이어야 한다.

2 단순 지지된 철근콘크리트 슬래브 구조에 대한 설명으로 옳지 않은 것은?

① 2방향 슬래브는 두 방향의 주철근으로 하중에 저항하는 바닥판이다.
② 1방향 슬래브에서 응력을 분포시킬 목적으로 주철근과 직각 방향으로 배력철근을 배치한다.
③ 4변에 의해 지지되는 1방향 슬래브는 장변 방향으로만 주철근을 배근한다.
④ 슬래브는 단변에 대한 장변의 비에 따라 1방향 슬래브와 2방향 슬래브로 나뉜다.

> **TIP** 1방향 슬래브의 주철근은 단변방향으로 배근한다.

3 철근콘크리트 보에 전단철근을 배근하여 얻을 수 있는 효과로 옳지 않은 것은?

① 전단철근의 인장응력에 의해 전단강도를 증가시킨다.
② 경사균열을 가로질러 배치된 전단철근은 전단강도 증가에 기여한다.
③ 폐합 스터럽으로 측면을 구속하기 때문에 콘크리트의 압축강도와 연성을 감소시킨다.
④ 전단철근은 전단파괴를 연성적으로 일어나도록 해준다.

> **TIP** 스터럽은 콘크리트의 압축강도에 영향을 주지 않으며 적정한 양의 스터럽은 구조물의 연성을 증가시킨다.

4 프리스트레스트 콘크리트 부재에서 프리스트레스 도입 후에 발생하는 시간적 손실의 원인에 해당하는 것은?

① 콘크리트의 크리프
② 정착장치의 활동
③ 콘크리트의 탄성수축
④ 포스트텐션 긴장재와 덕트 사이의 마찰

○TIP 프리스트레스의 손실 분류
    ㉠ 프리스트레스를 도입할 때 일어나는 손실원인(즉시손실)
      • 콘크리트의 탄성변형
      • 강재와 시스의 마찰
      • 정착단의 활동
    ㉡ 프리스트레스를 도입한 후의 손실원인(시간적 손실)
      • 콘크리트의 건조수축
      • 콘크리트의 크리프
      • 강재의 릴렉세이션

5 프리스트레스트 콘크리트를 해석하기 위한 기본 개념이 아닌 것은?

① 균등질보의 개념
② 공액보의 개념
③ 내력모멘트의 개념
④ 하중평형의 개념

○TIP PSC 구조물의 해석개념
    ㉠ 응력개념(균등질보개념) : 콘크리트에 프리스트레스가 도입되면 콘크리트가 탄성체로 전환되어 탄성이론에 의한 해석이 가능하다는 개념이다.
    ㉡ 강도개념(내력모멘트개념) : RC보와 같이 압축력은 콘크리트가 받고 인장력은 긴장재가 받도록 하여 두 힘에 의한 우력이 외력모멘트에 저항한다는 개념이다.
    ㉢ 하중평형개념(등가하중개념) : 프리스트레싱에 의하여 부재에 작용하는 힘과 부재에 작용하는 외력이 평형되게 한다는 개념이다.

6 하중저항계수법으로 강구조 압축부재를 설계할 경우, 비세장판 단면을 가진 부재의 공칭압축강도가 Pn = 100kN일 때 설계압축강도[kN]는? (단, 강도저항계수 ϕ_c = 0.90이다)

① 65
② 70
③ 90
④ 100

○TIP $P_d = \phi_c P_n = 0.9 \cdot 100 = 90[kN]$

Answer 1.④ 2.③ 3.③ 4.① 5.② 6.③

7 단철근 직사각형 보에서 지속하중에 의한 탄성처짐이 15mm 발생하였을 때, 7년 후 지속하중에 의한 추가 장기처짐[mm]은? (단, 5년 후의 장기처짐 계수는 2.0이다)

① 15　　　　　　　　　　　　　　② 30
③ 40　　　　　　　　　　　　　　④ 45

○**TIP** 문제에서 압축철근에 대한 조건이 제시되지 않았으므로
$\lambda = \dfrac{\xi}{1+50\rho'} = \dfrac{2}{1+50 \cdot 0} = 2$ 이며 추가장기처짐은 $\delta\lambda = 15 \cdot 2 = 30[\text{mm}]$

※ 장기처짐 산정식 : 장기처짐 = 지속하중에 의한 탄성처짐 × λ
$\lambda = \dfrac{\xi}{1+50\rho'}$ (ξ : 시간경과계수, $\rho' = \dfrac{A_s'}{bd}$: 압축철근비)

8 보의 경간이 1m이고, 양쪽 슬래브의 중심 간 거리가 2m인 대칭 T형보에서 유효폭[mm]은? (단, 플랜지 두께 t_f = 100mm, 복부폭 b_w = 600mm이다)

① 1,800　　　　　　　　　　　　② 2,000
③ 2,200　　　　　　　　　　　　④ 3,000

○**TIP** 다음의 값 중 최소값을 유효폭으로 한다.
슬래브 중심간 거리 2,000[mm]
보 경간의 1/4길이 3,000[mm]
$16t_f + b_w = 16 \cdot 100 + 500 = 2,100[\text{mm}]$

※ T형보 플랜지의 유효폭

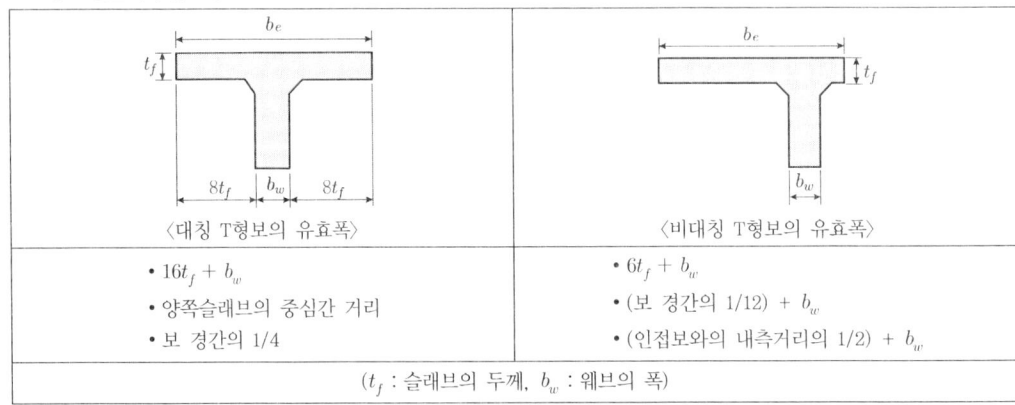

〈대칭 T형보의 유효폭〉	〈비대칭 T형보의 유효폭〉
• $16t_f + b_w$ • 양쪽슬래브의 중심간 거리 • 보 경간의 1/4	• $6t_f + b_w$ • (보 경간의 1/12) + b_w • (인접보와의 내측거리의 1/2) + b_w
(t_f : 슬래브의 두께, b_w : 웨브의 폭)	

9 단철근 직사각형 보에서 저보강보의 중립축 위치에 대한 설명으로 옳은 것은?

① 균형보의 중립축 위치보다 압축 연단 쪽에 위치한다.
② 균형보의 중립축 위치보다 인장 연단 쪽에 위치한다.
③ 균형보의 중립축 위치와 일치한다.
④ 과보강보의 중립축 위치보다 인장 연단 쪽에 위치한다.

  TIP 단철근 직사각형 보에서 저보강보는 과소철근으로 되어 있으며 저보강보의 중립축은 균형보의 중립축 위치보다 압축 연단 쪽에 위치한다.

10 철근콘크리트 보의 휨파괴 유형 중 취성파괴에 대한 설명으로 옳지 않은 것은?

① 취성파괴는 인장철근량이 최소 철근량보다 적으면 일어나지 않는다.
② 취성파괴는 균형철근비보다 많은 철근비를 사용한 과보강보의 파괴유형이다.
③ 취성파괴는 인장철근이 항복하기 전에 콘크리트의 압축변형률이 극한변형률에 먼저 도달하여 일어난다.
④ 취성파괴는 콘크리트의 압축파괴가 먼저 시작되어 갑자기 파괴된다.

  TIP 인장철근량이 최소 철근량보다 적으면 취성파괴가 발생한다.

11 콘크리트 구조물에 발생하는 균열에 대한 설명으로 옳지 않은 것은?

① 균열의 발생 요인으로는 사용재료에 의한 요인, 시공상의 문제에 의한 요인, 설계상의 문제에 의한 요인, 사용환경에 의한 요인 등이 있다.
② 철근의 피복두께 부족, 정착길이 부족 등으로 인해 균열이 발생하기도 한다.
③ 구조물의 내구성을 위해서는 균열의 폭은 문제가 되지 않고, 균열의 수가 문제가 된다.
④ 구조적 균열에는 휨균열, 전단균열 등이 있다.

  TIP 구조물의 내구성은 균열의 폭과 밀접한 관련이 있다. 균열의 폭이 클수록 내구성은 급격히 저하된다.

Answer 7.② 8.② 9.① 10.① 11.③

12 철근콘크리트 부재에 압축력 P가 편심 없이 작용할 때, 콘크리트에 작용하는 응력 f_c는? (단, 부재는 탄성거동 범위 내에 있으며, 압축력은 장기하중이 아닌 단기하중으로 작용하고 있고, A_g는 전체 단면적, A_c는 콘크리트의 단면적, A_s는 축방향 철근의 단면적, n은 철근과 콘크리트의 탄성계수비 (E_s/E_c)이다)

① $\dfrac{P}{A_g + (2n-1)A_s}$

② $\dfrac{P}{A_g + (n-1)A_c}$

③ $\dfrac{P}{A_g + (n-1)A_s}$

④ $\dfrac{P}{A_g + nA_s}$

> **TIP** 콘크리트의 강성은 $k_c = E_c A_c$
> 철근의 강성은 $E_s A_s$
> 콘크리트가 분담하는 하중은 $P_c = \dfrac{E_c A_c}{E_s A_s + E_c A_c} \cdot P$
> 분모와 분자에 E_c를 나누어 정리하면 $P_c = \dfrac{A_c P}{nA_s + A_c}$ 이므로
> $f_c = \dfrac{P_c}{A_c} = \dfrac{P}{nA_s + A_c} = \dfrac{P}{nA_s + A_g - A_s}$

13 단철근 직사각형단면을 가지는 지간길이 6m인 단순보의 지간중앙에 계수집중하중 80kN과 보의 자중을 포함한 계수등분포하중 30kN/m이 작용할 때, 보의 지간중앙에서 계수모멘트[kN·m]는?

① 120

② 135

③ 155

④ 255

> **TIP** $M_{\max} = \dfrac{PL}{4} + \dfrac{wL^2}{8} = \dfrac{80 \cdot 6}{4} + \dfrac{30 \cdot 6^2}{8} = 255[\text{kNm}]$

14 유효깊이 d = 540mm, 압축연단에서 중립축까지의 거리 c = 180mm인 단철근 직사각형보에서 인장철근의 변형률은? (단, 인장철근은 1단 배근되어 있고, 콘크리트의 극한 변형률은 0.003이다)

① 0.003
② 0.004
③ 0.005
④ 0.006

O TIP $\frac{0.003}{180} = \frac{\varepsilon_t}{540-180}$ 이므로 $\varepsilon_t = 0.006$

15 철근의 부착성능에 영향을 주는 요인에 대한 설명으로 옳지 않은 것은?

① 콘크리트의 압축강도가 커지면 부착강도가 커진다.
② 피복두께가 두꺼우면 부착강도가 작아진다.
③ 블리딩의 영향으로 수평철근이 수직철근보다 부착강도가 작다.
④ 이형철근이 원형철근보다 부착강도가 크다.

O TIP 철근의 피복두께가 두꺼워져도 부착강도가 낮아지지는 않는다.

16 정사각형 확대기초의 한 변의 길이가 3m이고, 기초 지반의 허용지지력(q_a)이 250kN/m²일 때, 확대기초 중앙에 허용할 수 있는 최대 압축력[kN]은?

① 250
② 750
③ 1,250
④ 2,250

O TIP $Q_a = q_a \cdot A = 250 \cdot 3^2 = 2,250[\text{kN}]$

17 그림과 같이 강재를 사용한 인장부재(두께 t)의 볼트 연결부(구멍직경 d)가 있다. 예상되는 파단선이 A-B일 때 순단면적(A_n)은? (단, A_g는 총단면적이다)

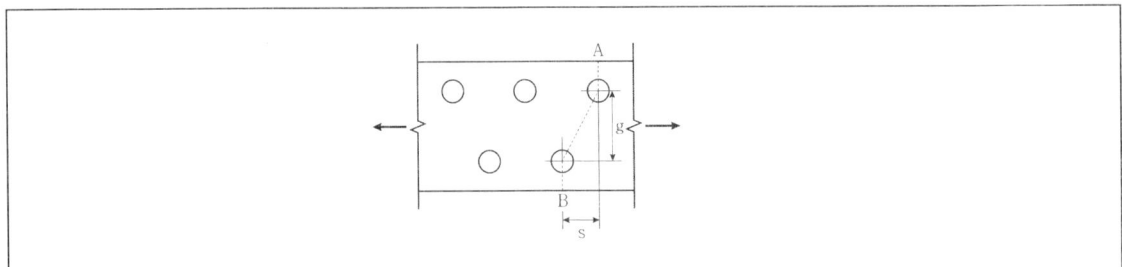

① $A_g - 2 \cdot d \cdot t$

② $A_g - 2 \cdot d \cdot t + \dfrac{s^2}{4g} \cdot t$

③ $A_g - d \cdot t + \dfrac{g^2}{4s} \cdot t$

④ $A_g - d \cdot t$

○**TIP** 순폭 $b_n = b_g - d - (d - \dfrac{s^2}{4g}) = b_g - 2d + \dfrac{s^2}{4g}$

순단면적 $A_n = b_n t = A_g - 2dt + \dfrac{s^2}{4g}t$

18 그림과 같이 연직하중 Q가 편심을 갖고 점 A에 작용하는 철근콘크리트 확대기초가 있다. 지반의 허용지지력(q_a)이 50 kN/m²일 때, 허용할 수 있는 최대 하중(Q_{max})[kN]은?

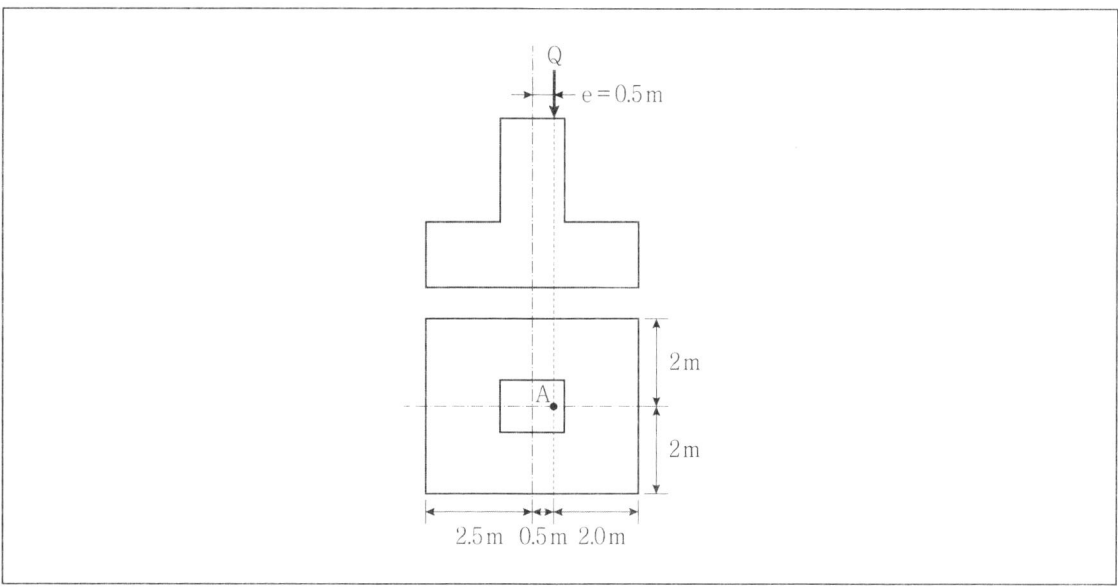

① 625
② 525
③ 571
④ 671

> **TIP** $q_{max} = \dfrac{Q}{A}(1+\dfrac{e}{e_{max}}) = \dfrac{Q}{4 \cdot 5}\left(1+\dfrac{0.5}{\frac{5}{6}}\right) < q_a = 50$이므로 Q=625[kN]

19 구조재료로서 콘크리트에 비해 강재가 갖는 장점으로 옳지 않은 것은?

① 내화성이 좋다.
② 단위 면적당 강도가 크다.
③ 고강도 재료이다.
④ 공사기간이 빠르다.

> **TIP** 강재는 내화성이 좋지 않고 열에 의한 변형이 쉽게 되므로 이에 대한 주의가 요구된다.

Answer 17.② 18.① 19.①

20 그림과 같은 프리스트레스트 콘크리트 보에서 긴장재를 포물선으로 배치하고 프리스트레스 힘 P = 2,000kN일 때, 프리스트레스에 의한 등가 등분포 상향력 u[kN/m]는? (단, e = 200mm이며, 프리스트레스 힘 P와 단면 도심과의 각 θ는 미소하므로 $\cos\theta \approx 1$로 가정한다)

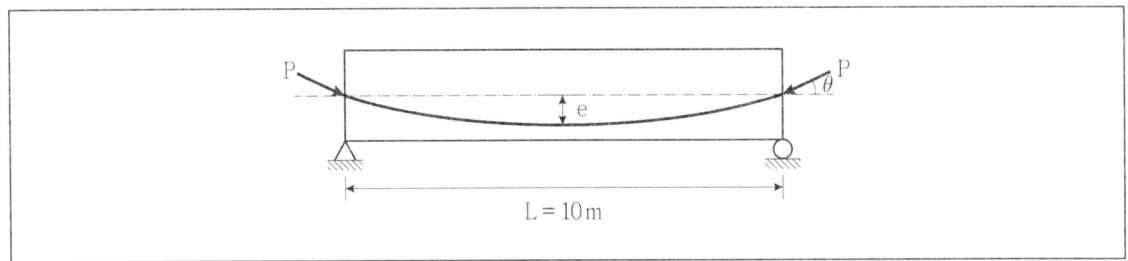

① 32
② 42
③ 52
④ 62

TIP $\dfrac{ul^2}{8} = Pe$ 이므로 $\dfrac{u \cdot 10^2}{8} = 2000 \cdot 0.2$, ∴ $u = 32[\text{kN/m}]$

토목설계 / 2023. 4. 8. 인사혁신처 시행

1 콘크리트를 만들 때 사용하는 혼화재료(admixture)에 대한 설명으로 옳지 않은 것은?

① 콘크리트 등에 특별한 성질을 주기 위해 반죽 혼합 전 또는 반죽 혼합 중에 가해지는 시멘트, 물, 골재 이외의 재료로서 혼화재와 혼화제로 분류한다.
② 감수제(water-reducing admixture)는 콘크리트 등의 단위수량을 증가시키지 않고 워커빌리티를 좋게 하거나 워커빌리티를 변화시키지 않고 단위수량을 감소하기 위해 사용하는 혼화제이다.
③ 급결제(quick setting admixture)는 시멘트의 수화 반응을 촉진시키고 응결 시간을 현저하게 단축하기 위해 사용하는 혼화제이다.
④ AE제(air-entraining admixture)는 콘크리트 속에 많은 미소한 기포를 일정하게 분포시켜 콘크리트 배합 시 물을 넣지 않아도 되게 하는 혼화제이다.

> **TIP** AE제(air-entraining admixture)를 사용할 경우라도 최소한의 단위수량은 충족시켜야 한다. 따라서 콘크리트 배합 시 물은 반드시 첨가되어야 한다.

2 복철근 직사각형보에서 압축철근을 배근하는 경우에 해당하는 것만을 모두 고르면?

> ㉠ 지속하중으로 인한 처짐을 줄여야 하는 경우
> ㉡ 인장파괴를 압축파괴로 전환해야 하는 경우
> ㉢ 보의 단면의 크기가 제한되는 경우
> ㉣ 보의 연성거동을 감소시키기 위한 경우

① ㉠, ㉡
② ㉠, ㉢
③ ㉡, ㉣
④ ㉢, ㉣

> **TIP** 철근콘크리트구조는 압축파괴가 아닌 인장파괴가 이루어지도록 설계되어야 하며 연성거동이 일어나도록 해야 한다. 이를 위해 복철근보 설계 시 압축철근을 배근한다. 또한 압축철근을 사용하면 크리프와 처짐이 감소하게 되고 단면의 크기를 어느 정도는 줄일 수 있다.

Answer 20.① / 1.④ 2.②

3 한계상태설계법을 적용한 교량설계의 한계상태에 대한 설명으로 옳지 않은 것은? (단, KDS 24 10 11 : 2021을 따른다)

① 사용한계상태는 균열, 처짐 등의 사용성에 관한 한계상태로서, 풍하중은 항상 고려하지 않는다.
② 피로한계상태는 기대응력범위의 반복 횟수에서 발생하는 단일 피로설계트럭에 의한 응력 범위를 제한하는 것으로 규정한다.
③ 극한한계상태는 교량의 설계수명 이내에 발생할 것으로 기대되는, 통계적으로 중요하다고 긴장재의 절곡배치로 인한 상향력 $U = 2P \cdot \sin\theta = 2 \cdot 3{,}000 \times \dfrac{0.3}{10} = 180[\text{kN}]$ 규정한 하중조합에 대하여 국부적/전체적 강도와 안정성을 확보하는 것으로 규정한다.
④ 극단상황한계상태는 교량의 설계수명을 초과하는 재현주기를 갖는 지진, 유빙하중, 차량과 선박의 충돌 등과 같은 사건과 관련한 한계상태를 말한다.

> **TIP** 사용한계상태는 균열, 처짐 등의 사용성에 관한 한계상태로서 풍하중은 한계상태의 하중조합에 따라 다르다. 사용한계상태의 하중조합 I 과 하중조합 IV 에서는 풍하중을 고려한다.

4 받침부 내면과 위험단면 사이에 집중하중이 작용하지 않을 경우, 철근콘크리트 부재의 전단설계를 수행할 때, 받침부의 최대 계수전단력을 산정하는 위치는? (단, d = 단면의 유효깊이이고, KDS 14 20 22 : 2022를 따른다)

① 받침부 내면에서 d만큼 떨어진 단면
② 받침부 중심에서 $2d$만큼 떨어진 단면
③ 받침부 내면에서 $3d$만큼 떨어진 단면
④ 받침부 중심에서 $4d$만큼 떨어진 단면

> **TIP** 받침부 내면과 위험단면 사이에 집중하중이 작용하지 않을 경우, 철근콘크리트 부재의 전단설계를 수행할 때, 받침부의 최대 계수전단력을 산정하는 위치는 받침부 내면에서 d만큼 떨어진 단면이다.

5 1방향 철근콘크리트 슬래브의 단면적은 500,000mm², 사용한 이형 철근의 설계기준항복강도가 500MPa 일 때, 수축 및 온도 철근량[mm²]은? (단, KDS 14 20 50 : 2022를 따른다)

① 600
② 700
③ 800
④ 900

○TIP 수축온도철근량 : $0.002 \times \dfrac{400}{f_y} \cdot A_g = 0.0020 \times \dfrac{400}{500} \cdot 500,000 = 800 [\text{mm}^2]$

6 그림과 같이 휨모멘트를 받는 직사각형 단면의 철근콘크리트 보에서 콘크리트 압축연단이 극한변형률에 도달할 때, 인장철근의 변형률은? (단, 응력-변형률 관계를 등가직사각형 블록으로 구하며, 콘크리트의 설계기준압축강도 f_{ck} =20MPa, 철근의 설계기준항복강도 f_y =300MPa, 철근의 단면적 A_s =1,700mm² 이고, KDS 14 20 20 : 2022를 따른다)

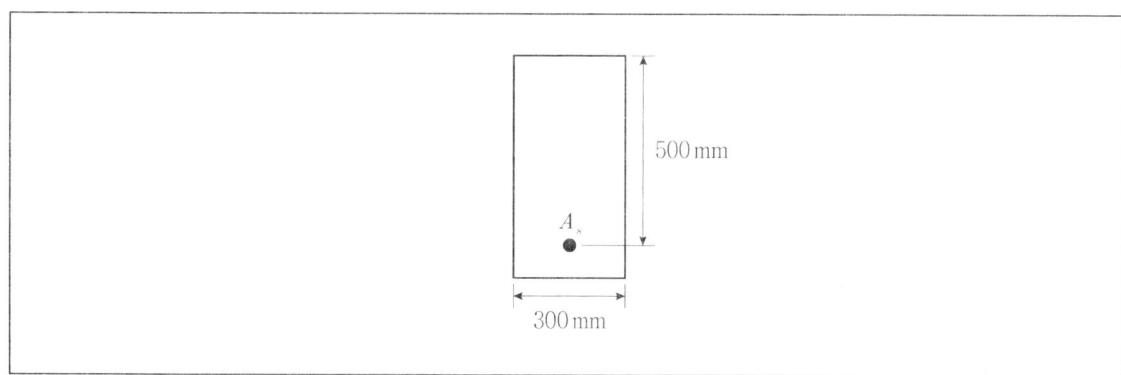

① 0.005
② 0.0066
③ 0.0099
④ 0.012

○TIP 중립축의 위치

$f_{ck} = 20[\text{MPa}] \leq 40[\text{MPa}]$ 이므로 $\beta_1 = 0.80$, $\eta = 1.0$, $\epsilon_{cu} = 0.0033$

$c = \dfrac{1}{\beta_1} \cdot a = \dfrac{1}{\beta_1} \cdot \dfrac{A_s f_y}{\eta \cdot 0.85 f_{ck} b} = \dfrac{1}{0.80} \cdot \dfrac{1,700 \cdot 300}{1.0 \cdot 0.85 \cdot 20 \cdot 300} = \dfrac{1}{0.80} \cdot 100 = 125[\text{mm}]$

인장철근의 변형률 $\epsilon_s = \epsilon_{cu} \cdot \dfrac{d-c}{c} = 0.0033 \cdot \dfrac{500-125}{125} = 0.0099$

Answer 3.① 4.① 5.③ 6.③

7 그림과 같이 순수 축하중을 받아 균등한 극한변형률이 발생한 콘크리트 기둥 단면에서 소성중심까지의 거리 e[mm]는? (단, 철근면적 A_{s1}에서의 압축력 C_{s1}=500kN, 철근면적 A_{s2}에서의 압축력 C_{s2}=500kN, 콘크리트의 압축력 C_c=4,000kN, d_1=150mm, d_2=50mm, 철근으로 인한 콘크리트의 단면 손실은 무시한다)

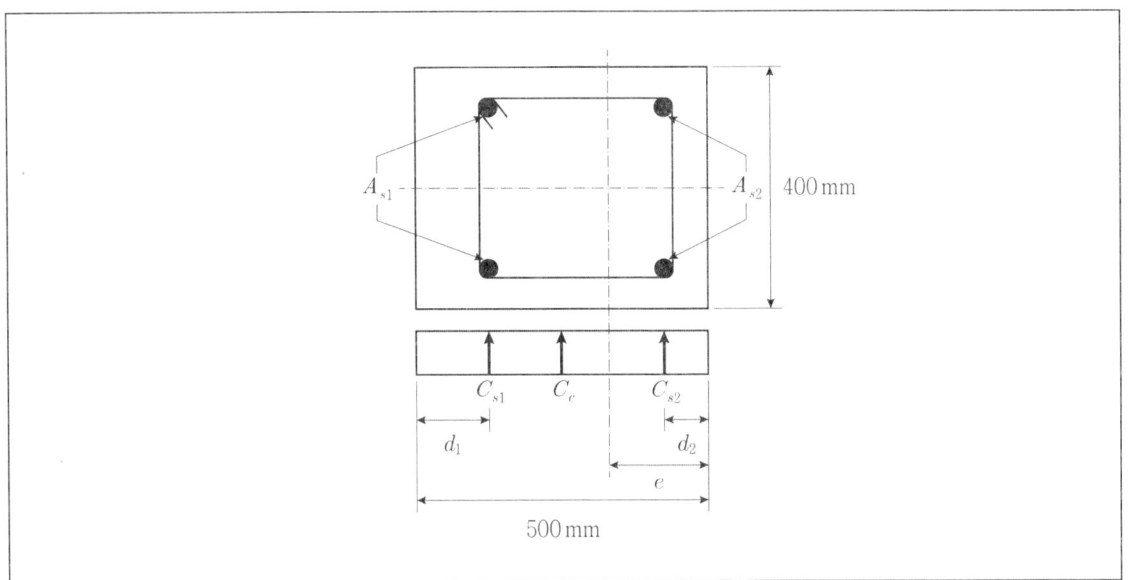

① 220
② 230
③ 240
④ 250

> **TIP** 소성중심: 콘크리트의 전단면이 균등하게 $0.85f_{ck}$의 응력을 받고 철근도 균등하게 항복점 응력 f_y를 받는다고 가정했을 때의 전응력의 합력의 작용점을 단면의 소성중심이라고 한다.
> 합력 $R = C_c + C_{s1} + C_{s2} = 4,000 + 500 + 500 = 5,000$[kN]
>
> 소성중심 $R \cdot e = C_{s1} + (h - d_1) + C_c \cdot \dfrac{h}{2} + C_{s2} \cdot d_2$
>
> $5,000 \cdot e = 500(500 - 150) + 4,000 \cdot \dfrac{500}{2} + 500 \cdot 50$ 이므로 $e=240$[mm]

8 직접설계법을 사용하여 2방향 이상으로 휨 보강되는 슬래브 시스템을 설계하기 위한 규정으로 옳지 않은 것은? (단, KDS 14 20 70 : 2021을 따른다)

① 각 방향으로 2경간 이내이어야 한다.
② 각 방향으로 연속한 받침부 중심간 경간의 차이는 긴 경간의 $\frac{1}{3}$ 이하이어야 한다.
③ 연속한 기둥 중심선을 기준으로 기둥의 어긋남은 그 방향 경간의 10% 이하이어야 한다.
④ 모든 하중은 슬래브 판 전체에 걸쳐 등분포된 연직하중이어야 하며, 활하중은 고정하중의 2배 이하이어야 한다.

  TIP 각 방향으로 3경간 이내이어야 한다.

9 옹벽 구조물의 안정조건에 대한 설명으로 옳지 않은 것은? (단, KDS 14 20 74 : 2021을 따른다)

① 활동에 대한 저항력은 옹벽에 작용하는 수평력의 1.2배를 초과할 수 없다.
② 전도에 대한 저항휨모멘트는 횡토압에 의한 전도모멘트의 2.0배 이상이어야 한다.
③ 지반에 유발되는 최대 지반반력은 지반의 허용지지력을 초과할 수 없다.
④ 전도 및 지반지지력에 대한 안정조건은 만족하지만, 활동에 대한 안정조건만을 만족하지 못할 경우에는 활동방지벽 혹은 횡방향 앵커 등을 설치하여 활동저항력을 증대시킬 수 있다.

  TIP 옹벽구조물의 활동에 대한 저항력은 옹벽에 작용하는 수평력의 1.5배 이상이어야 한다.

Answer 7.③ 8.① 9.①

10 직사각형 단철근 콘크리트 보에 정(+) 모멘트가 작용하고 전 단면이 탄성범위에 있을 때, 철근을 포함한 비균열 환산단면의 압축연단에서 중립축까지의 거리는? (단, b=단면폭, h=단면높이, A_s=철근면적, d=유효깊이, n=철근과 콘크리트의 탄성계수 비이다)

① $\dfrac{\dfrac{bh^2}{2} + nA_s d}{bh + nA_s}$

② $\dfrac{\dfrac{bh^2}{2} + nA_s d}{bh + (n-1)A_s}$

③ $\dfrac{\dfrac{bh^2}{2} + (n-1)A_s d}{bh + nA_s}$

④ $\dfrac{\dfrac{bh^2}{2} + (n-1)A_s d}{bh + (n-1)A_s}$

> **TIP** 직사각형 단철근 콘크리트 보에 정(+) 모멘트가 작용하고 전 단면이 탄성범위에 있을 때, 철근을 포함한 비균열 환산단면의 압축연단에서 중립축까지의 거리를 식으로 나타내면 $\dfrac{\dfrac{bh^2}{2} + (n-1)A_s d}{bh + (n-1)A_s}$
>
> (단, b=단면폭, h=단면높이, A_s=철근면적, d=유효깊이, n=철근과 콘크리트의 탄성계수 비이다)
>
> 비균열단면의 중립축의 위치 산정 공식을 도출하는 과정이 매우 복잡하며 이에 대한 출제빈도도 매우 낮으므로 공식만 암기할 것을 권한다.

11 철근콘크리트 휨부재에 대한 설명으로 옳지 않은 것은?

① 부재가 휨을 받을 때 휨인장응력을 받는 부분에 인장철근을 배치한다.
② 휨압축응력을 받는 부분에 철근을 배치할 수도 있다.
③ 하향 수직하중을 받는 캔틸레버보의 경우 인장철근은 단면 상부에 배치한다.
④ 압축철근을 배치하면 크리프와 건조수축 변형이 증가한다.

> **TIP** 압축철근을 배치하면 크리프와 건조수축변형이 감소하게 된다.

12 그림과 같은 프리스트레스트 콘크리트 단순보의 지간 중앙에서 프리스트레스 힘 $P=3,000$ kN에 의한 상향력의 크기[kN]는? (단, $\sin\theta \cong \tan\theta$이고, 자중과 프리스트레스 손실은 무시한다)

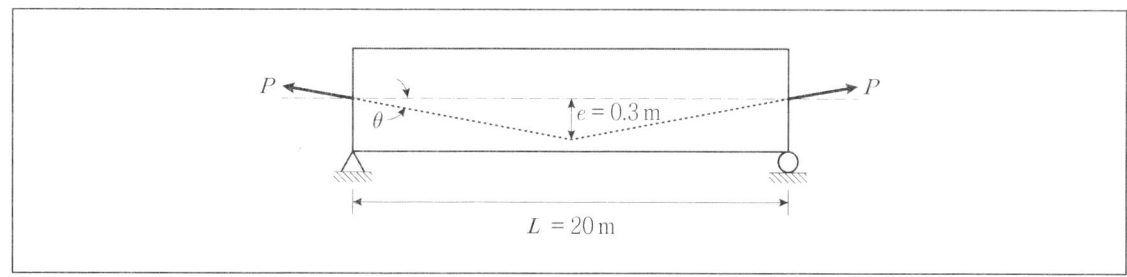

① 18
② 45
③ 90
④ 180

○**TIP** 긴장재의 절곡배치로 인한 상향력 $U=2P\cdot\sin\theta = 2\cdot 3,000 \times \dfrac{0.3}{10} = 180[\text{kN}]$

13 보통중량콘크리트에 설치된 인장력을 받는 직경이 25mm인 이형 철근의 기본정착길이[mm]는? (단, 콘크리트의 설계기준압축강도 $f_{ck}=36$MPa, 철근의 설계기준항복강도 $f_y=400$MPa, KDS 14 20 52 : 2021을 따른다)

① 1,000
② 1,200
③ 1,400
④ 1,600

○**TIP** 인장이형철근의 기본정착길이 $l_{db}=\dfrac{0.6 d_b f_y}{\lambda\sqrt{f_{ck}}}=\dfrac{0.6\cdot 25\cdot 400}{1.0\sqrt{36}}=1,000[\text{mm}]$

14 프리스트레스트 콘크리트 보의 양단 정착부에서 각각 4.5mm의 활동이 발생하였을 경우, 프리스트레스 손실량[MPa]은? (단, 보의 길이 = 18m, 강선의 탄성계수=200GPa, 초기 프리스트레스=1,500MPa이고, 강재와 쉬스관의 마찰은 고려하지 않는다)

① 50
② 100
③ 150
④ 200

○**TIP** 양단 정착 시 정착단의 활동에 의한 손실

$\Delta f = \dfrac{\Delta L}{L} E_{ps} \cdot 2 = \dfrac{4.5}{18\cdot 10^3}\cdot 2\cdot 10^5\cdot 2 = 100[\text{MPa}]$

Answer 10.④ 11.④ 12.④ 13.① 14.②

15 프리스트레스하지 않는 부재의 현장치기 철근콘크리트 부재의 최소 피복두께에 대한 설명으로 옳지 않은 것은? (단, KDS 14 20 50 : 2022를 따른다)

① 피복두께는 콘크리트 표면으로부터 철근 중심까지의 최단거리이다.
② 흙에 접하여 콘크리트를 친 후 영구히 흙에 묻혀 있는 콘크리트의 피복두께는 75mm 이상 확보하여야 한다.
③ 흙에 접하거나 옥외의 공기에 직접 노출되는 콘크리트의 피복두께는 D19 이상의 철근에서 50mm, D16 이하의 철근에서는 40mm 이상 확보하여야 한다.
④ 옥외의 공기나 흙에 직접 접하지 않는 콘크리트(슬래브, 벽체, 장선)는 D35 초과하는 철근에서 40mm, D35 이하의 철근에서는 20mm 이상 확보하여야 한다.

> **TIP** 피복두께는 최외각 위치의 철근 외면에서 부터 콘크리트 표면까지 최단거리를 의미한다.

16 그림과 같이 콘크리트 직사각형 보 단면의 도심에 프리스트레스 강재를 배치하여 긴장력 750kN을 도입하였다. 하향 수직하중에 의해 콘크리트 단면 하단에 인장응력이 발생하지 않는 최대휨모멘트 크기[kN·m]는? (단, 폭 300mm, 높이 500mm, 총 프리스트레스 손실은 20%이고, 자중은 무시한다)

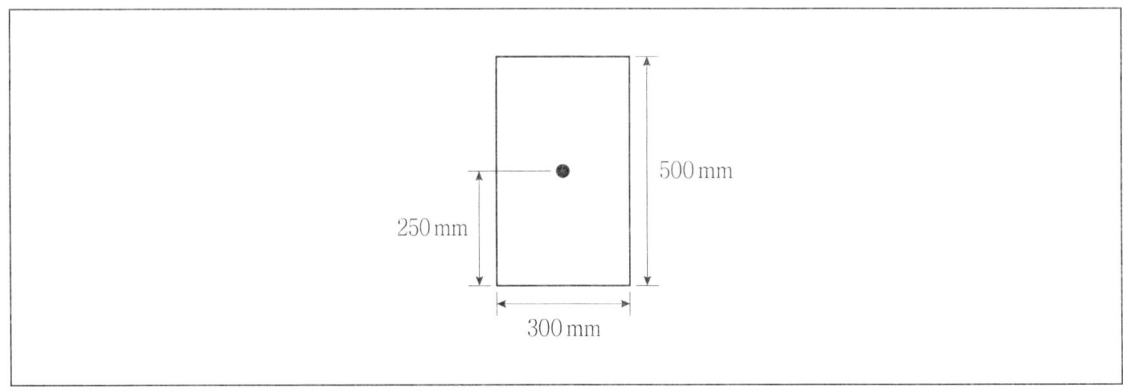

① 50
② 60
③ 70
④ 80

> **TIP** 긴장재를 도심배치하였을 때 인장하연에서 인장응력이 발생하지 않기 위한 조건은
> $P_e \geq \dfrac{6M}{h}$ 이므로 $750 \cdot 0.8 \geq \dfrac{6M}{0.5}$ 이므로 $M \leq 50[kN \cdot m]$

17 계수전단력 V_u=75kN이 작용하는 직사각형 단면의 철근콘크리트 휨부재에서 전단철근을 배근하지 않아도 되는 단면의 최소 유효깊이[mm]는? (단, 보통중량 콘크리트를 사용하였고, 단면폭 b=400mm, 콘크리트의 설계기준압축강도 f_{ck}=25MPa이며, KDS 14 20 22 : 2022를 따른다)

① 400
② 500
③ 600
④ 700

○TIP 전단철근을 배치하지 않아도 되는 유효깊이
$$d \geq \frac{12 V_u}{\phi \sqrt{f_{ck}} b_w} = \frac{12 \cdot 75 \cdot 10^3}{0.75 \times \sqrt{25} \times 400} = 600[\text{mm}]$$

18 직사각형 단면의 철근콘크리트 휨부재에서 부재축에 직각인 U형 전단철근을 간격 200mm로 배치하였다. 전단력과 휨모멘트만 받고 있는 경우, 직사각형보의 공칭전단강도 크기[kN]는? (단, 보통중량 콘크리트를 사용하였고, 단면폭 400mm, 단면 유효깊이 600mm, 콘크리트의 설계기준압축강도 f_{ck}=36MPa, 전단철근의 설계기준항복강도 f_{yt}=400MPa, 전단철근 한가닥의 공칭단면적=100mm²이며, KDS 14 20 22 : 2022를 따른다)

① 240
② 360
③ 480
④ 600

○TIP 전단철근이 배치된 단면의 공칭전단강도는 콘크리트가 부담하는 공칭전단강도와 전단철근이 부담하는 공칭전단강도의 합이다.
콘크리트가 부담하는 공칭전단강도
$$V_c = \frac{1}{6}\sqrt{f_{ck}} b_w d = \frac{1}{6}\sqrt{36} \cdot 400 \cdot 600 = 240,000[\text{N}] = 240[\text{kN}]$$
$$V_s = \frac{A_v f_{yt} d}{s} = \frac{200 \cdot 400 \cdot 600}{200} = 240,000[\text{N}] = 240[\text{kN}]$$ (여기서 A_v값이 100이 아니라 200인 이유는 U형스터럽으로서 전단철근 두 가닥으로 구성되기 때문이다.)

Answer 15.① 16.① 17.③ 18.③

19 조밀단면 2축대칭 H형강 보가 강축에 대해 휨하중을 받고 있다. 보의 비지지길이가 2.5m일 때, 공칭휨강도 크기[kN·m]는? (단, 강재는 SM275가 사용되었으며, 항복강도 F_y=275MPa, 인장강도 F_u=410MPa, 소성한계 비지지길이=3m, 탄성단면계수=900cm³, 소성단면계수=1,000cm³, KDS 14 31 10 : 2017을 따른다)

① 247
② 275
③ 369
④ 410

> **TIP** 강축에 대한 휨을 받는 2축대칭 H형강 또는 ㄷ형강 부재의 웨브와 플랜지가 모두 조밀단면인 경우 공칭휨강도는 소성모멘트와 같다.
> $M_n = M_p = F_y Z_x = 275 \cdot 1,000 \cdot 10^3 = 275 \cdot 10^6 [\text{N} \cdot \text{mm}] = 275 [\text{kNm}]$
> F_y는 강재의 항복강도, Z_x는 x축에 대한 소성단면계수이다.

20 비틀림에 대한 비지지길이가 횡좌굴에 대한 비지지길이보다 짧은 경우, 균일압축을 받는 비세장판 강구조 압축부재의 휨좌굴에 대한 공칭압축강도 P_n 산정방법에 대한 설명으로 옳지 않은 것은? (단, F_{cr}=좌굴응력, A_g=부재의 총단면적, F_e=탄성좌굴응력, F_y=강재의 항복강도, E=강재의 탄성계수, K=유효좌굴길이계수, L=부재의 횡좌굴에 대한 비지지길이, r=좌굴축에 대한 단면2차반경이고, KDS 14 31 10 : 2017을 따른다)

① 공칭압축강도 P_n은 휨좌굴에 대한 한계상태에 기초하여 $P_n = F_{cr} A_g$를 이용하여 산정한다.
② 탄성 압축부재의 좌굴응력 $F_{cr} = 0.877 F_e$를 이용하여 산정한다.
③ 비탄성 압축부재의 좌굴응력 $F_{cr} = 0.658 F_e$를 이용하여 산정한다.
④ 탄성좌굴응력 $F_e = \dfrac{\pi^2 E}{\left(\dfrac{KL}{r}\right)^2}$는 탄성좌굴해석을 통하여 구한다.

> **TIP** 오일러 좌굴응력식은 부재가 탄성거동을 할 때에만 적용된다. 반면 비탄성좌굴에서는 선형 미분방정식을 이용해서 계산한 오일러 좌굴 응력의 적응이 불가능하므로, 다른 식이 필요해진다.
> 비탄성 압축부재의 좌굴응력 $F_{cr} = \left[0.658^{\frac{F_y}{F_e}}\right] F_y$를 이용하여 산정한다.

토목설계 / 2023. 6. 10. 제1회 지방직 시행

※ 본 문제는 국토교통부에서 고시한 건설기준코드(구조설계기준 : KDS 14 00 00)에 부합하도록 출제하였으며, 이외 기준은 해당 문항에 별도 표기함

1 보통중량골재를 사용한 콘크리트에서 설계기준압축강도 f_{ck} = 35MPa이고 충분한 시험자료가 없는 경우, 평균 압축강도 f_{cm} [MPa]은? (단, f_{cm} 은 재령 28일에서 콘크리트의 평균 압축강도이다)

① 37
② 38
③ 39
④ 40

> **TIP** $f_{cm} = f_{ck} + \triangle 5$ 이며 $f_{ck} \leq 40$ 이면 $\triangle f = 4$, $f_{ck} \geq 60$ 이면 $\triangle f = 6$
> 따라서 $f_{cm} = f_{ck} + \triangle f = 35 + 4 = 39$

2 그림과 같이 재료, 단면, 길이는 모두 같으나 서로 다른 단부 조건을 가지고 있는 3개의 압축부재에 대하여 좌굴하중(임계하중)이 큰 것부터 순서대로 바르게 나열한 것은?

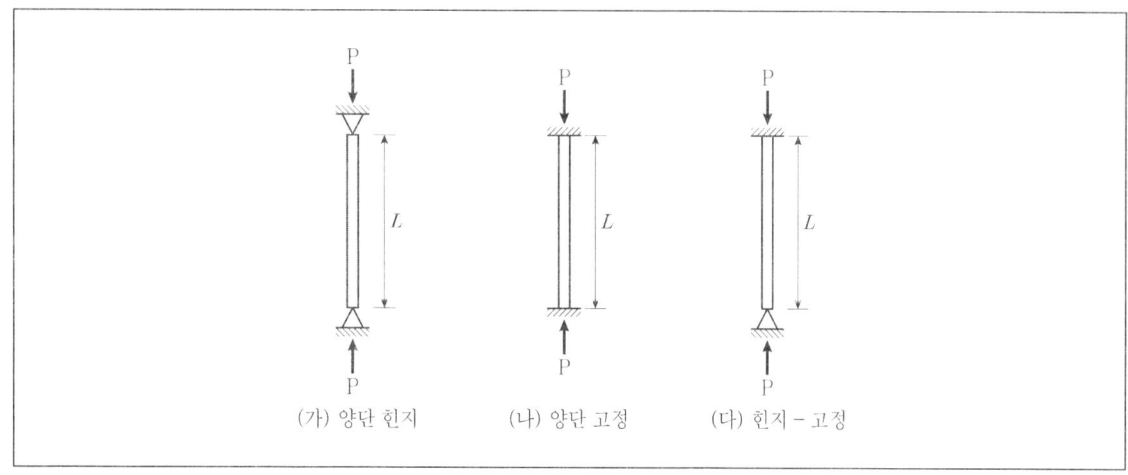

(가) 양단 힌지   (나) 양단 고정   (다) 힌지 - 고정

① (가), (나), (다)
② (가), (다), (나)
③ (나), (가), (다)
④ (나), (다), (가)

> **TIP** 길이와 단면적이 동일한 경우 좌굴하중(임계하중)을 비교하면 양단고정 > 힌지-고정 > 양단힌지이다.

Answer 19.② 20.③ / 1.③ 2.④

3 설계기준압축강도(f_{ck})가 30MPa이고, 콘크리트 압축강도의 시험 횟수가 14회 이하의 조건인 경우, 콘크리트 배합강도 f_{cr}[MPa]은?

① 37.0

② 38.5

③ 40.0

④ 41.5

○**TIP** 계기준압축강도(f_{ck})가 21MPa이상이고 35MPa이하이며 시험횟수가 14회 이하인 경우 배합강도 산정식은
$$f_{cr} = f_{ck} + 8.5 = 30 + 8.5 = 38.5[\text{MPa}]$$

4 단순지지된 일반 철근콘크리트 보에서 지속하중에 의한 순간처짐이 발생하였다. 5년 후 휨부재의 크리프와 건조수축에 의한 추가 장기처짐은 순간(탄성)처짐의 몇 배인가? (단, 콘크리트 보 중앙부에서 측정된 압축철근비 $\rho' = 0.005$이다)

① 1.2   ② 1.4

③ 1.6   ④ 1.8

○**TIP** 추가장기처짐은 순간(탄성)처짐의 λ배 이므로,
$$\lambda = \frac{\xi}{1 + 50\rho'} = \frac{2}{1 + 50(0.005)} = 1.6$$

5 하중저항계수설계법에 의하여 강구조물의 연결부를 설계할 때, 볼트구멍 지압강도 계산에 사용되는 저항계수 ϕ는?

① 0.70

② 0.75

③ 0.80

④ 0.85

○**TIP** 하중저항계수설계법에 의하여 강구조물의 연결부를 설계할 때, 볼트구멍 지압강도 계산에 사용되는 저항계수 ϕ는 0.75이다.

6 다음 (가)와 (나)의 값이 바르게 연결된 것은?

> 설계기준항복강도 f_y = 400MPa의 철근에 인장력을 가하여 인장 변형률이 0.001에 도달했을 때 철근에 작용하는 인장응력 값이 ──(가)── [MPa]이고, 인장 변형률이 0.004에 도달했을 때 철근에 작용하는 인장응력 값은 ──(나)── [MPa]이다. (단, 철근의 탄성계수(E_s)는 2.0×10^5MPa이고, 철근의 응력−변형률 관계는 아래 그림과 같다)
>
>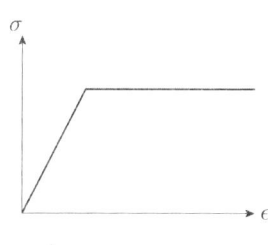

    (가)   (나)
① 200   400
② 200   800
③ 50   400
④ 250   800

> **TIP** 철근의 탄성계수(E_s)는 2.0×10^5MPa이고, 철근의 응력−변형률 관계선도가 위와 같다면 설계기준항복강도 f_y = 400MPa의 철근에 인장력을 가하여 인장 변형률이 0.001에 도달했을 때 철근에 작용하는 인장응력 값이 200[MPa]이고, 인장 변형률이 0.004에 도달했을 때 철근에 작용하는 인장응력 값은 400[MPa]이다.

Answer   3.②   4.③   5.②   6.①

7 보통중량콘크리트에 설치된 부재에서 압축력을 받는 D16 이형철근의 기본정착길이 l_{db}[mm]는? (단, 콘크리트의 설계기준압축강도 f_{ck} =25MPa, 철근의 설계기준항복강도 f_y =300MPa, D16 철근의 공칭지름은 16mm로 가정한다)

① 240
② 320
③ 576
④ 768

○TIP $l_{db} = \dfrac{0.25 f_y}{\lambda \sqrt{f_{ck}}} d_b \geq 0.043 f_y d_b$ 이므로

$\dfrac{0.25 \cdot 300[\text{MPa}]}{1 \cdot \sqrt{25}[\text{MPa}]} \cdot 16[\text{mm}] \geq (0.043)(300[\text{MPa}])(16[\text{mm}])$ 이므로

$240[\text{mm}] \geq 206.4[\text{mm}]$ 이다.

8 옹벽의 설계에 대한 설명으로 옳지 않은 것은?

① 캔틸레버식 옹벽의 저판은 전면벽과의 접합부를 고정단으로 간주한 캔틸레버로 가정하여 단면을 설계할 수 있다.
② 캔틸레버식 옹벽의 전면벽은 저판에 지지된 캔틸레버로 설계할 수 있다.
③ 부벽식 옹벽의 전면벽은 3변 지지된 2방향 슬래브로 설계할 수 있다.
④ 부벽식 옹벽의 저판은 부벽 사이의 거리를 경간으로 가정한 직사각형보 또는 T형보로 설계할 수 있다.

○TIP 부벽식 옹벽의 저판은 정밀한 해석이 사용되지 않는 한, 부벽 사이의 거리를 경간으로 가정한 고정보 또는 연속보로 설계할 수 있다.

9 1방향 슬래브에 대한 설명으로 옳지 않은 것은?

① 4변에 의해 지지되는 2방향 슬래브 중에서 단변에 대한 장변의 비가 2배를 넘으면 1방향 슬래브로 해석한다.
② 1방향 슬래브의 두께는 최소 100mm 이상으로 하여야 한다.
③ 슬래브의 정모멘트 철근 및 부모멘트 철근의 중심 간격은 위험단면에서는 슬래브 두께의 2배 이하여야 하고, 또한 300mm 이하로 하여야 한다.
④ 슬래브의 정모멘트 철근 및 부모멘트 철근의 중심 간격은 위험단면을 제외한 단면에서는 슬래브 두께의 2배 이하여야 하고, 또한 600mm 이하로 하여야 한다.

○TIP 슬래브의 정모멘트 철근 및 부모멘트 철근의 중심 간격은 위험단면을 제외한 단면에서는 슬래브 두께의 2배 이하여야 하고, 또한 300mm 이하로 하여야 한다.

10 그림과 같은 철근콘크리트 보를 설계할 때, 부재축에 직각으로 배치된 전단철근의 최대간격[mm]은? (단, 전단철근에 의한 단면의 공칭전단강도(V_s) 크기는 $V_s < \lambda \left(\dfrac{\sqrt{f_{ck}}}{3} \right) b_w d$ 이다)

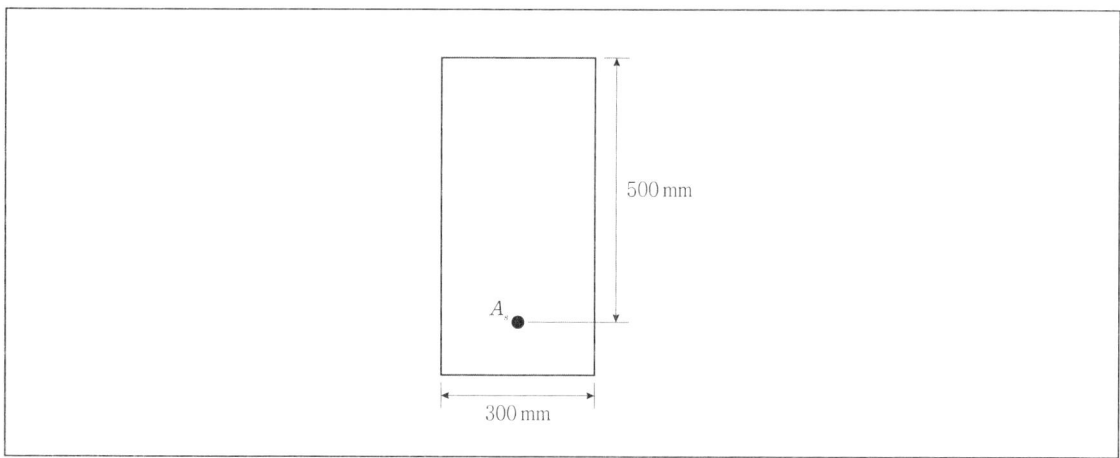

① 250
② 300
③ 400
④ 500

> **TIP** $s_{\max} = \left(\dfrac{d}{2},\ 600[\text{mm}] \right) = \left(\dfrac{500}{2},\ 600[\text{mm}] \right) = 250[\text{mm}]$

11 설계기준항복강도 $f_y = 350$MPa인 이형철근을 사용하는 철근콘크리트 보에서 피로를 고려하지 않아도 되는 철근의 응력 범위[MPa]는?

① 130
② 140
③ 150
④ 160

> **TIP** 피로에 대해 고려를 하지 않아도 되는 철근의 응력범위는 SD350의 경우 140[MPa]이다.

Answer   7.① 8.④ 9.④ 10.① 11.②

12 교량 설계하중조합(한계상태설계법)에 따라 도로교 설계 시, 교량은 경간 8m의 단순지지 구조이고 자중을 포함한 구조부재의 등분포 고정하중 20kN/m, 등분포 차량활하중 10kN/m가 작용할 때, 극한한계상태 하중조합 I에 대한 계수휨모멘트 M_u[kN·m]는? (단, KDS 24 12 11 : 2021에 따른다)

① 312
② 344
③ 388
④ 432

TIP $w_u = 1.8w_l + 1.25w_d = 1.8 \cdot 10 + 1.25 \cdot 20 = 43 \text{[kN/m]}$

$M_u = \dfrac{w_u L^2}{8} = \dfrac{43 \cdot 8^2}{8} = 344 \text{[kN·m]}$

13 보통중량콘크리트를 사용하고, 캔틸레버로 지지된 리브가 없는 1방향 슬래브의 처짐을 계산하지 않아도 되는 슬래브의 최소두께[mm]는? (단, 큰 처짐에 의해 손상되기 쉬운 칸막이벽이나 기타 구조물을 지지 또는 부착하지 않고, 경간의 길이는 6m, 철근의 설계기준항복강도 f_y =350MPa이다)

① 232
② 279
③ 558
④ 697

TIP 주어진 조건에 따르면 슬래브의 처짐을 계산하지 않아도 되는 슬래브의 최소두께[mm] 산정 시 철근의 항복강도가 400[MPa]가 아니므로 다음과 같이 구해야 한다.

$\dfrac{L}{10}\left(0.43 + \dfrac{f_y}{700}\right)$ 이므로 $\dfrac{6\text{[m]}}{10}\left(0.43 + \dfrac{350}{700}\right) = 558\text{[mm]}$

14 철근콘크리트 부재 내 사용되는 전단철근의 형태로 옳지 않은 것은?

① 원형 띠철근 또는 후프철근
② 주인장 철근에 45° 이상의 각도로 설치되는 스터럽
③ 설계기준항복강도(f_y)가 600MPa을 초과한 나선철근
④ 주인장 철근에 30° 이상의 각도로 구부린 굽힘철근

TIP 휨철근의 설계기준항복강도는 600MPa이하여야 하며 전단철근의 설계기준항복강도는 500MPa이하여야 한다.
- 철근콘크리트 부재 내 사용되는 전단철근의 형태
- 부재축에 직각인 스터럽
- 부재축에 직각으로 배치한 용접철망
- 나선철근, 원형 띠철근, 또는 후프철근
- 주인장철근에 45도 이상의 각도로 설치되는 스터럽(경사스터럽)
- 주인장철근에 30도 이상의 각도로 구부린 굽힘철근
- 스터럽과 굽힘철근의 조합

15 기둥 부재에 다음과 같은 하중이 작용하고 있을 때, 콘크리트구조 설계(강도설계법) 하중조합에 의한 기둥의 최대 소요강도[kN]는?

- 고정하중 = 100kN
- 활하중 = 100kN
- 지진하중 = 100kN

① 140
② 190
③ 280
④ 320

○**TIP** 다음의 3가지 경우를 고려하여 이 중 가장 큰 것을 최대 소요강도로 정한다.
$U = 1.4(D+F) = 1.4(1000+0) = 140[kN]$
$U = 1.2(D+F+T) + 1.6(L+\alpha_H H_v + H_h) + 0.5(L_r \text{ or } S \text{ or } R)$
$\quad = 1.2(100+0+0) + 1.6(100+0+0) + 0 = 280[kN]$
$U = 1.2(D+H_v) + 1.0E + 1.0L + 0.2S + (1.0H_h \text{ or } 0.5H_h)$
$\quad = 1.2(100+0) + 1.0(100) + 1.0(100) + 0 = 320$

16 슬래브의 직접설계법에 의한 정 및 부계수휨모멘트의 분배율로 옳지 않은 것은? (단, M_o는 전체 정적 계수휨모멘트이다)

① 내부 경간에서 부계수휨모멘트는 $0.65M_o$이다.
② 내부 경간에서 정계수휨모멘트는 $0.35M_o$이다.
③ 단부 경간에서 완전 구속된 외부 받침부의 부계수휨모멘트는 $0.65M_o$이다.
④ 단부 경간에서 완전 구속된 외부 받침부의 정계수휨모멘트는 $0.70M_o$이다.

○**TIP** 단부 경간에서 완전 구속된 외부 받침부의 정계수휨모멘트는 $0.35M_o$이다.

17 그림과 같이 경간 10m의 대칭 T형보에서 등가직사각형 응력블록의 깊이 a [mm]는? (단, 콘크리트의 설계기준압축강도 f_{ck} =30MPa, 철근의 설계기준항복강도 f_y =400MPa, 철근의 단면적 A_s =7,650mm² 이다)

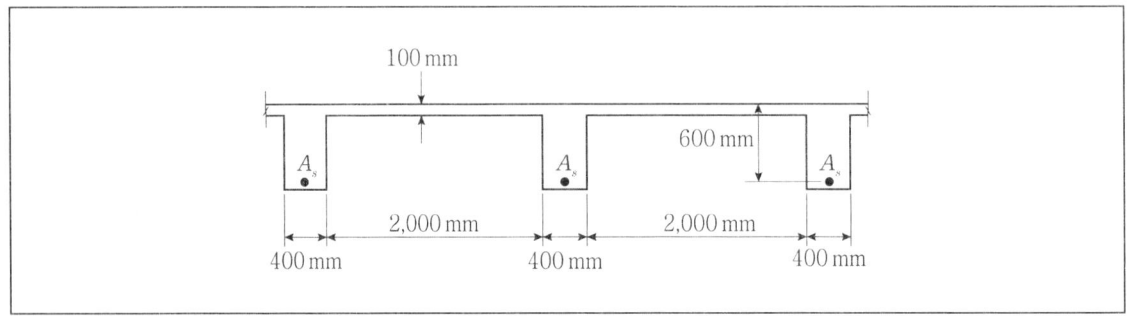

① 60
② 80
③ 100
④ 110

TIP $16t_f + b_w = 16 \cdot 100 + 400 = 2000$ [mm]
양쪽슬래브의 중심간 거리는 2000+400=2400[mm]
보 경간의 1/4은 10[m]/4=2.5[m]=2500[mm]
이 중 가장 작은 값을 유효폭으로 정해야 하므로 유효폭은 2000[mm]가 된다.
$f_{ck} \leq 40$[MPa]인 경우 $\eta=1$, $\beta_1=0.8$, $\varepsilon=0.0033$

$$a = \frac{A_s f_y}{\eta(0.85 f_{ck} b_e)} = \frac{7650[\text{mm}^2] \cdot 400[\text{MPa}]}{0.85 \cdot 30[\text{MPa}] \cdot 2000[\text{mm}]} = 60[\text{mm}] < t_f$$

※ T형보의 유효폭

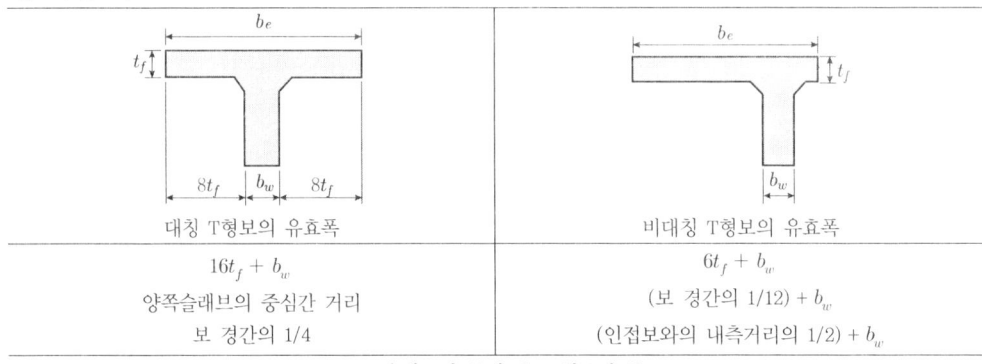

대칭 T형보의 유효폭	비대칭 T형보의 유효폭
$16t_f + b_w$ 양쪽슬래브의 중심간 거리 보 경간의 1/4	$6t_f + b_w$ (보 경간의 1/12) + b_w (인접보와의 내측거리의 1/2) + b_w
t_f : 슬래브의 두께, b_w : 웨브의 폭	

18 그림과 같은 압축부재에 사용되는 띠철근기둥에서 띠철근의 최대 수직간격[mm]은? (단, D10 철근의 공칭지름은 10mm, D32 철근의 공칭지름은 32mm로 가정한다)

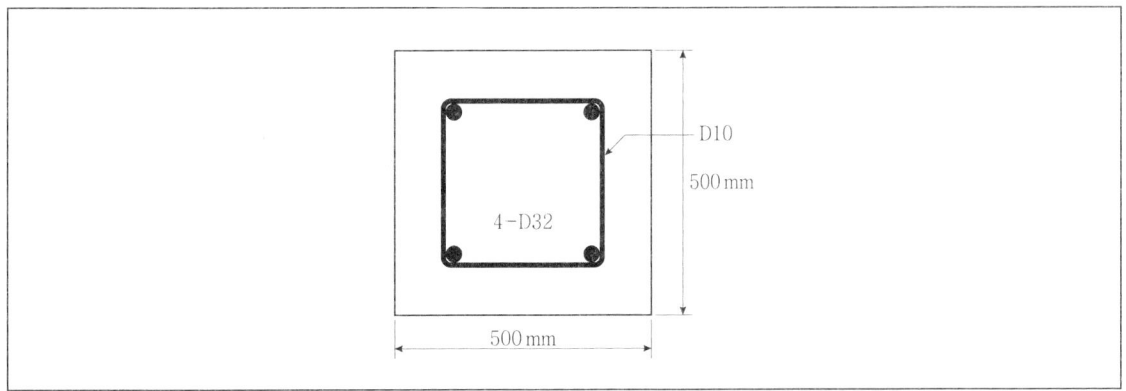

① 480
② 500
③ 512
④ 550

> **TIP** 다음 중 최소값을 띠철근의 최대 수직간격으로 한다.
> 주철근의 16배 이하 : 16×32= 512mm
> 띠철근 지름의 48배 이하 : 10×48=480mm
> 기둥 단면의 최소치수 이하 : 500mm

19 프리스트레스트 콘크리트구조의 긴장재 허용응력 기준에서 프리스트레스 도입 직후에 긴장재의 인장응력[MPa]은? (단, 긴장재의 설계기준인장강도 f_{pu} =2,400MPa, 긴장재의 설계기준항복강도 f_{py} =2,000MPa이다)

① 1,480
② 1,640
③ 2,000
④ 2,400

> **TIP** 프리스트레스 도입 직후 긴장재의 인장응력은 $0.74f_{pu}$ 와 $0.82f_{py}$ 중 작은 값으로 한다.
> 따라서 0.74 × 2400 = 1776, 0.82 × 2000 = 1640 중 작은 값인 1640으로 한다.

Answer 17.① 18.① 19.②

20 프리스트레스트 콘크리트 휨부재는 미리 압축을 가한 인장구역에서 사용하중에 의한 인장연단응력 f_t에 따라 균열등급이 구분된다. 콘크리트의 설계기준압축강도가 $f_{ck}=36$ MPa이라면 비균열등급의 한계 [MPa]는?

① 3.78

② 4.80

③ 5.10

④ 6.00

> **TIP** 비균열등급은 $f_t < 0.63\sqrt{f_{ck}}$인 경우이므로 $0.63\sqrt{36} = 3.78$

토목설계 / 2024. 3. 23. 인사혁신처 시행

※ 본 문제는 국토교통부에서 고시한 건설기준코드(구조설계기준 : KDS 14 00 00)에 부합하도록 출제하였으며, 이외 기준은 해당 문항에 별도 표기함

1 철근콘크리트보를 인장지배단면으로 설계했을 때 보의 파괴 형태로 옳은 것은?

① 압축콘크리트의 파괴로부터 시작되는 취성파괴
② 압축콘크리트의 파괴로부터 시작되는 연성파괴
③ 인장철근의 항복으로부터 시작되는 취성파괴
④ 인장철근의 항복으로부터 시작되는 연성파괴

　TIP 철근콘크리트보를 인장지배단면으로 설계했을 때는 인장철근의 항복으로부터 시작되는 연성파괴가 일어난다.

2 양단이 힌지로 지지된 정사각형 단면 기둥의 좌굴 임계하중이 20kN일 때, 일단 고정 타단 자유인 동일한 단면을 가진 기둥의 좌굴 임계하중[kN]은? (단, 두 기둥의 길이는 같고, 동일한 재료로 균질하게 제작되었으며, 탄성거동 한다.)

① 5　　　　　　　　　　　　　② 10
③ 40　　　　　　　　　　　　　④ 80

　TIP 탄성좌굴하중 $P_{cr} = \dfrac{\pi^2 EI_{min}}{(KL)^2} = \dfrac{n \cdot \pi^2 EI_{min}}{L^2} = \dfrac{\pi^2 EA}{\lambda^2}$

E : 탄성계수 (MPa, N/mm²)
I_{min} : 최소단면2차 모멘트(mm⁴)
K : 지지단의 상태에 따른 유효좌굴길이계수
KL : 유효좌굴길이(mm)
λ : 세장비
f_{cr} : 임계좌굴응력

양단이 힌지인 경우의 유효좌굴길이계수는 1.0이고 일단고정 타단자유이므로 유효좌굴길이계수는 2.0이다. 좌굴하중식에 이 조건들을 대입하면 양단힌지인 경우 좌굴임계하중이 20kN이면 일단고정 타단자유인 경우 좌굴임계하중은 5kN이 된다.

Answer 20.① / 1.④ 2.①

3 그림과 같은 강구조 인장부재 볼트 연결부의 예상 파단선이 a – b – e – f – g일 때 순폭[mm]은? (단, 볼트구멍의 직경은 22mm이다)

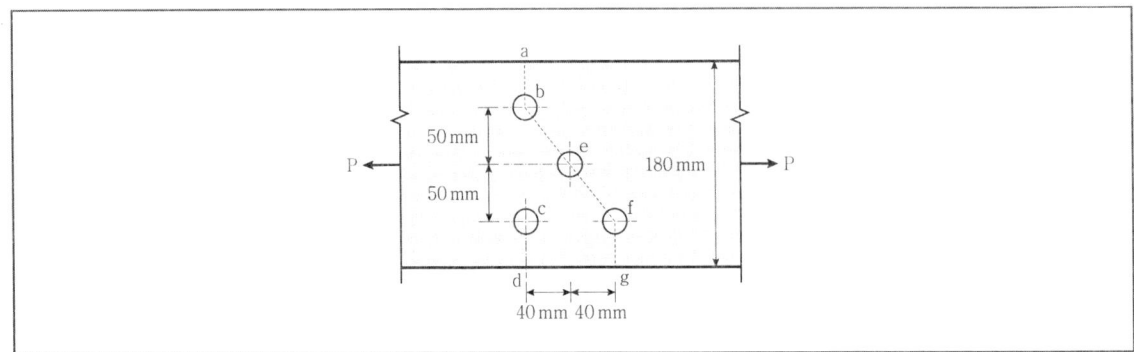

① 120
② 130
③ 140
④ 150

TIP 엇모배치의 경우 다음의 식으로 순단면적을 산정한다.

직선배치의 경우: $b_1 = b_g - 2d = 180 - 2 \cdot 22 = 136[mm]$

지그재그배치의 경우:

$$b_2 = b_g - 3d + \sum \frac{p^2}{4g} = 180 - 3(22) + 2 \cdot \frac{(40)^2}{4(50)} = 130[mm]$$

참고) 엇모배치(지그재그배치)인 경우 순단면적 산정

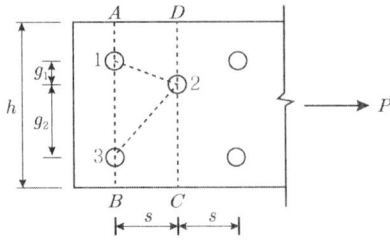

$$A_n = A_g - n \cdot d \cdot t + \sum \frac{s^2}{4g} \cdot t$$

파단선 A-1-3-B : $A_g = (h - 2d) \cdot t$

파단선 A-1-2-3-B : $A_g = \left(h - 3d + \frac{s^2}{4g_1} + \frac{s^2}{4g_s}\right) \cdot t$

파단선 A-1-2-C : $A_n = \left(h - 2d + \frac{s^2}{4g_1}\right) \cdot t$

파단선 D-2-3-B : $A_n = \left(h - 2d + \frac{s^2}{4g_2}\right) \cdot t$

이 중 순단면적의 크기가 가장 작은 경우가 실제로 파괴가 일어나게 되는 파단선이며 인장재의 순단면적이 된다. 위의 4가지 파단선 중 A-1-2-C와 D-2-3-B의 순단면적은 파단선 A-1-3-B의 경우보다 항상 크게 되므로 파단선 A-1-2-C와 D-2-3-B의 경우는 처음부터 고려할 필요가 없음을 알 수 있다.

4 철근콘크리트 압축부재의 설계에서 사각형이나 원형 띠철근으로 둘러싸인 압축부재의 축방향 주철근의 최소 배치 개수는?

① 3 ② 4
③ 5 ④ 6

> **TIP** 철근콘크리트 압축부재의 설계에서 사각형이나 원형 띠철근으로 둘러싸인 압축부재의 축방향 주철근의 최소 배치 개수는 4개이다.

5 철근콘크리트보의 휨설계에 대한 설명으로 옳지 않은 것은?

① 강도감소계수를 고려한 설계강도는 소요강도 이상이 되도록 설계하여야 한다.
② 콘크리트 압축파괴 이전에 철근의 항복이 먼저 일어나는 연성파괴가 되도록 설계하여야 한다.
③ 압축측 콘크리트의 갑작스런 취성파괴 방지를 위하여 압축지배 단면으로 설계한다.
④ 인장지배단면의 강도감소계수 ϕ의 값은 0.85이다.

> **TIP** 압축측 콘크리트의 갑작스런 취성파괴 방지를 위하여 인장지배 단면으로 설계해야 한다.

6 동일한 크기의 두 단부 모멘트가 단일 곡률을 일으키는 횡구속된 압축부재의 모멘트확대계수는? (단, 압축부재의 좌굴하중 P_c는 20,000kN이고, 계수축하중 P_u는 3,000kN이다)

① 1.20 ② 1.25
③ 1.30 ④ 1.35

> **TIP** 모멘트확대계수 : 압축력 P에 의해 1차모멘트가 증가하는 것을 나타내는 계수
>
> 보정계수 $C_m = 0.6 + 0.4\dfrac{M_1}{M_2} = 0.6 + 0.4 = 1$
>
> 모멘트 확대계수 $\delta = \dfrac{C_m}{1 - \dfrac{P_u}{0.75 P_{cr}}} = \dfrac{1}{1 - \dfrac{3000}{0.75 \cdot 20000}} = 1.25$

Answer 3.② 4.② 5.③ 6.②

7 그림과 같이 중심축하중이 작용하는 확대기초의 1방향 전단에 대한 위험 단면에서의 전단력의 크기[kN]는? (단, 중심축하중의 크기 P_u는 2,700kN이고, 기초판의 유효높이 d는 500mm이다)

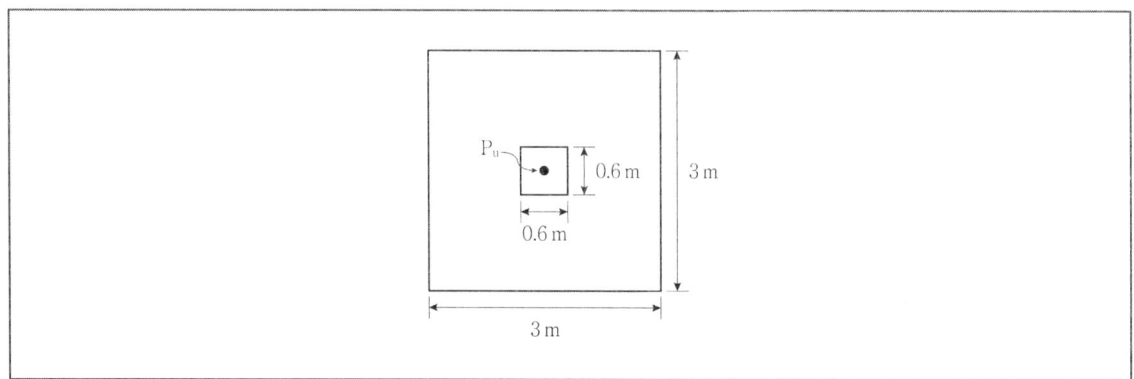

① 540
② 570
③ 600
④ 630

> **TIP** 확대기초 저면에 작용하는 등분포하중 $q_u = \dfrac{P_u}{A} = \dfrac{2700[kN]}{(3m)^2} = 300[kN/m^2]$
> 위험구역 면적 : $S\left(\dfrac{L-x}{2} - d\right) = 3\left(\dfrac{3-0.6}{2} - 0.5\right) = 2.1[m^2]$
> $V = q_u \cdot 위험구역면적 = 300 \cdot 2.1 = 630[kN]$

8 고장력볼트 마찰연결에서 공칭마찰강도 계산에 고려하지 않는 것은?

① 마찰면 상태
② 전단면의 수
③ 연결부재의 두께
④ 설계볼트의 장력

> **TIP** 고력볼트의 설계미끄럼강도(마찰강도)
> $\phi R_n = \phi \cdot \mu \cdot h_{sc} \cdot T_o \cdot N_s$ (μ : 미끄럼계수, h_{sc} : 구멍계수, N_s : 전단면의 수, T_o : 설계볼트장력)
> ⓐ 사용성한계상태에서 미끄럼방지를 위한 마찰접합의 경우 강도감소계수는 1.0
> ⓑ 하중조합에 따른 소요강도에 대하여 미끄럼이 일어나지 않도록 해야 하는 마찰접합의 경우 강도감소계수는 0.85

9 콘크리트의 크리프와 건조수축에 대한 설명으로 옳지 않은 것은?

① 부재의 변형이 구속된 부정정 구조에서는 건조수축에 의한 응력이 발생한다.
② 물-시멘트비가 증가할수록 크리프와 건조수축은 증가한다.
③ 상대습도가 높을수록 건조수축은 증가한다.
④ 콘크리트 건조 초기에는 콘크리트 부재의 표면에는 인장응력이, 내부에는 압축응력이 발생한다.

　TIP 상대습도가 높을수록 건조수축은 감소한다.

10 그림과 같은 프리스트레스트 콘크리트 단순보의 지간 중앙에서 프리스트레스 힘 P에 의한 솟음의 크기가 $C_1 \dfrac{PL^2 e_c}{EI}$ 일 때, C_1은? (단, 보의 휨강성 EI는 일정하다)

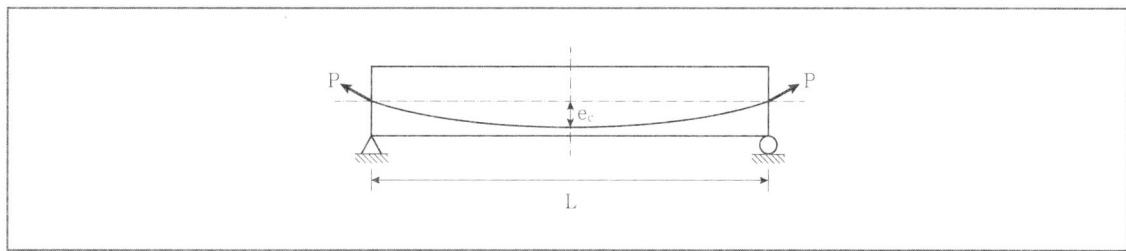

① $\dfrac{5}{48}$　　　　　　　　　　② $\dfrac{5}{64}$

③ $\dfrac{5}{128}$　　　　　　　　　　④ $\dfrac{5}{384}$

　TIP $M_c = Pe = \dfrac{w_c L^2}{8}$, $\delta = \dfrac{5 w_c L^4}{384 EI} = \dfrac{5 \left(\dfrac{8 P e_c}{L^2}\right) L^4}{384 EI} = \dfrac{5 P L^2 e_c}{48 EI}$

Answer　7.④　8.③　9.③　10.①

11 그림과 같이 철근콘크리트보 단면의 등가직사각형 응력블록과 철근 인장력의 크기가 주어졌을 때, 깊이 $y[\text{mm}]$는?

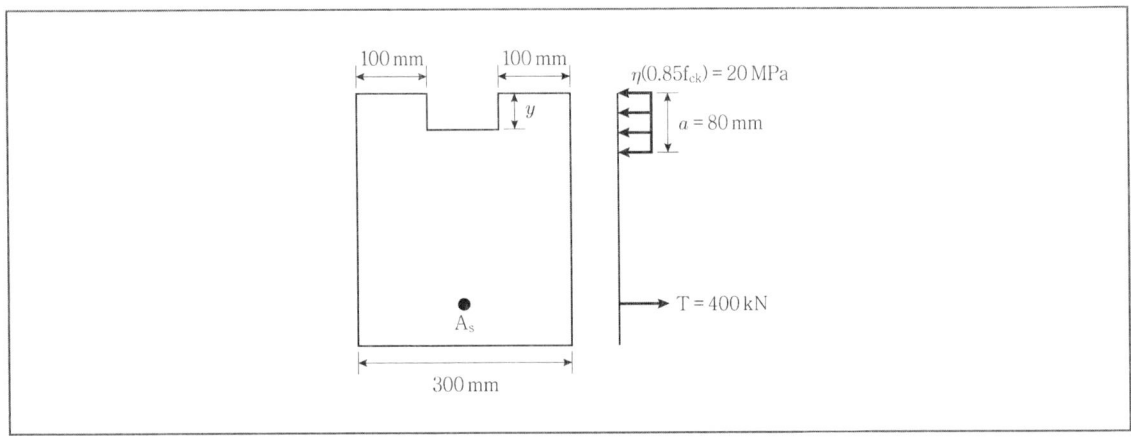

① 20
② 40
③ 60
④ 80

TIP $C = T : \eta(0.85f_{ck})A = T = 20(300 \cdot 80 - 100 \cdot y) = 400[kN]$
따라서 $y = 40[mm]$

12 프리스트레스트 콘크리트 휨부재는 미리 압축을 가한 인장구역에서 사용하중에 의한 인장연단응력 f_t에 따라 비균열등급, 부분균열등급, 완전균열등급으로 구분된다. 부분균열등급에 해당하는 인장연단응력 범위[MPa]는? (단, f_{ck}[MPa]는 콘크리트 설계기준압축강도이다)

① $f_t \leq 0.63\sqrt{f_{ck}}$
② $0.63\sqrt{f_{ck}} < f_t \leq 1.0\sqrt{f_{ck}}$
③ $1.0\sqrt{f_{ck}} < f_t \leq 1.2\sqrt{f_{ck}}$
④ $f_t > 1.2\sqrt{f_{ck}}$

TIP 부분균열등급: 프리스트레스된 휨부재의 균열 발생 가능성을 나타내는 등급의 하나로서 사용하중에 의한 인장측 연단응력 f_t가 $0.63\sqrt{f_{ck}}$보다 크고 $1.0\sqrt{f_{ck}}$ 이하로서 비균열단면과 균열단면의 중간수준으로 거동하는 단면에 해당하는 등급

13 프리스트레스트 콘크리트 교량 구조물에 대한 설명으로 옳지 않은 것은? (단, KDS 24 14 20 : 2018에 따른다)

① PS강재의 릴랙세이션이 작아야 한다.
② PS강재의 연신율이 커서 충분한 연성을 가지고 있어야 한다.
③ 프리텐션 부재의 콘크리트 설계기준압축강도는 25MPa 이상이어야 한다.
④ 포스트텐션 부재의 콘크리트 설계기준압축강도는 30MPa 이상이어야 한다.

　TIP 프리텐션 부재의 콘크리트 설계기준압축강도는 35MPa 이상이어야 한다.

14 그림과 같은 삼각형 철근콘크리트 단면의 철근량 $A_s[mm^2]$는? (단, 압축부 콘크리트의 응력분포는 등가직사각형 응력분포로 고려하며, 인장철근은 항복하였고, a는 등가직사각형 응력블록의 깊이, 콘크리트의 설계기준압축강도 f_{ck}는 20MPa, 철근의 항복강도 f_y는 400MPa이다)

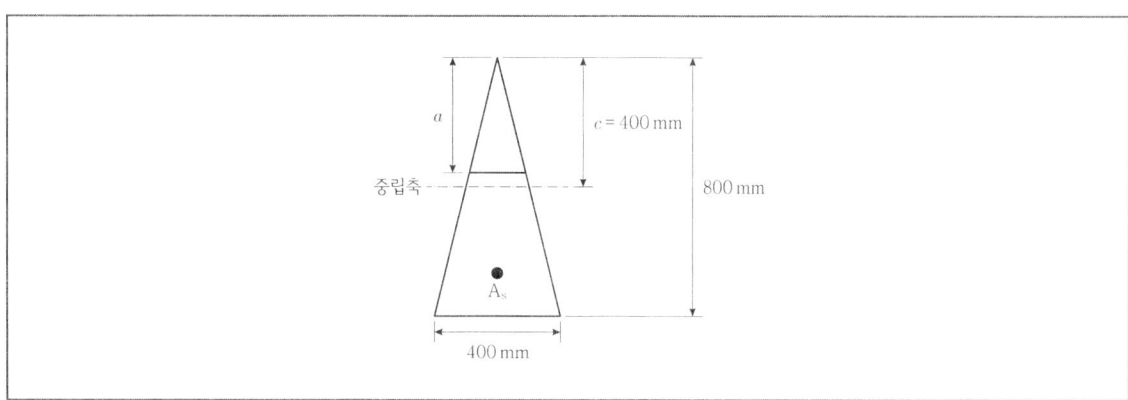

① 1,088　　　　　　　　　　② 1,148
③ 1,235　　　　　　　　　　④ 1,324

　TIP $f_{ck} \leq 40[MPa]$이므로 $\eta=1$, $\eta=0.8$, $\varepsilon_c=0.0033$
압축을 받는 콘크리트 면적을 구하면
$a = \beta_1 c = 0.8 \cdot 400 = 320[mm]$
$A = \frac{1}{2} \cdot \left(a \cdot \frac{1}{2}\right) \cdot a = \frac{1}{2} \cdot \left(320 \cdot \frac{1}{2}\right) \cdot 320 = 25,600[mm^2]$
$C = T$: $\eta(0.85f_{ck})A = A_s f_y$이므로
$A_s = \frac{\eta(0.85f_{ck})A}{f_y} = \frac{1(0.85 \cdot 20)(25,600)}{400} = 1,088[mm^2]$

Answer 11.② 12.② 13.③ 14.①

15 그림과 같이 치수가 주어진 슬래브와 보를 일체로 친 T형보의 플랜지 유효폭 b[mm]는? (단, 보의 경간은 12m이다)

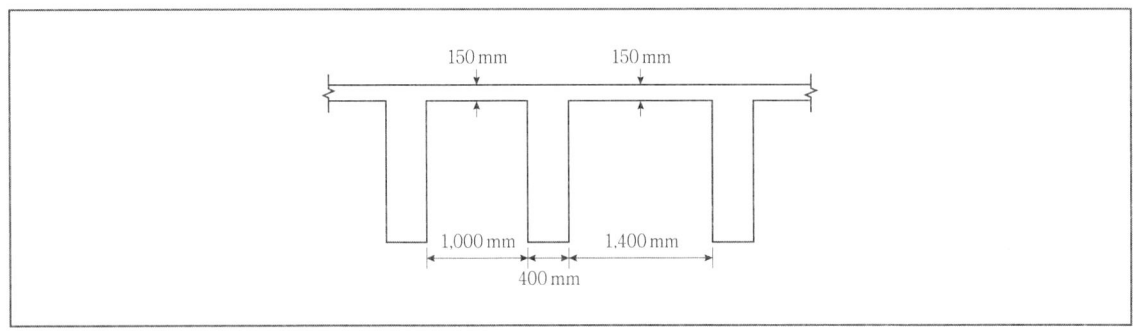

① 1,200
② 1,600
③ 2,800
④ 3,000

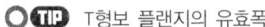 T형보 플랜지의 유효폭

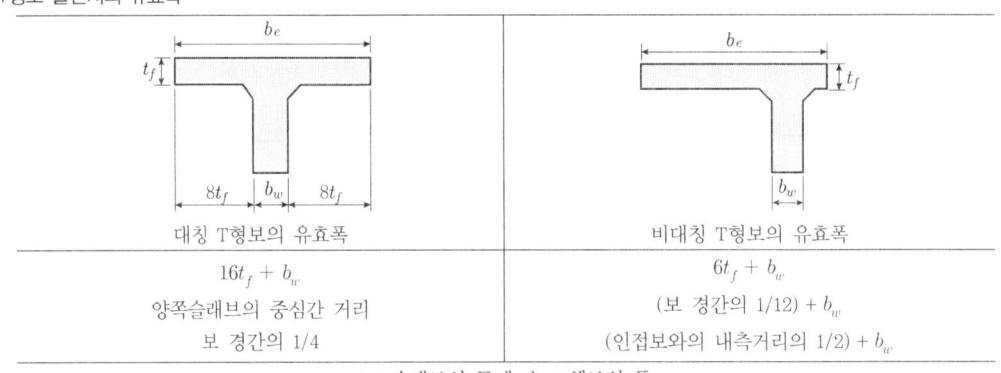

$16t_f + b_w$: 16(150)+400=2700
양쪽슬래브의 중심간 거리 : 500+400+700=1,600
보 경간의 1/4 : 12,000/4=3,000

16 계수전단력 V_u가 작용하는 직사각형 단면의 철근콘크리트 휨부재에서 공칭전단강도 V_n의 최솟값[kN]은? (단, 계수전단력 V_u는 75kN이다)

① 85
② 90
③ 95
④ 100

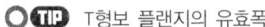 계수전단력은 공칭전단강도에 강도감소계수를 곱한 값이다. 전단력에 대한 강도감소계수는 0.75이므로 계수전단력이 75kN인 경우 공칭전단강도는 100kN이다.

17 콘크리트용 앵커 설계기준에서 연성강재요소의 강도에 의해 지배되는 앵커의 인장력 설계 시 고려되는 강도감소계수 ϕ 는?

① 0.75
② 0.65
③ 0.60
④ 0.55

> **TIP** 부재와 하중의 종류별 강도감소계수
>
> | 부재 또는 하중의 종류 | 강도감소계수 |
> |---|---|
> | 인장지배단면 | 0.85 |
> | 압축지배단면-나선철근부재 | 0.70 |
> | 압축지배단면-스터럽 또는 띠철근부재 | 0.65 |
> | 전단력과 비틀림모멘트 | 0.75 |
> | 콘크리트의 지압력 | 0.65 |
> | 포스트텐션 정착구역 | 0.85 |
> | 스트럿타이-스트럿, 절점부 및 지압부 | 0.75 |
> | 스트럿타이-타이 | 0.85 |
> | 무근콘크리트의 휨모멘트, 압축력, 전단력, 지압력 | 0.55 |

18 콘크리트구조의 해석과 설계에 사용하는 탄성계수에 대한 설명으로 옳지 않은 것은? (단, f_{cm}[MPa]은 콘크리트의 평균압축강도이다)

① 콘크리트의 할선탄성계수는 콘크리트의 단위질량 m_c 의 값이 1,450~2,500kg/m³인 콘크리트의 경우 $E_c = 0.077 m_c^{1.5} \sqrt[3]{f_{cm}}$ (MPa)이다.

② 보통중량골재를 사용한 콘크리트(단위질량 $m_c = 2,300 \text{ kg/m}^3$)의 경우 $E_c = 8,500 \sqrt[3]{f_{cm}}$ (MPa)이다.

③ 크리프 변형을 계산할 때 사용하는 탄성계수는 콘크리트 할선탄성계수와 동일하게 사용한다.

④ 철근의 탄성계수는 $E_s = 200,000$ (MPa)을 표준으로 하여야 한다.

> **TIP** 크리프 변형을 계산할 때 사용하는 탄성계수는 유효탄성계수(장기하중이 가해졌을 때 크리프 및 수축영향을 고려한 계수)를 사용해야 한다.

19 콘크리트구조 정착 및 이음 설계기준에서 제시하는 철근의 이음에 대한 설명으로 옳지 않은 것은?

① 이음은 가능한 한 최대 인장응력점으로부터 떨어진 곳에 두어야 한다.
② 철근의 굽힘이 시작되는 부위에서 용접이음을 시작할 수 있다.
③ 용접이음은 용접용 철근을 사용해야 한다.
④ 기계적이음은 철근의 설계기준항복강도 f_y의 125% 이상을 발휘할 수 있는 기계적이음이어야 한다.

> **TIP** 철근이 굽혀진 부위에서는 용접이음할 수 없으며, 굽힘이 시작되는 부위에서 철근지름의 2배 이상 떨어진 곳에서부터 용접이음을 시작할 수 있다

20 옹벽의 구조상세에 대한 설명으로 옳지 않은 것은? (단, KDS 11 80 05 : 2020에 따른다)

① 활동에 대한 효과적인 저항을 위하여 저판에 활동방지벽을 적용하는 경우 저판과 일체로 설치해야 한다.
② 신축이음 설치 간격은 중력식 옹벽의 경우는 10m 이하, 캔틸레버식 및 부벽식옹벽에서는 15m~20m 이하의 간격으로 설치하여야 한다.
③ 뒷부벽식 옹벽에서는 전면벽과 기초 슬래브에 의해 부벽에 전달되는 응력을 지지하기 위해 필요한 철근을 부벽에 배근해야 한다. 또 전면벽과 기초슬래브에는 인장철근의 20% 미만의 배력철근을 두어야 한다.
④ 부벽식 옹벽의 경우에는 수평방향의 철근량이 많으므로 수축이음을 설치하지 않아도 좋다.

> **TIP** 뒷부벽식 옹벽에서는 전면벽과 기초 슬래브에 의해 부벽에 전달되는 응력을 지지하기 위해 필요한 철근을 부벽에 배근해야 한다. 또 전면벽과 기초슬래브에는 인장철근의 20% 이상의 배력철근을 두어야 한다.

토목설계 / 2024. 6. 22. 제1회 지방직 시행

※ 본 문제는 국토교통부에서 고시한 건설기준코드(구소설계기준 : KDS 14 00 00)에 부합하도록 출제하였으며, 이외 기준은 해당 문항에 별도 표기함

1 4변에 의해 지지되는 2방향 슬래브 중에서 1방향 슬래브로 해석할 수 있는 단변에 대한 장변의 비로 적합하지 않은 것은?

① 1.5
② 2.5
③ 3.5
④ 4.5

> **TIP** 마주보는 두 변에 의해서만 지지된 경우이거나 네 변이 지지된 슬래브 중에서 L/S 〉 2인 경우가 1방향 슬래브에 해당된다. 여기서 L은 장변의 길이이고 S는 단변의 길이이다. 마주보는 두 변에만 지지되는 1방향 슬래브는 휨부재(단위폭 1m)로 보고 설계한다.

2 프리스트레스를 가하지 않은 띠철근 단주의 최대 설계축강도 $\phi P_{n(\max)}$는? (단, ϕ = 강도감소계수, f_{ck} = 콘크리트의 설계기준압축강도, f_y = 철근의 설계기준항복강도, A_g = 기둥의 전체단면적, A_{st} = 종방향 철근의 전체단면적이다)

① $\phi[0.85f_{ck}A_g + f_y A_{st}]$
② $\phi[f_{ck}(A_g - A_{st}) + f_y A_{st}]$
③ $0.85\phi[0.85f_{ck}(A_g - A_{st}) + f_y A_{st}]$
④ $0.80\phi[0.85f_{ck}(A_g - A_{st}) + f_y A_{st}]$

> **TIP** 프리스트레스를 가하지 않은 띠철근 단주의 최대 설계축강도
> $\phi P_{n(\max)} = 0.80\phi[0.85f_{ck}(A_g - A_{st}) + f_y A_{st}]$
> (ϕ = 강도감소계수, f_{ck} = 콘크리트의 설계기준압축강도, f_y = 철근의 설계기준항복강도, A_g = 기둥의 전체단면적, A_{st} = 종방향 철근의 전체단면적이다)

Answer 19.② 20.③ / 1.① 2.④

3 철근콘크리트가 효율적인 구조재료로 쓰일 수 있는 이유로 옳지 않은 것은?

① 콘크리트는 강재에 비해 높은 압축강도를 갖는다.
② 콘크리트가 경화된 후, 철근과 콘크리트 사이에 강한 부착력이 유지된다.
③ 콘크리트와 철근의 열팽창 계수가 거의 같다.
④ 콘크리트는 철근을 부식과 화재로부터 보호한다.

○**TIP** 압축강도는 강재가 콘크리트보다 높다.

4 강도설계법에 의한 콘크리트구조 설계 시 적용해야 할 강도감소계수로 옳지 않은 것은?

① 인장지배단면 : 0.85
② 나선철근으로 보강된 압축지배단면 : 0.65
③ 전단력과 비틀림모멘트 : 0.75
④ 포스트텐션 정착구역 : 0.85

○**TIP** 나선철근으로 보강된 압축지배단면의 강도감소계수는 0.70이다.

부재 또는 하중의 종류	강도감소계수
인장지배단면	0.85
압축지배단면-나선철근부재	0.70
압축지배단면-스터럽 또는 띠철근부재	0.65
전단력과 비틀림모멘트	0.75
콘크리트의 지압력	0.65
포스트텐션 정착구역	0.85
스트럿타이-스트럿, 절점부 및 지압부	0.75
스트럿타이-타이	0.85
무근콘크리트의 휨모멘트, 압축력, 전단력, 지압력	0.55

5 철근의 정착에 대한 설명으로 옳지 않은 것은?

① 인장 이형철근의 정착길이 l_d는 기본정착길이 l_{db}에 보정계수를 고려하는 방법을 적용할 수 있다. 다만, 기본정착길이 l_{db}는 항상 300mm 이상이어야 한다.
② 인장 이형철근의 정착길이에 대한 보정계수는 배근 위치, 철근표면 도막 여부 등의 조건에 따라 정한다.
③ 동일 조건에서 D19 이하의 인장 이형철근에 대한 보정계수는 D22 이상의 인장 이형철근에 대한 보정계수보다 작다.
④ 갈고리는 압축철근의 정착에 유효하지 않은 것으로 본다.

> **TIP** 장력을 받는 이형철근의 정착길이(l_d)는 기본정착길이(l_{db})에 보정계수를 곱하여 구하며 인장이형철근의 정착길이는 항상 300mm이상이어야 한다.

6 철근콘크리트 부재의 설계 측면에서 균열을 제어하는 방법으로 옳지 않은 것은?

① 특별히 수밀성이 요구되는 구조는 적절한 방법으로 균열에 대한 검토를 하여야 하며 이 경우 소요수밀성을 갖도록 허용균열폭을 설정하여 검토할 수 있다.
② 미관이 중요한 구조는 미관상의 허용균열폭을 설정하여 균열을 검토할 수 있다.
③ 하중에 의한 균열을 제어하기 위해 필요한 철근 외에도 필요에 따라 온도변화, 건조수축 등에 의한 균열을 제어하기 위한 추가 보강철근을 배치해야 한다.
④ 균열제어를 위한 철근은 필요로 하는 부재 단면의 주변에 분산시켜 배치해야 하고, 이 경우 철근의 지름은 가능한 한 작게, 철근의 간격은 가능한 한 넓게 하여야 한다.

> **TIP** 균열 제어를 위한 철근은 필요로 하는 부재 단면의 주변에 분산시켜 배치하여야 하고, 이 경우 철근의 지름과 간격을 가능한 한 작게 하여야 한다.

7 휨모멘트를 받는 철근콘크리트 부재의 콘크리트 압축연단의 극한변형률은? (단, 콘크리트의 설계기준압축강도 f_{ck} = 40MPa이다)

① 0.0030
② 0.0031
③ 0.0032
④ 0.0033

> **TIP** 휨모멘트를 받는 철근콘크리트 부재의 콘크리트 압축연단의 극한변형률은 0.0033이다. (건축구조기준 개정 전에는 0.003이었으나 개정 후 0.0033으로 변경됨)

Answer 3.① 4.② 5.① 6.④ 7.④

8 1방향 철근콘크리트 슬래브에 배근되는 수축·온도 철근에 대한 설명으로 옳지 않은 것은?

① 수축·온도철근비는 콘크리트 전체단면적에 대한 수축·온도철근 단면적의 비를 말한다.

② 수축·온도철근은 설계기준항복강도를 발휘할 수 있도록 정착되어야 한다.

③ 수축·온도철근의 간격은 슬래브 두께의 3배 이하, 또한 500mm 이하로 하여야 한다.

④ 설계기준항복강도가 400MPa 이하인 이형철근을 사용한 슬래브의 수축·온도철근비는 0.002 이상이어야 한다.

　OTIP 수축, 온도철근의 간격은 슬래브 두께의 5배 이하이거나 450mm이하여야 한다.

9 압축철근비 $\rho' = 0.02$인 복철근 직사각형 보에서 지속하중에 의한 탄성처짐이 15mm 발생하였을 때, 5년 후 지속하중에 의한 추가 장기처짐을 더한 최종 처짐[mm]은? (단, 5년 후의 지속하중에 대한 시간경과계수(ξ)는 2.0이다)

① 15
② 22
③ 30
④ 45

　OTIP $\lambda = \dfrac{\xi}{1+50\rho'} = \dfrac{2.0}{1+50 \cdot 0.02} = 1.0$이다. 지속하중에 의한 탄성처짐과 장기처짐을 합한 값(최종처짐)은 15+(1.0)15=30[mm]이다.

※ 장기처짐
- 장기처짐 산정식 : 장기처짐 = 지속하중에 의한 탄성처짐 × λ
- $\lambda = \dfrac{\xi}{1+50\rho'}$ (ξ : 시간경과계수, $\rho' = \dfrac{A_s'}{bd}$: 압축철근비)

10 철근콘크리트 부재의 전단설계에 대한 설명으로 옳지 않은 것은?

① 전단력이 작용하는 부재의 단면은 설계전단강도 ϕV_n이 계수전단력 V_u 이상이 되도록 설계해야 한다.

② 공칭전단강도 V_n은 콘크리트에 의한 단면의 공칭전단강도 V_c와 전단철근에 의한 단면의 공칭전단강도 V_s의 합이다.

③ 공칭전단강도 V_n을 결정할 때, 부재에 개구부가 있는 경우에는 그 영향을 고려하여야 한다.

④ 계수전단력 V_u가 콘크리트에 의한 설계전단강도 ϕV_c의 1/2 이하인 휨부재에는 최소전단철근을 배치하여야 한다.

　OTIP 수전단력 V_u가 콘크리트에 의한 설계전단강도 ϕV_c의 1/2 이하인 휨부재에는 전단철근이 불필요하다.

11 포스트텐션 긴장재의 파상마찰과 곡률마찰에 의한 손실을 고려한 임의점 x에서 긴장력 $P_{px} = P_{pj}e^C$일 때, C의 식으로 옳은 것은? (단, P_{pj} = 긴장단에서 긴장재의 긴장력, l_{px} = 정착단부터 임의점 x까지 긴장재의 길이, α_{px} = 긴장단부터 임의점 x까지 긴장재의 전체 회전각 변화량, K = 파상마찰계수, μ_p = 곡률마찰계수이다)

① $-(Kl_{px} + \mu_p\alpha_{px})$
② $-(Kl_{px} - \mu_p\alpha_{px})$
③ $(K\alpha_{px} - \mu_p l_{px})$
④ $(K\alpha_{px} + \mu_p l_{px})$

○TIP 포스트텐션 긴장재의 파상마찰과 곡률마찰에 의한 손실을 고려한 임의점 x에서 긴장력 $P_{px} = P_{pj}e^{-(Kl_{px} + \mu_p\alpha_{px})}$이다.

12 유효깊이 d = 500mm인 직사각형 단면의 철근콘크리트 보에 수직스터럽을 간격 s = 100mm로 배치하였다. 수직스터럽에 의한 공칭전단강도 V_s[kN]는? (단, 전단철근의 설계기준항복강도 f_{yt} = 400MPa, 거리 s 내의 전단철근의 전체단면적 A_v = 200 mm²이다)

① 400
② 440
③ 480
④ 520

○TIP $V_s = \dfrac{A_s f_y d}{s} = \dfrac{200[mm^2] \cdot 400[MPa] \cdot 500[mm]}{100[mm]} = 400[kN]$

13 SM275 강재(항복강도 F_y = 275MPa, 인장강도 F_u = 410MPa)로 제작된 인장부재의 총단면의 항복한계상태에 대한 공칭인장강도 P_n[N]은? (단, 부재의 총단면적 A_g = 10mm², 유효 순단면적 A_n = 8mm²이다)

① 2,200
② 2,460
③ 2,750
④ 4,100

○TIP $P_n = F_y \cdot A_g = 275[MPa] \cdot 10[mm^2] = 2,750[N]$

Answer 8.③ 9.③ 10.④ 11.① 12.① 13.③

14 그림과 같이 프리스트레스트 콘크리트 단순보에 자중을 포함한 등분포하중 w = 80kN/m가 작용한다. 긴장재가 편심 e = 0.3m로 직선배치되어 있을 때, 지간 중앙단면의 하연(A점)에서 응력이 0(zero)이 되게 하는 프리스트레스 힘 P의 크기[kN]는? (단, 프리스트레스 손실은 없는 것으로 가정한다)

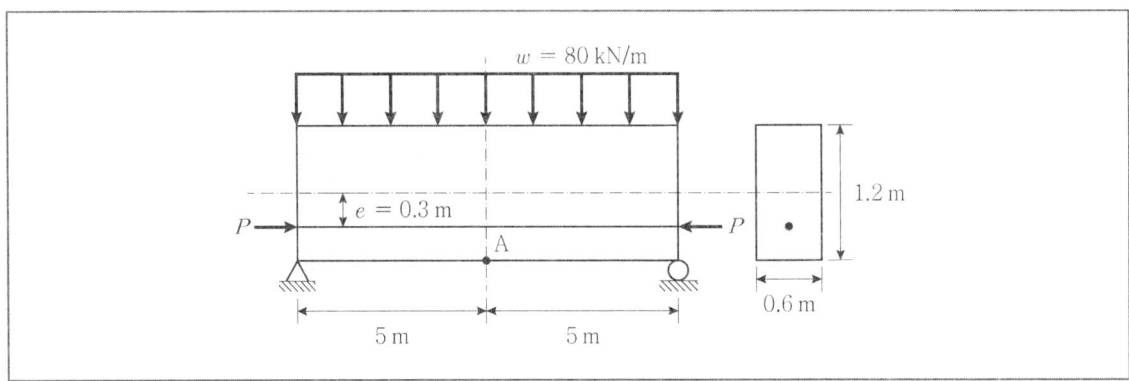

① 1,000
② 2,000
③ 3,000
④ 4,000

> **TIP** $M_w = \dfrac{wL^2}{8}$, $M_e = P\left(e + \dfrac{h}{6}\right)$, $M_w = M_e$ 이어야 하므로
>
> $P = \dfrac{wL^2}{8\left(e + \dfrac{h}{6}\right)} = \dfrac{80[kN/m] \cdot (10[m])^2}{8\left(0.3[m] + \dfrac{1.2[m]}{6}\right)} = 2,000[kN]$

15 옹벽 설계에 대한 설명으로 옳지 않은 것은?

① 앞부벽은 T형보로 설계하여야 하며, 뒷부벽은 직사각형보로 설계하여야 한다.
② 무근콘크리트 옹벽은 자중에 의하여 저항력을 발휘하는 중력식 형태로 설계하여야 한다.
③ 부벽식 옹벽의 전면벽은 3변 지지된 2방향 슬래브로 설계할 수 있다.
④ 지반에 유발되는 최대 지반반력은 지반의 허용지지력을 초과할 수 없다.

> **TIP** 앞부벽은 직사각형보로 설계하여야 하며, 뒷부벽은 T형보로 설계하여야 한다.
>
> | 옹벽의 종류 | 설계위치 | 설계방법 |
> |---|---|---|
> | 캔틸레버 옹벽 | 전면벽
저판 | 캔틸레버
캔틸레버 |
> | 뒷부벽식 옹벽 | 전면벽
저판
뒷부벽 | 2방향 슬래브
연속보
T형보 |
> | 앞부벽식 옹벽 | 전면벽
저판
앞부벽 | 2방향 슬래브
연속보
직사각형 보 |

16 기초판 설계에 대한 설명으로 옳지 않은 것은?

① 휨모멘트에 대한 설계 시, 1방향 기초판 또는 2방향 정사각형 기초판에서 철근은 기초판 전체 폭에 걸쳐 균등하게 배치하여야 한다.
② 말뚝기초의 기초판 설계에서 말뚝의 반력은 각 말뚝의 중심에 집중된다고 가정하여 휨모멘트와 전단력을 계산할 수 있다.
③ 기초판 윗면부터 하부철근까지 깊이는 직접기초의 경우는 100mm 이상, 말뚝기초의 경우는 400mm 이상으로 하여야 한다.
④ 기초판 각 단면의 휨모멘트는 기초판을 자른 수직면에서 그 수직면의 한쪽 전체 면적에 작용하는 힘에 대해 계산하여야 한다.

○TIP 기초판 윗면부터 하부철근까지 깊이는 직접기초의 경우 150mm 이상, 말뚝기초의 경우는 300mm 이상으로 하여야 한다.

17 철골 압축재의 좌굴하중에 대한 설명으로 옳지 않은 것은?

① 부재의 유효길이가 클수록 좌굴하중이 증가한다.
② 단면2차모멘트가 클수록 좌굴하중이 증가한다.
③ 강재의 탄성계수가 작을수록 좌굴하중이 감소한다.
④ 단면2차반경이 작을수록 좌굴하중이 감소한다.

○TIP 부재의 유효길이가 클수록 좌굴하중(좌굴강도)가 저하된다.

탄성좌굴하중 $P_{cr} = \dfrac{\pi^2 EI_{min}}{(KL)^2} = \dfrac{n \cdot \pi^2 EI_{min}}{L^2} = \dfrac{\pi^2 EA}{\lambda^2}$

좌굴응력 $f_{cr} = \dfrac{P_{cr}}{A} = \dfrac{\pi^2 EI_{min}}{(KL)^2 \cdot A} = \dfrac{\pi^2 E \cdot r_{min}^2}{(KL)^2} = \dfrac{\pi^2 E}{\lambda^2}$

- E : 탄성계수 (MPa, N/mm^2)
- I_{min} : 최소단면2차 모멘트(mm^4)
- K : 지지단의 상태에 따른 유효좌굴길이계수
- KL : 유효좌굴길이(mm)
- λ : 세장비
- f_{cr} : 임계좌굴응력

Answer 14.② 15.① 16.③ 17.①

18 그림과 같이 단철근 직사각형 보가 공칭휨강도 M_n에 도달할 때 압축측 콘크리트가 부담하는 압축력 C의 크기[kN]는? (단, 철근의 전체단면적 A_s = 1,000mm², 콘크리트의 설계기준압축강도 f_{ck} = 28MPa, 철근의 설계기준항복강도 f_y = 350MPa이다)

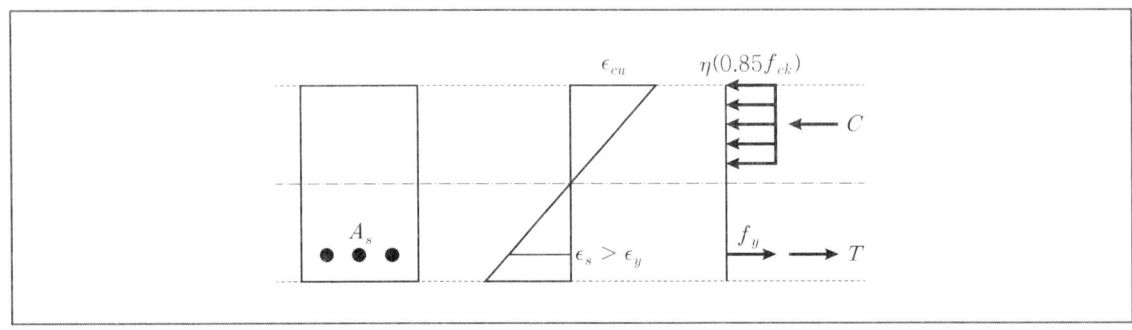

① 28
② 35
③ 280
④ 350

○TIP $C = \eta(0.85f_{ck}ab)$, $T = A_s f_y$ 이므로
$C = T = A_s f_y = 1,000[mm^2] \cdot 350[MPa] = 350[kN]$

19 그림과 같이 동일한 철근 다섯 가닥이 배근된 철근콘크리트 보의 유효깊이 d[mm]는? (단, 철근 하나의 공칭단면적은 300mm²이고, 콘크리트의 설계기준압축강도 f_{ck} = 20MPa, 철근의 항복강도 f_y = 300MPa이다)

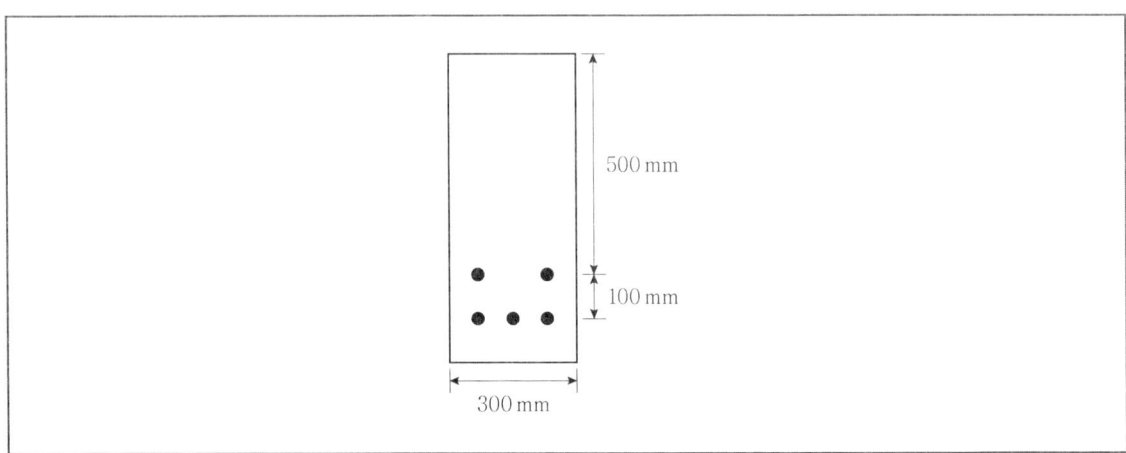

① 520
② 540
③ 560
④ 580

○**TIP** $d_c = \dfrac{\sum Ay_c}{\sum A} = \dfrac{2(500)+3(600)}{2+3} = 560[mm]$

20 프리텐션 방식의 프리스트레스트 콘크리트 보를 시공하는 순서대로 바르게 나열한 것은?

> ㉠ 인장대 설치
> ㉡ 긴장재를 잡아 당겨 긴장 후 고정
> ㉢ 긴장재의 인장력을 풀고 긴장재 절단
> ㉣ 콘크리트 타설 및 양생

① ㉠, ㉡, ㉢, ㉣
② ㉠, ㉡, ㉣, ㉢
③ ㉠, ㉣, ㉢, ㉡
④ ㉣, ㉠, ㉡, ㉢

○**TIP** 프리스트레스트 콘크리트 보 시공순서 … 인장대 설치 → 긴장재를 잡아 당겨 긴장 후 고정 → 콘크리트 타설 및 양생 → 긴장재의 인장력을 풀고 긴장재 절단

Answer 18.④ 19.③ 20.②

토목설계

2025. 4. 5. 국가직 시행

※ 본 문제는 국토교통부에서 고시한 건설기준코드(구조설계기준 : KDS 14 00 00)에 부합하도록 출제하였으며, 이외 기준은 해당 문항에 별도 표기함

1 양단이 힌지로 지지된 콘크리트 압축부재의 장주효과를 무시할 수 있는 비지지길이 l_u의 최댓값[mm]은? (단, 압축부재 단면의 최소 회전반경 r은 200mm이고, 비횡구속 골조의 압축부재이다)

① 1,100

② 2,200

③ 3,300

④ 4,400

> **TIP** $\lambda = \dfrac{kl_u}{r} \leq 22$를 충족해야 하므로 $\dfrac{1.0 \cdot l_u}{200[mm]} \leq 22$이므로 l_u의 최댓값은 4,400[mm]이다.

2 기타 콘크리트구조 설계기준에서 제시하는 옹벽설계의 안정조건에 대한 설명으로 옳지 않은 것은?

① 활동에 대한 저항력은 옹벽에 작용하는 수평력의 1.5배 이상이어야 한다.

② 전도에 대한 저항휨모멘트는 횡토압에 의한 전도모멘트의 1.5배 이상이어야 한다.

③ 전도 및 지반지지력에 대한 안정조건은 만족하지만, 활동에 대한 안정조건만을 만족하지 못할 경우에는 활동방지벽 혹은 횡방향 앵커 등을 설치하여 활동저항력을 증대시킬 수 있다.

④ 지반의 지지력은 지반공학적 방법 중 선택하여 적용할 수 있으며, 지반의 내부마찰각, 점착력 등과 같은 특성으로부터 지반의 극한지지력 q_u를 추정할 수 있다. 다만, 이 경우에 허용지지력 q_a는 $\dfrac{q_u}{3}$이어야 한다.

> **TIP** 전도에 대한 저항휨모멘트는 횡토압에 의한 전도모멘트의 2.0배 이상이어야 한다.

3 콘크리트 슬래브와 기초판 설계기준에서 제시하는 기초판의 휨모멘트에 대한 설계 시 고려 사항으로 옳지 않은 것은?

① 최대 계수휨모멘트를 계산할 때, 강재 밑판을 갖는 기둥을 지지하는 기초판은 강재 밑판 단부를 위험단면으로 한다.
② 최대 계수휨모멘트를 계산할 때, 콘크리트 기둥, 주각 또는 벽체를 지지하는 기초판은 기둥, 주각 또는 벽체의 외면을 위험단면으로 한다.
③ 1방향 기초판 또는 2방향 정사각형 기초판에서 철근은 기초판 전체 폭에 걸쳐 균등하게 배치하여야 한다.
④ 기초판 각 단면의 휨모멘트는 기초판을 자른 수직면에서 그 수직면의 한쪽 전체 면적에 작용하는 힘에 대해 계산하여야 한다.

> **TIP** 최대 계수휨모멘트를 계산할 때, 강재 밑판을 가지는 기둥을 지지하는 기초판은 기둥 외측 면과 강재 밑판 단부의 중간으로 한다.

4 프리스트레스트 콘크리트구조 설계기준에서 제시하는 설계 원칙으로 옳지 않은 것은?

① 프리스트레스트콘크리트 부재의 설계는 프리스트레스를 도입할 때부터 구조물의 수명 기간 동안에 모든 재하단계의 강도 및 사용조건에 따른 거동에 근거하여야 한다.
② 프리스트레스에 의해 발생되는 부재의 탄·소성변형, 처짐, 길이변화 및 회전 등에 의해 인접한 구조물에 미치는 영향을 고려하여야 한다. 이때 온도와 수축의 영향도 고려하여야 한다.
③ 설계에서는 프리스트레스에 의하여 발생하는 응력집중을 고려할 필요는 없다.
④ 덕트의 치수가 과대하여 긴장재와 덕트가 부분적으로 접촉하는 경우, 접촉하는 위치 사이에 있어서 부재 좌굴과 얇은 복부 및 플랜지의 좌굴이 발생할 가능성을 검토하여야 한다.

> **TIP** 프리스트레스트 콘크리트구조 설계에서는 프리스트레스에 의하여 발생하는 응력집중을 고려하여야 한다.

5 강구조 설계 일반사항(하중저항계수설계법)에서 제시하는 용어에 대한 설명으로 옳지 않은 것은?

① 커버플레이트 : 트러스의 부재, 스트럿, 또는 가새재(브레이싱)를 보 또는 기둥에 연결하는 판요소
② 유효길이계수 : 유효좌굴길이와 부재의 비지지길이의 비
③ 국부좌굴 : 부재 전체의 파괴를 유발할 수도 있는 압축 판요소의 좌굴
④ 다이아프램 : 지지요소에 힘을 전달하도록 이용된 면내 전단강성과 전단강도를 갖고 있는 플레이트

> **TIP** • 거셋플레이트 : 트러스의 부재, 스트럿, 또는 가새재(브레이싱)를 보 또는 기둥에 연결하는 판요소
> • 커버플레이트 : 플레이트 거더의 플랜지 산형강(山形鋼)이나 플랜지플레이트의 아래위의 바깥쪽에 붙이는 강판 또는 트러스의 상현재 등의 단면상에 있는 강판으로 덮개판이라고도 한다.

Answer 1.④ 2.② 3.① 4.③ 5.①

6 그림과 같은 철근콘크리트보 단면의 균열휨모멘트 M_{cr}[kN · m]은? (단, 콘크리트의 파괴계수 f_r은 4 MPa이다)

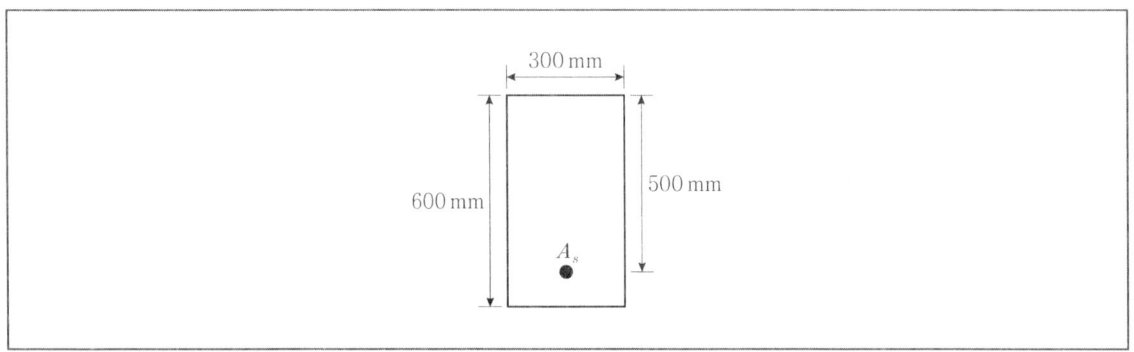

① 36
② 54
③ 72
④ 90

> **TIP** $M_{cr} = 0.63\lambda\sqrt{f_{ck}} \cdot \dfrac{bh^2}{6} = f_r \cdot Z = 4 \cdot \dfrac{bh^2}{6} = 4 \cdot \dfrac{300[mm] \cdot 600^2[mm^2]}{6} = 72[kN \cdot m]$

7 큰 처짐에 의해 손상되기 쉬운 칸막이벽이나 기타 구조물을 지지하지 않는 1방향 캔틸레버 슬래브에서 처짐을 계산하지 않을 때, 슬래브의 최소 두께[mm]는? (단, 슬래브의 길이 l은 3m, 보통중량 콘크리트이고, 철근의 설계기준항복강도 f_y는 400MPa이다)

① 200
② 250
③ 300
④ 350

> **TIP** 큰 처짐에 의해 손상되기 쉬운 칸막이벽이나 기타 구조물을 지지하지 않는 1방향 캔틸레버 슬래브에서 처짐을 계산하지 않을 때, 슬래브의 최소 두께[mm]는 $\dfrac{l}{10}$이므로 슬래브의 길이 l은 3m이므로 슬래브의 최소두께는 300[mm]가 된다.

8 그림과 같이 지간 중앙에 집중하중 Q = 50kN이 작용하는 프리스트레스트콘크리트 단순보의 지간 중앙에서 휨모멘트의 크기[kN·m]는? (단, 프리스트레스 힘 P는 100kN이고, $\sin\theta \simeq \tan\theta$이며, 보의 자중과 프리스트레스 손실은 무시한다)

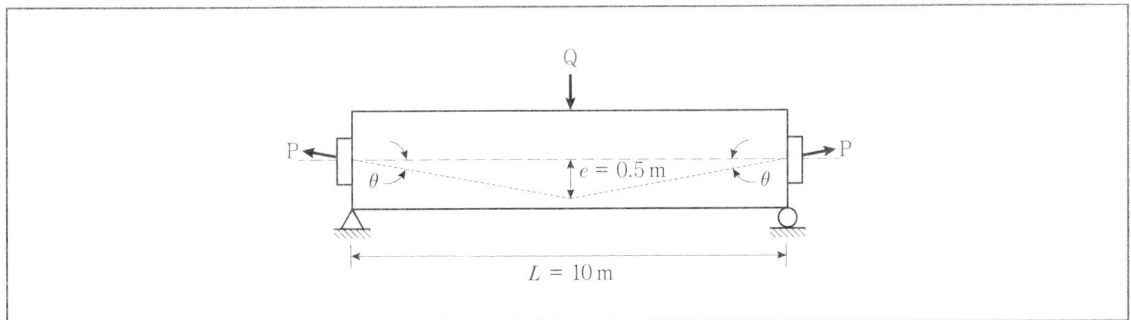

① 50
② 75
③ 100
④ 125

TIP 중첩의 원리를 적용하여 풀어야 한다.
집중하중 Q에 의해 발생하는 휨모멘트와 프리스트레스에 의해 발생하는 휨모멘트를 합한 값을 구해야 한다.
$M_Q = \dfrac{QL}{4}$, $M_c = Pe$ 이므로
$M = M_Q - M_c = \dfrac{QL}{4} - Pe = \dfrac{50[kN] \cdot 10[m]}{4} - (100[kN])(0.5[m]) = 75[kNm]$

9 콘크리트의 설계기준압축강도 f_{ck}가 20MPa인 단철근 직사각형 보 단면의 균형철근비가 0.03이다. 동일한 보 단면에 대하여 콘크리트의 설계기준압축강도 f_{ck}만 40MPa로 변경되었을 때, 균형철근비는?

① 0.03
② 0.04
③ 0.05
④ 0.06

TIP $f_{ck} \leq 40[MPa]$일 때 $\eta = 1$, $\beta_1 = 0.8$, $\varepsilon_{cu} = 0.0033$이므로 $\varepsilon_y = \dfrac{f_y}{E_s}$

$\rho_{b_y} = \eta(0.85\beta_1 \dfrac{f_{ck}}{f_y} \cdot \dfrac{\varepsilon_{cu}}{\varepsilon_{cu} + \varepsilon_y}) = \eta(0.85\beta_1 \dfrac{20[MPa]}{f_y} \cdot \dfrac{\varepsilon_{cu}}{\varepsilon_{cu} + \varepsilon_y}) = 0.03$이므로 $\rho_{b_w} = \eta(0.85\beta_1 \dfrac{40[MPa]}{f_y} \cdot \dfrac{\varepsilon_{cu}}{\varepsilon_{cu} + \varepsilon_y}) = 0.06$

Answer 6.③ 7.③ 8.② 9.④

10 프리스트레스트 콘크리트구조 설계기준에서 제시하는 긴장재의 긴장 시 허용 인장응력의 최댓값은? (단, f_{pu}는 긴장재의 설계기준인장강도, f_{py}는 긴장재의 설계기준항복강도이고, 긴장재나 정착장치 제조자가 제시하는 최댓값은 f_{pu}이다)

① $0.70 f_{pu}$
② $0.90 f_{py}$
③ $0.74 f_{pu}$와 $0.82 f_{py}$ 중 작은 값
④ $0.80 f_{pu}$와 $0.94 f_{py}$ 중 작은 값

> **TIP** 프리스트레스트 콘크리트구조 설계기준에서 제시하는 긴장재의 긴장 시 허용 인장응력의 최댓값은 $0.80 f_{pu}$와 $0.94 f_{py}$ 중 작은 값으로 한다.

11 콘크리트구조 정착 및 이음 설계기준에서 제시하는 표준갈고리를 갖는 인장 이형철근의 기본정착길이 l_{hb}[mm]는? (단, 콘크리트의 설계기준압축강도 f_{ck}는 36MPa, 철근의 설계기준항복강도 f_y는 300MPa, 철근의 공칭지름 d_b는 25mm이고, 아연도금 또는 도막되지 않은 철근이며, 보통중량 콘크리트이다)

① 275
② 300
③ 325
④ 350

> **TIP** $l_{db} = \dfrac{0.24 f_y}{\lambda \sqrt{f_{ck}}} d_b \times \beta = \dfrac{0.24(300[MPa])}{(1)(\sqrt{36}[MPa])}(25[mm])(1) = 300[mm]$

12 콘크리트구조 전단 및 비틀림 설계기준에서 제시하는 철근콘크리트 부재의 전단철근에 대한 설명으로 옳지 않은 것은? (단, $V_c = \dfrac{1}{6} \lambda \sqrt{f_{ck}} b_w d$, V_s는 철근의 공칭전단강도, λ는 경량콘크리트 계수, f_{ck}는 콘크리트의 설계기준압축강도, b_w는 부재의 복부 폭, d는 부재 단면의 유효깊이이다)

① $V_s > 2 V_c$인 경우 부재축에 직각으로 배치된 전단철근의 간격은 $\dfrac{d}{3}$ 이하로 감소시켜야 한다.
② $V_s \leq 2 V_c$인 경우 부재축에 직각으로 배치된 전단철근의 간격은 $\dfrac{d}{2}$ 이하이고, 600mm 이하이어야 한다.
③ 주인장철근에 45° 상의 각도로 설치되는 스터럽을 사용할 수 있다.
④ $V_s \leq 2 V_c$인 경우 경사스터럽과 굽힘철근은 부재의 중간 높이인 $0.5d$에서 반력점 방향으로 주인장철근까지 연장된 45°과 한 번 이상 교차되도록 배치하여야 한다.

> **TIP** $V_s > 2 V_c$인 경우 부재축에 직각으로 배치된 전단철근의 간격은 $\dfrac{d}{2}$ 이하로 감소시켜야 한다.

13 그림과 같이 중심축하중 P가 작용하는 철근콘크리트 기둥에서 철근과 콘크리트가 각각 부담하는 축하중의 비는? (단, 콘크리트의 단면적 A_c는 종방향 철근의 전체단면적 A_{st}의 13배, 철근의 탄성계수 E_s는 콘크리트의 탄성계수 E_c의 8배이고, 작용하중은 단면 전체에 균등하게 작용하며, 철근콘크리트 기둥은 철근과 콘크리트가 완전부착되어 선형탄성의 일체거동을 하는 단주이다)

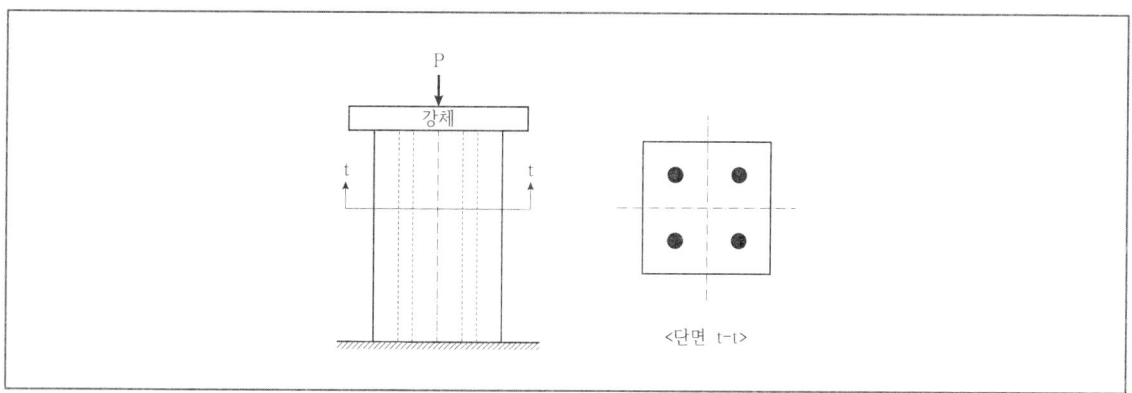

철근	콘크리트
① 0	11
② 8	13
③ 6	15
④ 4	17

TIP
$$P_s = \frac{K_s}{K_s + K_c}P = \frac{E_s A_s}{E_s A_s + E_c A_c}P$$
$$P_c = \frac{K_c}{K_s + K_c}P = \frac{E_c A_c}{E_s A_s + E_c A_c}P$$
$$P_s : P_c = E_s A_s : E_c A_c = 8E_c A_s : E_c \cdot 13 A_s = 8 : 13$$

14 콘크리트에 발생하는 크리프에 대한 설명으로 옳지 않은 것은?

① 습도 증가에 따라 크리프는 증가한다.
② 물-시멘트비의 증가에 따라 크리프는 증가한다.
③ 크리프계수는 탄성변형률과 크리프변형률의 비이다.
④ 크리프는 일정하고 지속적인 응력하에서 변형률이 증가하는 현상이다.

TIP 습도증가에 따라 크리프는 감소한다.

Answer 10.④ 11.② 12.① 13.② 14.①

15 강구조 연결 설계기준(하중저항계수설계법)에서 제시하는 이음부 설계세칙으로 옳지 않은 것은?

① 응력을 전달하는 필릿용접의 최소유효길이는 공칭용접치수의 10배 이상 또한 30mm 이상을 원칙으로 한다.
② 응력을 전달하는 겹침이음은 2열 이상의 필릿용접을 원칙으로 하고, 겹침길이는 얇은 쪽 판 두께의 5배 이상 또한 25mm 이상으로 한다.
③ 고장력볼트의 구멍중심 간 거리는 공칭직경의 2.5배를 최소거리로 하고 3배를 표준거리로 한다.
④ 고장력볼트의 구멍중심에서 볼트머리 또는 너트가 접하는 부재의 연단까지의 최대거리는 판 두께의 15배 이하 또한 300mm 이하로 한다.

> **TIP** 고장력볼트의 구멍중심에서 볼트머리 또는 너트가 접하는 부재의 연단까지의 최대거리는 판 두께의 12배 이하 또한 150mm 이하로 한다.

16 그림과 같은 인장재 ㄱ형강의 블록전단강도 산정 시, 전단파단에 대한 전단저항 순단면적 A_{nv} [mm²]는? (단, 볼트구멍의 직경 d_h는 24mm이고, 부재의 두께 t는 10mm이다)

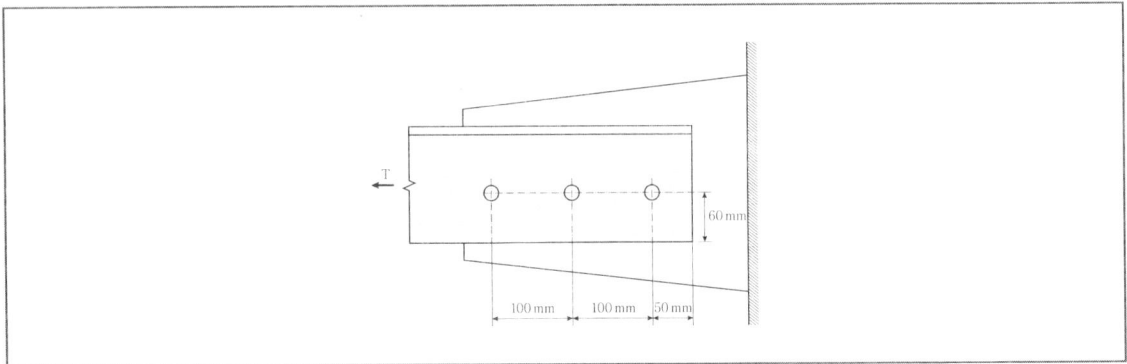

① 1,700
② 1,800
③ 1,900
④ 2,000

> **TIP** $A_{nv} = (100 + 100 + 50 - 24 \cdot 2.5)(10)[mm^2] = 1,900[mm^2]$

17 계수전단력 V_u = 100kN이 작용하는 직사각형 철근콘크리트보 단면에서 최소 전단철근의 배치가 필요 없는 단면의 유효깊이 d의 최솟값[mm]은? (단, 콘크리트 공칭전단강도 $V_c = \frac{1}{6}\lambda\sqrt{f_{ck}}\,bd$이고, 콘크리트의 설계기준압축강도 f_{ck}는 25MPa, 단면의 폭 b는 500mm, 경량콘크리트 계수 λ는 1.0이다)

① 540
② 640
③ 720
④ 800

> **TIP** $V_u < \frac{1}{2}\phi V_c = \frac{1}{2}\phi(\frac{1}{6}\lambda\sqrt{f_{ck}}\,b_w d)$이므로 $\frac{12V_u}{\phi\lambda\sqrt{f_{ck}}\,b_w} < d$
>
> $\frac{12(100[kN])}{0.75 \cdot 1 \cdot (\sqrt{25}[MPa])(500[mm])} = 640[mm] < d$

18 콘크리트구조 휨 및 압축 설계기준에서 제시하는 압축부재의 설계에서 최소 나선철근비 ρ_s가 $C_1\left(\frac{A_g}{A_{ch}}-1\right)\frac{f_{ck}}{f_{yt}}$일 때, C_1은? (단, A_g는 기둥의 전체 단면적, A_{ch}는 나선철근의 바깥선을 지름으로 하여 측정된 나선철근 기둥의 심부 단면적, f_{ck}는 콘크리트의 설계기준압축강도, f_{yt}는 나선철근의 설계기준항복강도이고 700MPa 이하이다)

① 0.42
② 0.43
③ 0.44
④ 0.45

> **TIP** 콘크리트구조 휨 및 압축 설계기준에서 제시하는 압축부재의 설계에서 최소 나선철근비 $\rho_s = 0.45\left(\frac{A_g}{A_{ch}}-1\right)\frac{f_{ck}}{f_{yt}}$

19 콘크리트구조 휨 및 압축 설계기준에서 제시하는 휨부재 설계의 일반 원칙에 대한 설명으로 옳지 않은 것은?

① 인장철근이 설계기준항복강도 f_y에 대응하는 변형률에 도달하고 동시에 압축 콘크리트가 가정된 극한 변형률에 도달할 때, 그 단면이 균형변형률 상태에 있다고 본다.

② 압축연단 콘크리트가 가정된 극한변형률에 도달할 때, 최외단 인장철근의 순인장변형률 ε_t가 압축지배변형률 한계 이하인 단면을 압축지배단면이라고 한다.

③ 압축연단 콘크리트가 가정된 극한변형률에 도달할 때, 최외단 인장철근의 순인장변형률 ε_t가 0.005의 인장지배변형률 한계 미만인 단면을 인장지배단면이라고 한다.

④ 프리스트레스를 가하지 않은 휨부재는 공칭강도 상태에서 순인장변형률 ε_t가 휨부재의 최소 허용변형률 이상이어야 한다.

> **TIP** 압축연단 콘크리트가 가정된 극한변형률에 도달할 때, 최외단 인장철근의 순인장변형률 ε_t가 0.005의 인장지배변형률 한계 이상인 단면을 인장지배단면이라고 한다.

20 콘크리트구조 휨 및 압축 설계기준에서 제시하는 등가 직사각형 압축응력블록의 등가 압축영역에 등분포하는 콘크리트 응력이 $\eta(0.85f_{ck})$일 때, η는? (단, 콘크리트의 설계기준압축강도 f_{ck}는 50MPa이다)

① 0.91
② 0.94
③ 0.97
④ 1.0

> **TIP** $40[MPa] < f_{ck} \leq 90[MPa]$인 경우
> 50[MPa]일 때 η는 0.97, 60[MPa]일 때 η는 0.95이다.
> 50[MPa]일 때 β_1는 0.80, 60[MPa]일 때 β_1는 0.76이다.

토목설계

2025. 6. 21. 제1회 지방직 시행

※ 본 문제는 국토교통부에서 고시한 건설기준코드(구조설계기준 : KDS 14 00 00)에 부합하도록 출제하였으며, 이외 기준은 해당 문항에 별도 표기함

1 지간 8m의 단순지지보에 등분포 활하중 5kN/m와 등분포 고정하중 50kN/m가 작용할 때, 보의 지간 중앙에서 하중계수와 하중조합을 고려한 계수휨모멘트[kN · m]는? (단, 계수휨모멘트는 U = 1.4D와 U = 1.2D + 1.6L 두 종류의 하중조합에 대하여 검토한다)

① 440
② 544
③ 560
④ 688

> **TIP** 단순지지보에 등분포하중 w가 작용할 경우의 보의 지간 중앙에서의 휨모멘트값은 $M=\dfrac{wl^2}{8}$ 가 된다. 따라서 문제에서 주어진조건을 대입하면
>
> $U=1.4D=1.4 \cdot \dfrac{w_{고정}l^2}{8}=1.4 \cdot \dfrac{50 \cdot 8^2}{8}=560$
>
> $U=1.2D+1.6L=1.2 \cdot \dfrac{w_{고정}l^2}{8}+1.6 \cdot \dfrac{w_{활}l^2}{8}=1.2 \cdot \dfrac{50 \cdot 8^2}{8}+1.6 \cdot \dfrac{5 \cdot 8^2}{8}=544$

2 표준원주형 공시체(직경 150mm, 높이 300mm)가 최대 압축력 1,350kN에서 파괴되었을 때, 콘크리트의 압축강도[MPa]는? (단, π = 3이다)

① 40
② 80
③ 120
④ 160

> **TIP** $f=\dfrac{P}{A}=\dfrac{1,350[kN]}{\dfrac{\pi d^2}{4}}=\dfrac{1,350[kN]}{\dfrac{3 \cdot (150[mm])^2}{4}}=80[MPa]$

3 슬래브와 보를 일체로 친 T형보의 경간이 12m, 양쪽의 슬래브 중심 간 거리가 2m, 플랜지의 두께가 150mm, 복부의 폭이 400mm일 때, 내측 T형보의 유효폭[mm]은?

① 1,500
② 2,000
③ 2,500
④ 3,000

○**TIP** 문제에서 주어진 T형보의 유효폭은 다음 값 중 최소값을 적용한다.
- $16t_f + b_w$ = 16 · 150+400=2800
- 양쪽슬래브의 중심간 거리=2000
- 보 경간의 1/4=30000

따라서 이 문제의 경우 T형보의 유효폭은 2,000[mm]가 된다.

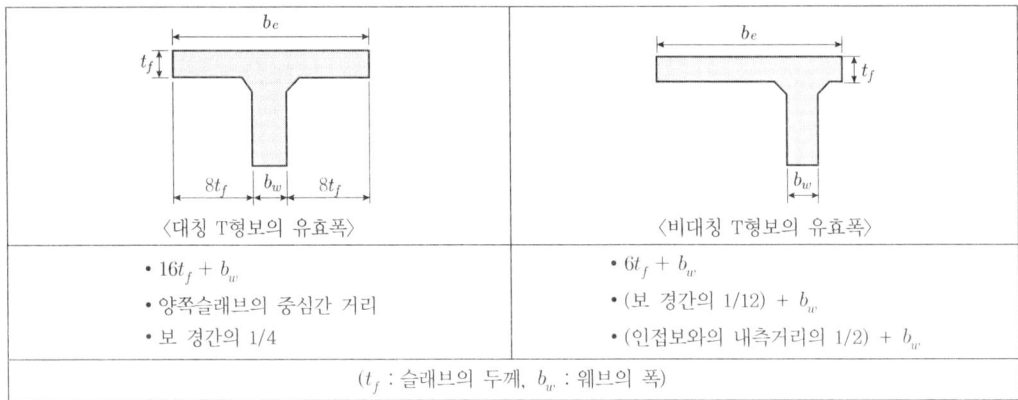

〈대칭 T형보의 유효폭〉	〈비대칭 T형보의 유효폭〉
• $16t_f + b_w$ • 양쪽슬래브의 중심간 거리 • 보 경간의 1/4	• $6t_f + b_w$ • (보 경간의 1/12) + b_w • (인접보와의 내측거리의 1/2) + b_w
(t_f : 슬래브의 두께, b_w : 웨브의 폭)	

4 폭이 300mm, 인장철근량 A_s = 1,000mm², 유효높이가 600mm인 단철근 직사각형보에서 철근의 응력(f_y)이 300MPa일 때, 콘크리트 총압축력[kN]은?

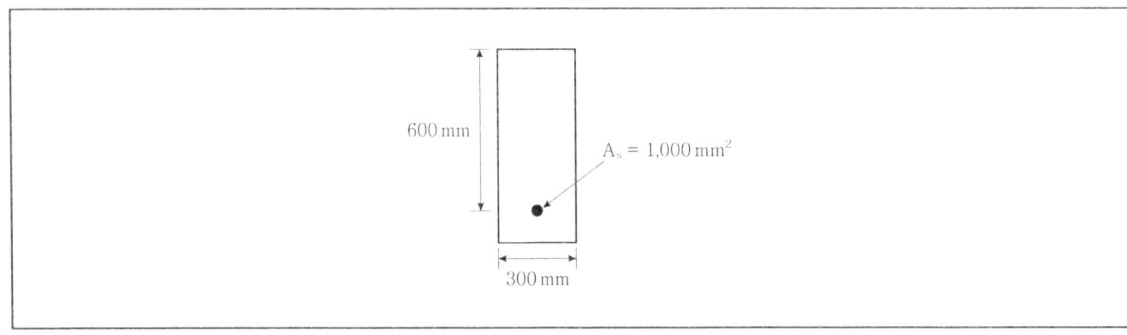

① 210
② 240
③ 270
④ 300

○**TIP** 콘크리트가 받는 압축력과 철근이 받는 인장력이 서로 평형을 이룬다는 조건을 토대로 하면
$C = T = A_s f_y = 1,000[mm^2] \cdot 300[MPa] = 300[kN]$

5 콘크리트와 비교하였을 때, 강재의 특성으로 옳지 않은 것은?

① 자연 상태에 노출되어도 부식이 발생하기 어렵다.
② 인성이 크고, 소성변형능력이 우수하다.
③ 재료가 균질하다.
④ 단위 면적당 강도가 크다.

> **TIP** 강재는 자연상태에 노출되면 부식이 발생하기 쉬워 이에 대한 조치가 필요하다.

6 PS 강재의 품질에 필요한 성질로 바람직하지 않은 것은?

① 직선성이 좋아야 한다.
② 릴랙세이션(relaxation)이 작아야 한다.
③ 응력 부식에 대한 저항성이 커야 한다.
④ 부착시켜 사용하는 PS 강재는 콘크리트와의 부착강도가 작아야 한다.

> **TIP** 부착시켜 사용하는 PS강재는 콘크리트와의 부착강도가 커야 한다.

7 PS 콘크리트 부재에서 프리스트레스의 감소 원인 중 프리스트레스 도입 후에 발생하는 시간적 손실의 원인에 해당하는 것은?

① 정착장치의 활동
② 콘크리트의 크리프
③ 콘크리트의 탄성수축
④ 긴장재와 덕트의 마찰

> **TIP** ㉠ 프리스트레스를 도입할 때 일어나는 손실원인(즉시손실)
> • 콘크리트의 탄성변형
> • 강재와 시스의 마찰
> • 정착단의 활동
> ㉡ 프리스트레스를 도입한 후의 손실원인(시간적 손실)
> • 콘크리트의 건조수축
> • 콘크리트의 크리프
> • 강재의 릴랙세이션

Answer 3.② 4.④ 5.① 6.④ 7.②

8 옹벽 설계에 대한 설명으로 옳지 않은 것은?

① 활동에 대한 저항력은 옹벽에 작용하는 수평력의 1.4배 이상이어야 한다.
② 전도에 대한 저항휨모멘트는 횡토압에 의한 전도모멘트의 2.0배 이상이어야 한다.
③ 무근콘크리트 옹벽은 자중에 의하여 저항력을 발휘하는 중력식 형태로 설계하여야 한다.
④ 옹벽은 상재하중, 뒤채움 흙의 중량, 옹벽의 자중 및 옹벽에 작용하는 토압, 필요에 따라서는 수압에 견디도록 설계하여야 한다.

○**TIP** 활동에 대한 저항력은 옹벽에 작용하는 수평력의 1.5배 이상이어야 한다.

9 1방향 슬래브의 구조 상세에 대한 설명으로 옳지 않은 것은?

① 1방향 슬래브의 두께는 최소 100mm 이상이어야 한다.
② 정모멘트 철근 및 부모멘트 철근에 직각방향으로 수축 및 온도 철근을 배치해야 한다.
③ 정모멘트 철근 및 부모멘트 철근의 중심 간격은 위험단면에서는 슬래브 두께의 2배 이하이어야 하고, 또한 400mm 이하이어야 한다.
④ 정모멘트 철근 및 부모멘트 철근의 중심 간격은 위험단면을 제외한 단면에서는 슬래브 두께의 3배 이하이어야 하고, 또한 450mm 이하이어야 한다.

○**TIP** 정모멘트 철근 및 부모멘트 철근의 중심 간격은 위험단면에서는 슬래브 두께의 2배 이하이어야 하고, 또한 300mm 이하이어야 한다.

10 중심축하중을 받는 길이 L = 10m, 단면 크기가 300mm × 200mm인 기둥의 오일러 좌굴하중[kN]은? (단, 기둥의 탄성계수 E = 200,000MPa이고, 기둥은 양단힌지 장주 조건이다)

① 400π
② $400\pi^2$
③ 600π
④ $600\pi^2$

○**TIP**
$$P_{cr} = \frac{\pi^2 EI}{(KL)^2} = \frac{\pi^2 (2.0 \times 10^5 [MPa])(\frac{300[mm] \cdot (200[mm])^3}{12})}{(1.0 \cdot 10[m])^2} = 400\pi^2 [kN]$$

11 철근콘크리트 직사각형 보의 설계에 대한 설명으로 옳지 않은 것은?

① 전단보강을 위하여 수직스터럽을 사용한다.
② 휨부재의 강도를 증가시키기 위하여 추가 인장철근과 이에 대응하는 압축철근을 사용할 수 있다.
③ 인장지배단면에서 압축지배단면으로 변경되면, 강도감소계수는 증가한다.
④ 인장 측 휨균열이 발생함과 동시에 철근이 항복하여 취성적으로 파괴되는 것을 방지하기 위해서 최소 철근량을 규정한다.

> **TIP** 압축지배단면의 강도감소계수(0.65)가 인장지배 단면의 것(0.85)보다 작은 이유는 압축지배단면의 연성이 더 작고 콘크리트강도의 변동에 더 민감하며 더 넓은 영역의 하중을 지지하기 때문이다.

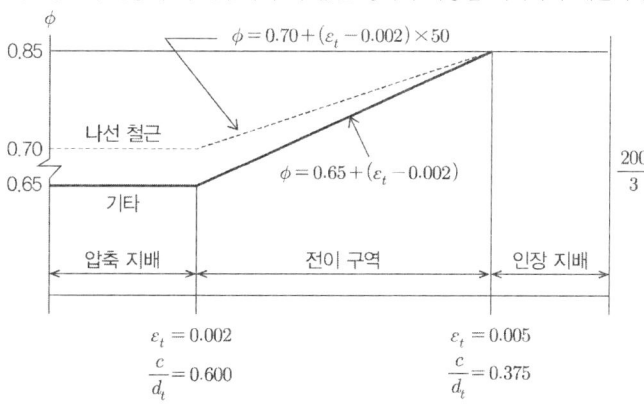

Answer 8.① 9.③ 10.② 11.③

12 정모멘트를 받는 극한 상태(휨파괴 시의 상태)의 단면 변형률이 그림과 같을 때, 철근의 순인장변형률 $[\varepsilon_t]$은?

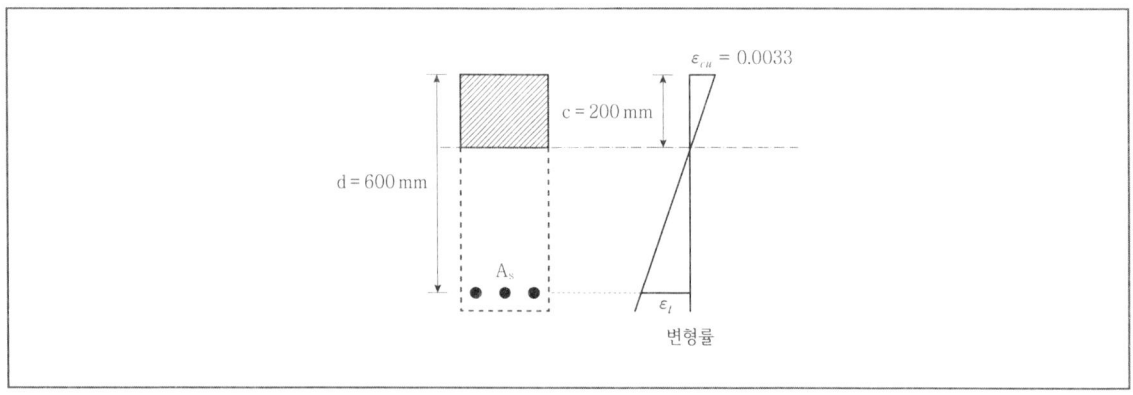

① 0.0022
② 0.0044
③ 0.0066
④ 0.0088

> **TIP** 간단한 도형문제이다. 중립축 위쪽의 삼각형과 아래쪽의 삼각형이 닮은 조건을 이용하면 철근의 순인장변형률은 0.0033×2=0.0066이 된다.

13 내진설계기준의 기본개념에 대한 설명으로 옳지 않은 것은? (단, KDS 24 00 00을 따른다)

① 인명피해를 최소화한다.
② 설계기준은 남한 전역에 적용될 수 있다.
③ 교량의 정상수명 기간 내에 설계지진력이 발생할 가능성은 희박하다.
④ 지진 시 교량 부재들의 부분적인 피해를 허용하지 않는다.

> **TIP** 내진설계 시에는 지진 시 교량 부재들의 어느 정도의 부분적인 피해를 허용한다.

14 이형철근의 정착에 대한 설명으로 옳은 것은? (단, d_b는 철근의 공칭지름이다)

① 표준갈고리를 갖는 압축 이형철근의 정착길이에 대한 보정계수는 0.75이다.
② 인장을 받는 확대머리 이형철근의 정착길이는 항상 $6d_b$ 또한 120mm 이상이어야 한다.
③ 피복두께가 $3d_b$ 미만 또는 순간격이 $6d_b$ 미만인 에폭시 도막철근이 인장 이형철근으로 사용되었을 때, 정착길이는 기본정착길이에 보정계수 1.2를 곱한다.
④ 단순부재에서 정모멘트 철근의 1/3 이상, 연속부재에서 정모멘트 철근의 1/4 이상을 부재의 같은 면을 따라 받침부까지 연장하여야 한다. 보의 경우는 이러한 철근을 받침부 내로 150mm 이상 연장하여야 한다.

TIP ① 압축철근에는 표준갈고리를 사용하더라도 별도의 보정계수 0.75를 적용하지 않는다.
② 인장을 받는 확대머리 이형철근의 정착길이는 항상 $8d_b$ 또한 150mm 이상이어야 한다.
③ 피복두께가 $3d_b$ 미만 또는 순간격이 $6d_b$ 미만인 에폭시 도막철근이 인장 이형철근으로 사용되었을 때, 정착길이는 기본정착길이에 보정계수 1.5를 곱한다.

15 그림과 같은 독립 확대 기초에서 전단에 대한 위험단면의 둘레 길이[mm]는? (단, 2방향 작용에 의하여 펀칭 전단이 발생한다.)

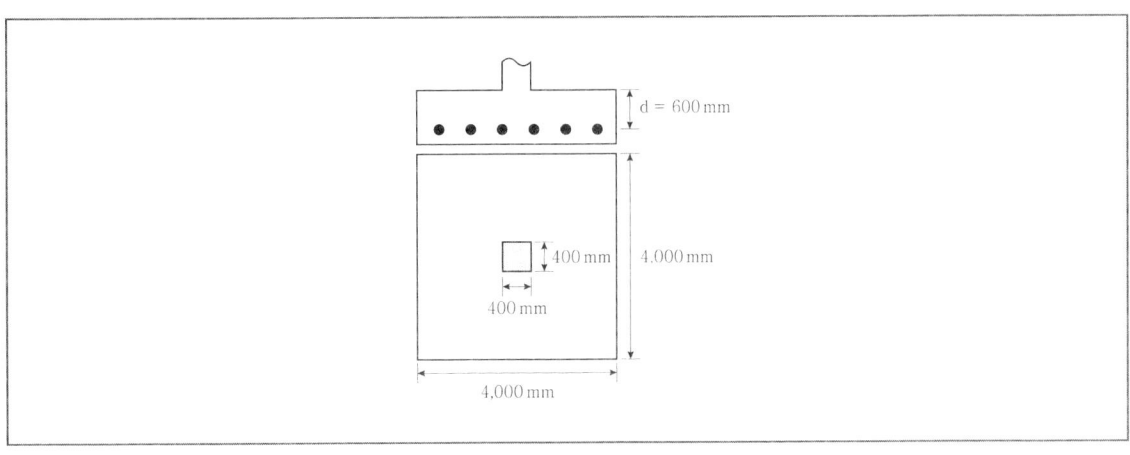

① 3,000
② 4,000
③ 5,000
④ 6,000

TIP 2방향 작용을 고려하는 2방향 슬래브이며 이 경우 위험단면의 위치는 각 단면 끝단으로부터 d/2=600/2=300만큼 떨어진 곳이며 따라서 위험단면의 둘레의 길이는 한 변이 1,000인 직사각형의 둘레길이가 되므로 4,000이 된다.

16 철근콘크리트 기둥에 대한 설명으로 옳지 않은 것은?
① 기둥의 횡방향 철근에는 나선철근과 띠철근이 있다.
② 기둥의 세장비가 클수록 좌굴파괴의 가능성이 커진다.
③ 기둥의 좌굴하중은 기둥 양단의 단부조건과는 관계없다.
④ 축방향철근의 순간격은 40mm 이상, 또한 철근 공칭 지름의 1.5배 이상이어야 한다.

TIP 기둥의 좌굴하중은 동일한 길이와 단면, 강성을 갖는 기둥이라도 기둥 양단의 단부조건에 따라 좌굴하중이 달라지게 된다.

Answer 12.③ 13.④ 14.④ 15.② 16.③

17 철근의 공칭지름 d_b = 20mm일 때, 인장 이형철근의 기본정착길이[mm]는? (단, 콘크리트의 설계기준압축강도 f_{ck}는 25MPa, 철근의 설계기준항복강도 f_y는 300MPa이고, 도막되지 않은 이형철근이며, 보통중량 콘크리트이다)

① 300
② 360
③ 600
④ 720

> **TIP** $l_{db} = \dfrac{0.6 d_b f_y}{\sqrt{f_{ck}}} = \dfrac{0.6 \cdot 20 \cdot 300}{\sqrt{25}} = 720[mm]$

18 그림과 같은 단철근 T형 보가 있다. 이 단면의 공칭휨강도[kN·m]는? (단, 콘크리트의 설계기준압축강도 f_{ck}는 25MPa, 철근의 설계기준항복강도 f_y는 400MPa이다)

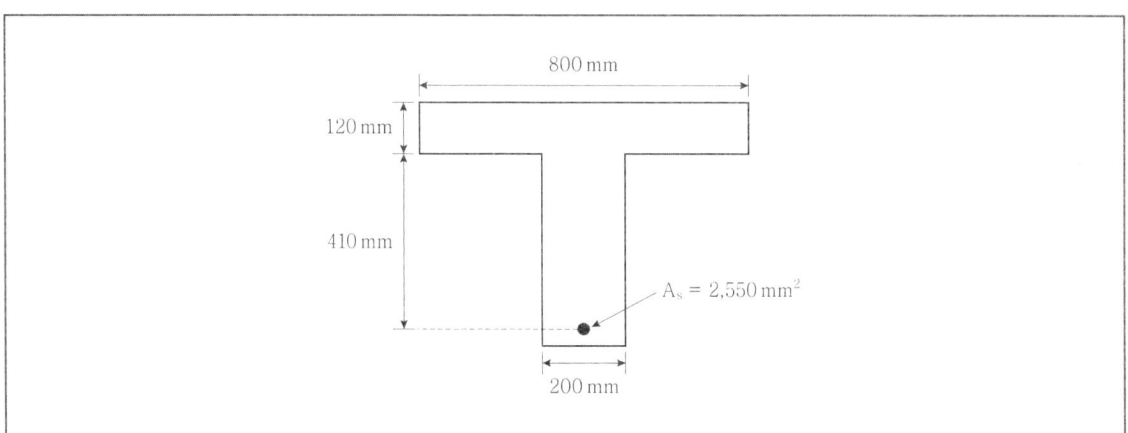

① 500
② 510
③ 520
④ 530

> **TIP** $a = \dfrac{A_s f_y}{0.85 f_{ck} b} = \dfrac{2550 \cdot 400}{0.85 \cdot 25 \cdot 800} = 60[mm] \leq t_f = 120[mm]$
>
> $C = 0.85 \cdot f_{ck} \cdot a \cdot b$, $jd = d - \dfrac{a}{2} = 530 - \dfrac{60}{2} = 500[mm]$
>
> $T = A_s f_y = 2550 \cdot 400 = 1,020,000[N]$
>
> $M_n = 1,020,000 \cdot 500 = 510,000,000[N \cdot mm] = 510[kN \cdot m]$

19 그림과 같은 프리스트레스 콘크리트 보에서 긴장재를 포물선으로 배치하고 프리스트레스 힘 P = 3,000kN일 때, 프리스트레스에 의한 등가 등분포 상향력 u[kN/m]는? (단, 지간 중앙에서의 편심 e는 200mm이고, 프리스트레스 힘 P와 단면 도심의 각 θ는 미소하므로 $\cos\theta \approx 1$이다)

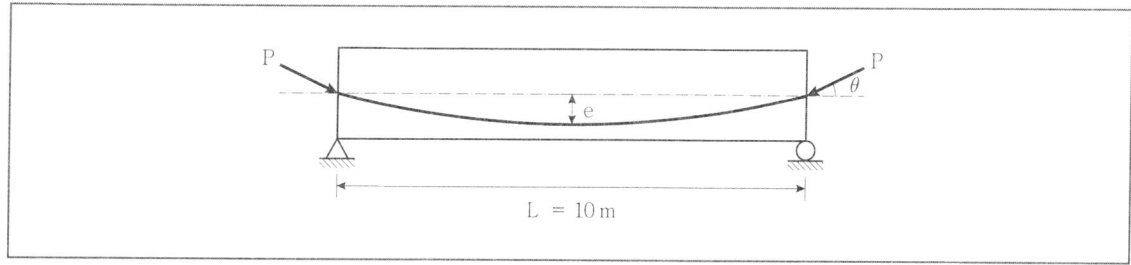

① 48
② 58
③ 68
④ 78

TIP $u = \dfrac{8Pe}{L^2} = \dfrac{8 \cdot 3,000[kN] \cdot 200[mm]}{(10[m])^2} = 48[kN/m]$

20 폭 400mm, 유효깊이 600mm인 직사각형 철근콘크리트 보에 수직으로 전단철근을 배근할 때, 전단철근에 의한 단면의 공칭전단강도 V_s[kN]는? (단, 콘크리트의 설계기준압축강도 f_{ck}는 25MPa, 전단철근의 항복강도 f_y는 400MPa, 전단철근의 단면적 A_v는 400mm², 전단철근의 간격 s는 200mm이고, 보통중량 콘크리트이다)

① 400
② 440
③ 480
④ 520

TIP $V_s = \dfrac{A_s f_y d}{s} = \dfrac{400[mm^2] \cdot 400[MPa] \cdot 600[mm]}{200[mm]} = 480[kN]$

Answer   17.④ 18.② 19.① 20.③

M·E·M·O

M·E·M·O